Martin Supper
Elektroakustische Musik und Computermusik

Martin Supper

Elektroakustische Musik und Computermusik

Geschichte – Ästhetik – Methoden – Systeme

wolke

Lizenzausgabe der Wissenschaftlichen
Buchgesellschaft, Darmstadt

Erstausgabe 1997
© 1997. by Wissenschaftliche Buchgesellschaft, Darmstadt
Satz: Wolke Verlag, Hofheim
Schrift: Sabon
Druck und Einband: Fuldaer Verlagsanstalt, Fulda
Umschlaggestaltung: Friedwalt Donner, Alonnisos
unter Verwendung eines stilisierten Sonagramms nach
einer sonagraphischen Analyse des Autors zu
György Ligetis *Pièce Électronique n° 3* (1957), Auszug.
Realisation des Stückes: Kees Tazelaar und
Johan van Kreij, Instituut voor Sonologie,
Koninklijk Conservatorium Den Haag, 1996.

ISBN 3-923997-77-9

Für Susanne, Julian und Jakob

Inhalt

Vorwort

Elektroakustische Musik und Computermusik sind keine musikalischen Stile. Die Anwendung elektroakustischer Technologien führte jedoch zu neuen musikalischen Sprachen. Das vorliegende Buch soll dem Leser ein umfassendes Wissen über Elektroakustische Musik und Computermusik vermitteln. Dabei zeigt ein historischer Abriß die teilweise unabhängigen Zweige: „Live Elektronik", „musique concrète", „Tape music", „Music for Magnetic Tape" und „elektronische Musik".

Musik für Lautsprecher: Diese Idee führte zu einem völlig neuen Denken und forderte seit 1945 eine jüngere Komponistengeneration heraus. Pierre Boulez 1955: „In der bisherigen Musikgeschichte hat es wohl kaum eine radikalere Entwicklung gegeben. Der Musiker sieht sich vor die gänzlich ungewohnte Situation gestellt, den Klang selbst erschaffen zu müssen." Dieses Neue wird in dem Kapitel *Klangfarbe* und *Klangsynthese* umfassend dargestellt.

Die Anwendung des Computers bei kompositorischen Prozessen zeigt zwei grundsätzliche Richtungen: die Errechnung einer Klangfarbe, die mittels Lautsprecher gehört werden kann und die Errechnung einer Komposition für traditionelle Instrumente. Das Errechnen von Klangfarben ist auch im Kapitel *Klangfarbe* und *Klangsynthese* zu finden. Die äußerst verschiedenen Möglichkeiten zum Errechnen einer Komposition für traditionelle Instrumente werden im Kapitel *Partitursynthese* beschrieben.

In einer Konzertsituation werden die gegebenen, architektonischen Räume mit dem Medium Lautsprecher konfrontiert. Das Kapitel *Musik und Raum* zeigt dabei auf, daß das elektroakustische Medium zu neuen Raumkonzepten, zu einer neuen Form der Einbeziehung des Raumes in eine Komposition führte. Aktuelle Forschungsbereiche anderer Disziplinen hatten stets Einfluß auf Künstler und Komponisten. Dies soll veranschaulicht werden durch die Bereiche *Künstliche Intelligenz, Kognitionswissenschaft* und *Linguistik.*

Theorien und Techniken werden mit den dazu korrespondierenden Kompositionen wechselseitig beschrieben. Dabei wird versucht, ästhetische Auswirkungen der unterschiedlichen Verfahren auf die Komposition aufzuzeigen. Der Autor verzichtet weitgehend auf die Darstellung aktueller oder historischer Programmiersprachen, Computermodelle, Synthesizertypen, sogenannte Musicworkstations u.ä. Die notwendigen Beschreibungen geschehen auf einer allgemeinen, abstrakteren Ebene, so daß eine Aktualität des Buches bewahrt bleibt. Auch wird nicht auf die unterschiedlichen Ausprägungen existierender Studios und die damit verbundenen Fragen nach Studiostilen eingegangen.

Vorwort

Das umfangreiche Literaturverzeichnis ist nach Fachgebieten aufgeschlüsselt und berücksichtigt Erscheinungen bis 1997.

Mein besonderer Dank für kritische Anregungen und Unterstützung gilt Frau Prof. Dr. Helga de la Motte-Haber und Herrn Prof. Dr. Dieter Schnebel. Für die gründliche und anregende Durchsicht einzelner Abschnitte danke ich meiner Frau Susanne Elgeti, Herrn Frank Gertich und Herrn Volker Straebel.

Einleitung

Geschichtlicher Abriß

„Welch schöne Hoffnungen und traumhaften Vorstellungen erwachen für sie! Wer hat nicht schon im Traume ‚geschwebt'? Und fest geglaubt, daß er den Traum erlebe? – Nehmen wir uns doch vor, die Musik ihrem Urwesen zurückzuführen; befreien wir sie von den architektonischen, akustischen und ästhetischen Dogmen; lassen wir sie reine Erfindung und Empfindung sein, in Harmonien, in Formen und Klangfarben (denn Erfindung und Empfindung sind nicht allein Vorrecht der Melodie); lassen wir sie der Linie des Regenbogens folgen und mit den Wolken um die Wette Sonnenstrahlen brechen; sie sei nichts anderes als Natur in der menschlichen Seele abgespiegelt und von ihr wieder zurückgestrahlt; ist sie doch tönende Luft und über die Luft hinausreichend; im Menschen selbst ebenso universell und vollständig wie im Weltenraum; denn sie kann sich zusammenballen und auseinanderfliehen, ohne an Intensität nachzulassen."[1]

So Ferruccio Busoni in seinem *Entwurf einer neuen Ästhetik der Tonkunst*, nachdem er 1906 in einer Zeitung über das „Dynamophone" des Dr. Thaddeus Cahill (1867-1934) gelesen hatte. Cahill hatte um 1900 in Washington eine 200 Tonnen schwere elektrische Klangmaschine entwickelt, die auch unter dem Namen „Telharmonium" bekannt wurde. Zwölf dampfgetriebene Mehrfachstromerzeuger lieferten sinusförmige Schwingungen, die miteinander addiert werden konnten, um auf diese Weise elektroakustische Klänge zu generieren. Die Dynamophone-Konzerte wurden über das Telefonnetz übertragen, denn Lautsprecher und Radio waren noch unbekannt. Busoni weiter: „Dem Bericht, dem ich diese Nachrichten entnehme, sind authentische Photographien des Apparates beigegeben, welche jeden Zweifel über die Wirklichkeit dieser allerdings fast unglaublichen Schöpfung beseitigen."

Busoni bekam das Instrument nie zu hören; doch bevor er 1924 starb, wurde seine Utopie einer Musik, losgelöst von den „architektonischen, akustischen und ästhetischen Dogmen", realer. Beim Achten All-Sowjetischen Elektrotechnischen Kongreß 1921 stellte der Physiker Lew Sergejewitsch Termen[2] ein elektroakustisches Instrument vor, das unter verschiedenen Namen bekannt wurde: „Ätherophon", „Termenvox" und „Theremin". Das Wesentlichste an diesem Instrument sind zwei Antennen, zwischen denen sich ein elektrisches Feld befindet. Um auf die musikalische Gestaltung der elektroakustischen Klangerzeugung des „Theremin" Einfluß zu nehmen, wird mit den Händen zwischen den Antennen agiert. Der Spieler ändert dadurch das elektrische Feld und spielt, ohne irgendetwas Mechanisches zu berühren.[3]

Eine große Anzahl neuer, mit Elektrizität arbeitender Musikinstrumente entstand in den darauffolgenden Jahren. Beispielsweise 1926 das „Sphärophon" von Jörg Mager, 1928 die „Ondes Martenot" von Maurice Martenot, 1930 das „Hellertion" von Bruno Helberger und Peter Lertes, 1930 das „Trautonium" von Friedrich Trautwein, 1931 der „Neo-Bechsteinflügel" der Klavierfabrik Bechstein.

Alle diese elektrischen, elektronischen und elektromechanischen Musikinstrumente und ihre Wirkungsgeschichte sind reichhaltig dokumentiert und erforscht.[4] Die vorliegende Arbeit beginnt mit der Entwicklung nach 1945.

Komponisten und Theoretiker wie Carlos Chavez[5], Edgard Varèse und Robert Beyer hatten vor Augen, aus den Möglichkeiten der elektroakustischen Klangerzeugung eine neue musikalische Sprache entstehen zu lassen. Beyer 1928:

„[...] die internen Probleme der ‚kommenden Musik', wie das der Klangfarbenmelodie, der gleitenden enharmonischen Skala, nur um einige anzuführen, fordern den ‚neuen Ton' zu ihrer Lösung und Stabilisierung. Denn letzten Endes muß es sinnlos sein, ein Klangfarbenreich von fast grenzenloser Weite in einem vierstimmigen Satz vollenden zu wollen! Wir dürfen nicht bei einem raffiniert gestalteten Auszug aus dem Vorhandenen stehen bleiben, bei einer Differenzierung, Häufung und Erweiterung der klanglichen Tendenzen, wir müssen die Dinge von Grund auf betreiben, und das heißt ‚Form' sehen, nicht Zahl und Summe."[6]

Elektroakustische Musik umfaßt die Bereiche Live-Elektronik, Musique Concrète, Tape Music, elektronische Musik und Teile der Computermusik. Diese Aufteilung ist historisch bedingt und bei neueren Werken elektroakustischer Musik nur noch selten relevant. Im folgenden sollen die in der frühen Phase der Elektroakustischen Musik gemachten Unterscheidungen aufgezeigt werden.

Live-Elektronik

Der Begriff „Live-Elektronik" verbreitete sich in den 1960er Jahren und bezeichnet im Rahmen der Elektroakustischen Musik eine Konzertsituation, die kein interpretenloses Lautsprecherkonzert ist. Vermutlich wurde der Begriff abgeleitet aus einem Schallplattentext von John Cage über seine *Cartridge Music* (1960):

„[...] to make electronic music live. There are many ways to do this. The one I here chose was to make a theatrical situation involving amplifiers and loudspeakers *and* live musicians. The theatrical aspect is, of course, missing on the present record, a certain quality of mystery (since one cannot see how the sounds are being produced) taking its place."[7]

Neben dem Begriff „Live-Elektronik" sind verschiedene Varianten üblich: „Live Electronics", „Live Electronic Music", „Live-Elektronik", „Live-elektronische Musik" u.a.[8]

Die Definitionen der live-elektronischen Musik sind unterschiedlich. Live-elektronische Musik wird im deutschsprachigen Raum als eine Erweiterung der reinen Lautsprechermusik angesehen. Erweiterung in zweierlei Hinsicht. Erstens: Das elektronisch erzeugte Klangmaterial wird nicht mehr im Studio synthetisiert, sondern in Echtzeit auf der Bühne. Zweitens: Der Klang akustischer Instrumente oder der menschlichen Stimme wird unmittelbar elektronisch umgeformt. In Nordamerika wird der Begriff weiter gefaßt: Eine „Live Electronic Music" ist bereits dann gegeben, wenn zu einem oder mehreren Musikern ein vorproduzierter Tonträger eingespielt wird.

Es gibt verschiedene Versuche, die Möglichkeiten der „Live-Elektronik" zu klassifizieren und somit diese Ausprägung der Elektroakustischen Musik zu präzisieren:

- Instrumentalaufführung mit Einspielung von vorproduziertem Klangmaterial,
- Instrumentalaufführung mit elektronischer Klangumformung,
- Synthesizereinsatz bei Konzerten,
- Live-elektronische Ensembles,
- Computergestützte, interaktive Systeme.

Die Komposition *Imaginary Landscape No. 1* (früherer Titel: *Imaginary Landscape*) für zwei Schallplattenspieler mit variabler Geschwindigkeit, Test-Schallplatten mit Aufnahmen einzelner Sinustöne, gedämpftes Klavier und ein Becken (1939) von John Cage gilt als die erste live-elektronische Musik. Die Test-Schallplatten erfüllen die Kategorie Instrumentalaufführung mit Einspielung von vorproduziertem Klangmaterial, die Geschwindigkeitsänderung der Plattenspieler während der Aufführung die Kategorie Instrumentalaufführung mit elektronischer Klangumformung.

Zu überprüfen wäre, ob der bisher nicht veröffentlichte erste Satz von Cages *Quest* (1935) eine live-elektronische Musik ist. Er besteht aus einer Improvisation für Objekte, Mikrophon, Verstärker und Lautsprecher.

Ein sehr frühes Beispiel für die Kategorie Instrumentalaufführung mit Einspielung von vorproduziertem Klangmaterial ist das Werk *Déserts* für 14 Blasinstrumente, Klavier, Schlagzeug und drei Tonbandinterpolationen mit "organized sound" (1949-54) von Edgard Varèse. Die Zuspielbänder

(Interpolationen) existieren in vier verschiedenen Versionen aus den Jahren 1953/54, 1960 und 1961 und wurden in unterschiedlichen Studios realisiert bzw. überarbeitet. Die erste Version entstand im Pariser Studio von Pierre Schaeffer, die letzte Version wurde im Columbia-Princeton Electronic Music Center in New York realisiert. Bei *Déserts* wechseln Orchesterteile und Bandeinspielungen ab, wobei auch eine Aufführung ohne Einspielung der Zuspielbänder möglich ist. Die Uraufführung fand unter der Leitung von Hermann Scherchen 1954 in Paris statt. Die Rundfunkübertragung des Konzertes war die erste stereophonische Live-Sendung.[9] Andere frühe Kompositionen, die zu dieser Kategorie gehören, sind die Gemeinschaftswerke *Rhapsodic Variations* (1953-54) und *Poem in Cycles and Bells* (1954) von Otto Luening und Vladimir Ussachevsky. Eine Synchronizität zwischen Ensemble und Tonband war nicht immer vorgeschrieben, so bei *Musica su due dimensioni* (1952; rev. 1958) von Bruno Maderna oder *Synchronisms* (1963-70) von Mario Davidovsky.

Die Einspielung des Klangmaterials erfolgt in der Regel von einem Tonband. Die Benutzung von Magnetophongeräten bei live-elektronischen Konzerten kann jedoch weit mehr sein als reine Tonbandeinspielung. Beispielsweise in *Transición II* für Klavier, Schlagzeug und zwei Tonbänder (1958/59) von Mauricio Kagel. Dem Ausführenden wird es hier überlassen, ob die vorgeschriebenen Bandaufnahmen und die elektroakustische Verarbeitung vor oder während der Aufführung gemacht wird. *Transición II* ist Kagels erstes europäisches Stück und wurde 1959 bei den Internationalen Ferienkursen für Neue Musik in Darmstadt uraufgeführt. Die folgende Beschreibung mit Teilen von Kagels Partituranweisungen zeigt, wie die Realisation des Zuspielbandes geschehen kann:

„Auf Tonband I sind vor der Aufführung B- oder C-Strukturen aufzunehmen. Die Aufnahmen sind entweder nicht oder vollkommen zu verfremden. Im letzteren Fall werden die ‚Klänge von Klavier und Schlagzeug einer Reihe von Prozessen unterworfen, welche Klangfarbe und Einschwingvorgang in einem Maße ändern, so daß das sich ergebende Material ein Wiedererkennen der ursprünglichen Klänge unmöglich macht'. Auf Tonband II sind während der Aufführung A- oder C-Strukturen aufzunehmen. Das Aufgenommene ist zwei- bis viermal mit sich selbst zu überlagern: bei zweimaliger Überlagerung die erste Hälfte mit der zweiten; bei viermaliger wird die aufgenommene Struktur mit Hilfe einer entsprechend langen endlosen Bandschleife in vier gleiche Sektionen geteilt, diese werden übereinander kopiert und zugleich wiedergegeben. Im Falle zweimaliger Überlagerung wird die ursprüngliche Länge auf die Hälfte, im Falle dreimaliger auf ein Drittel verkürzt. In der Aufführung wird dann ‚ein Kontinuum gebildet aus der vorbereiteten Bandaufnahme, der unmittelbaren Aktion von Pianist und Schlagzeuger (die beim Spielen aufgenommen wird) und deren sofortiger Wiedergabe über Lautsprecher. Diese drei Schichtstrukturen schieben sich zum Dichteverlauf des Stückes zusammen.'"[10]

Das Verfahren, Tonbandmanipulationen während eines Konzertes zu machen, wird auch als „performed tape" bezeichnet[11]. Dazu gehören *Williams Mix* (1952) und *Fontana Mix* (1956) von John Cage, *The Fourth of July* (1960) von Robert Ashley und *SOLO* für Melodie-Instrumente mit Rückkopplung (1966) von Karlheinz Stockhausen. „Performed tape" kann auch als Teilmenge der Kategorie Instrumentalkonzert mit elektronischer Klangumformung angesehen werden.

Die Kategorie Instrumentalkonzert mit elektronischer Klangumformung ist die aktuellste Ausprägung der Live-Elektronik. Sie kann unterteilt werden in die Bereiche Transposition, Klangselektion und Bewegung des Klanges im Raum.

Die elektronische Transposition eines Instrumentes in Echtzeit wurde früher mit Ringmodulatoren realisiert, später mit computergestützten Geräten wie dem „Harmonizer". Mit ihm kann beispielsweise ein Klavierklang höher und tiefer transponiert werden, als es ein herkömmliches Klavier zuläßt, darüber hinaus erlauben es die Mikrointervallschritte einer Transponiermaschine, die Töne gewissermaßen auch zwischen die Tasten zu setzen. Diese Idee der stufenlosen Transposition eines Instrumentes und der damit verbundenen Klangveränderung interessierte Pierre Boulez nach einem Besuch bei Hans Peter Haller in Freiburg 1972. Haller war damals mit den Vorbereitungen zum Aufbau für das Experimentalstudio der Heinrich-Strobel-Stiftung des Südwestfunks Baden-Baden in Freiburg betraut, das eines der wichtigsten Zentren für die Anwendung der Live-Elektronik wurde und deren langjähriger Leiter er war. Das Studio wurde noch 1972 von Boulez beauftragt, ein Realisierungskonzept für die elektronische Klangumformung von ...*explosante-fixe*... für Flöte, Klarinette, Trompete, Harfe, Vibraphon, Violine, Bratsche, Cello und Elektronik (1972/1974)[12] zu erstellen.

„Und wie ich dabei war, das Stück zu schreiben, bin ich auf die Idee verfallen, den Instrumenten mehr Zusammenhang zu geben. Sie spielen also jeder in seiner Ecke, wie ich schon gesagt habe, jeder fixiert auf seinen Bereich von Tonhöhen, und sie reagieren aufeinander mit Hilfe der Live Elektronik. [...] Ich sagte mir, die Instrumente sind alle fixiert in ihrem Bereich; wie können sie sich beeinflussen, und zwar nicht nur von der Tonhöhe her? Und da ist mir die Live-Elektronik zu Hilfe gekommen, denn hier reagieren sie aufeinander nicht nur im Raum und der Dynamik, sondern auch im Tonbereich. Wenn zum Beispiel zwei Instrumente zusammen moduliert sind, dann ist die Tonhöhe eine Resultante und nicht mehr nur die Orginaltonhöhe. [...] Ich habe oft bemerkt, daß ein Instrument, das durch die Elektronik transformiert wird, allmählich vollkommen anonym wirkt. Und ich wollte eine Art Gradation herstellen zwischen der Individualität des Instruments, das praktisch nicht oder nur sehr wenig transformiert wird, und der totalen Anonymität am

Schluß, wo man manchmal kein Instrument von den anderen unterscheiden kann..... Die Live-Elektronik ist ein Teil der Komposition."[13]

Zu den ersten live-elektronischen Stücken ohne Tonbandgerät, also Instrumentalkonzert mit elektronischer Klangumformung, gehören *Mixtur* für Orchester, vier Sinusgeneratoren und vier Ringmodulatoren (1964) und *Mikrophonie I* für Tamtam, zwei Mikrophone, Filter und Regler (1964) von Stockhausen, sowie *Variations II* (1961) von John Cage, bei dem das „Feedback", die kontrollierte elektronische Rückkopplung, angewandt wird.

Digitale Hallgeräte erlauben nicht nur die Simulation eines realen Raumes, es können auch akustische Räume erzeugt werden, die architektonisch nicht zu realisieren wären, so, wenn ein mehrminütiger oder ein unendlicher Nachhall erwünscht ist oder die Inversion des Halles. (Siehe dazu: „Musik und Raum: virtueller und simulierter Raum.") Durch Einbeziehung mehrerer Lautsprecher, die in einem Konzertsaal verteilt werden, kann die konventionelle, nach vorne ausgerichtete Architektur eines Konzertsaales gesprengt werden. (Siehe dazu: „Musik und Raum: virtueller und simulierter Raum.")

Die Kategorie Synthesizereinsatz bei Konzerten zeigt Definitionsprobleme der Live-Elektronik: Würden auf einem Synthesizer Bachs *Goldbergvariationen* gespielt, so kann sicherlich nicht von live-elektronischer Musik gesprochen werden. Live-elektronische Ensembles wurden vorwiegend in den 1960er Jahren ins Leben gerufen. Darunter The Sonic Art Union in den USA (David Behrman, Alvin Lucier, Robert Ashley, Gordon Mumma), in Italien MEV, Musica Elettronica Viva (Frederic Rzewski, Allan Bryant, Alvin Curran, Jon Phetteplace, Richard Teitelbaum) und die Improvisationsgruppe Nuova Consonanza (Mario Bertoncini, Walter Branchi, Franco Evangelisti, John Heinemann, Roland Kayn, Egisto Macchi, Ennio Morricone und später auch Frederic Rzewski). Diese zuletzt genannte Gruppe war insofern einzigartig, da jedes Mitglied neben der Beherrschung seines Instrumentes auch Komponist sein mußte.[14] In England *AMM* (Cornelius Cardew, Christopher Hobbs, Lou Gare, Keith Rowe, Eddie Prevost). Das Gemeinsame dieser Ensembles ist das improvisatorische Element in ihrer Musik. In Westdeutschland bildetete sich eine Gruppe um Stockhausen mit Alfred Alings, Harald Bojé, Peter Eötvös, Johannes Fritsch, Rolf Gehlhaar, Aloys Kontarsky.

Die Möglichkeiten der Verwendung von Computern führte zu neuen Möglichkeiten der nun computergestützten Live-Elektronik. (Siehe dazu: „Partitursynthese: Interaktive Systeme".)

Tape Music und Music for Magnetic Tape

Die frühe amerikanische Elektroakustische Musik wurde unter dem Begriff „Tape Music" bekannt. 1948 experimentierte in New York das Ehepaar Louis und Bebe Barron mit Magnettonbandgeräten. Die Manipulationstechniken waren das Vorwärts- und Rückwärtsspiel aufgenommener Instrumentalklänge, zeitliches Versetzten aufgenommener Teile durch Schneiden und Kleben u. a. 1951 wurde John Cage auf ihre Arbeit aufmerksam und gründete eine Gruppe mit dem Ziel, Musik für Magnettonband zu erarbeiten. Zu ihr gehörten neben den beiden Barrons Earle Brown, Morton Feldman, David Tudor und Christian Wolff. Sie arbeiteten zwei Jahre im Studio der Barrons und nannten ihr Projekt *Music for Magnetic Tape.*

Die Möglichkeit, Magnettonbandtechnik für kompositorische Aufgabenstellungen einzusetzen, hatte Cage Ende der 1940er Jahre bei Pierre Schaeffer in Paris kennengelernt. Doch erst mit dem Projekt *Music for Magnetic Tape* begann Cage, die ersten Stücke für diese Technik zu erarbeiten. Cage:

„Während dieser Arbeit faszinierten uns die vielfältigen Möglichkeiten des Tonbandes. Deswegen war ich auch so bedacht darauf, sie nicht allein, sondern mit anderen zusammen auszuschöpfen, weil jeder einen unterschiedlichen Aspekt würde einbringen können, und das war auch tatsächlich der Fall. [...] Ich war damals für alles Neue sehr aufgeschlossen und interessierte mich für das Schneiden von Bändern, also die technische Herstellung von Musik. Ich entdeckte verschiedene Möglichkeiten, den Klang nicht durch Regler, sondern durch das tatsächliche Schneiden des Tonbandes zu verändern."[15]

Bei den anfänglichen Studien der Gruppe bestand das akustische Material aus 600 verschiedenen Tonbandaufnahmen, die in sechs Kategorien geteilt wurden: pure elektronische Klänge, manipulierte Klänge einschließlich Instrumentalklängen, Blasinstrumente einschließlich Gesang, Klänge der Stadt, Klänge des Landes und ruhige Klänge. Neben den Stücken der Barrons, *Heavenly Menagerie* (1951) und *For an Electronic Nervous System No. 1* (1953), entstanden während dieser Zeit Cages *Imaginary Landscape No. 5* (1951-52) für 42 beliebige Schallplatten (auf Tonband aufzunehmen) und *Williams Mix* (1952) für acht Einspur- oder vier Zweispur-Tonbänder, sowie *For Magnetic Tape* (1952-53) von Wolff. Die Dauer von *Williams Mix* ist vier Minuten, die Realisation des Magnettonbandes anhand der 192 Seiten umfassenden Anweisungspartitur dauerte etwa ein Jahr. *Imaginary Landscape No. 5* ist vermutlich das erste Stück für Magnettonband, das in den USA realisiert wurde.[16] Dabei waren die Techniken der Magnettonbandmanipulationen vergleichbar mit denen der „musique concrète" und der elektronischen Musik, nicht jedoch der musikalische Ideenhintergrund. So basieren beispielsweise *Imaginary Landscape No. 5* und *Williams Mix* auf Zufallsoperationen mit Hilfe des I Ching. Hans Rudolf Zeller verwendet für die elektroakustischen Kompositionen von Cage den Terminus „Medienkomposition". Dabei teilt er Medienkomposition in die Bereiche Schallplattenstücke, Radiostücke, Tonbandmusik und Audiovisuelle Medienkompositionen ("Audiovisual Performances").[17] Die Partituranweisung zu *Imaginary Landscape No. 5* ist hierbei ein Synchronisationsplan, bei dem zwei verschiedene Medien aufeinandertreffen: Schallplatte und Tonband. Die Partitur gibt an, wie mit den frei ausgewählten 42 Schallplatten das Magnettonband realisiert werden soll.

Das Projekt *Music for Magnetic Tape* endete 1953. Brown und Feldman gingen an die Rangertone Studios, Newark/N.J., wo noch im selben Jahr *Four Systems* von Brown und *Intersection* von Feldman entstanden. Cage arbeitete in verschiedenen privaten Studios in New York. Im Mailänder Studio di Fonologia realisierte er 1958 *Fontana Mix*, das in einer vierkanaligen Fassung vorliegt.

Parallel zu Cages Gruppe arbeitete in New York auch Vladimir Ussachevsky mit Magnettonbandgeräten. Die ersten Experimente fanden 1951 am Experimental Music Studio statt, dem späteren Tape Music Studio der Columbia University, New York. Die Transposition eines aufgenommen Klanges und die gesteuerte Rückkopplung ("feedback") stellten die anfänglichen Prinzipien der Arbeiten dar. Die ersten Tonband-Experimente wurden bei einem Universitäts-Konzert am 9. Mai 1952 präsentiert. Auf Initiative von Henry Cowell wurde daraufhin ein größeres Tonbandkonzert mit vier Kompositionen präsentiert: *Sonic Contour* von Ussachevsky und *Invention in 12 Notes*, *Low Speed* und *Fantasy in Space* von Otto Luening. Henry Cowell schrieb darüber im *Musical Quarterly*, Oktober 1952:

"People who work experimentally with new sounds seem to have trouble in distinguishing between the material of musical composition and the composition themselves. They are apt to rush their new sounds prematurely into pieces that are hardly creative work in the generally accepted sense, and that are easily identified as vehicles for new sounds rather than works in which these sounds form an integral part. [...] It is therefore refreshing when a composer offers his experiments frankly by that name, without confusion. Vladimir Ussachevsky did just this [...] These were not compositions and no attempt was made to call them so. But the sounds are certainly a possible resource for composers."[18]

Oliver Daniel prägte 1952 den Begriff "tape music". Er wird heute für die frühe amerikanische Elektroakustische Musik verwendet. Bei einer Einführung zu einem Tonbandkonzert von Ussachevsky und Luening in

New York verwendet ihn Leopold Stokowski: "Tape music is music that is composed directly with sound instead of first being on paper and later made to sound. Just as the painter paints his picture directly with colours, so the musician composes his music directly with tone."[19]

Ab 1959 veränderte sich das Studio durch den "RCA Sound Synthesizer", einen lochstreifengesteuerten Synthesizer (Siehe „Partitursynthese"). Das Studio bekam den Namen Columbia-Princeton Electronic Music Center. Die Mitarbeiter am Studio waren neben Ussachevsky und Luening Milton Babbitt, Bülent Arel, Mario Davidovsky, Pril Smiley, Alice Shields, Peter Mauzey und James Seawright.

Die frühe europäische Elektroakustische Musik – die elektronische Musik und die musique concrète – hatte sowohl technische als auch kompositorische Prinzipien. Die nordamerikanische Tape Music kannte offensichtlich keine ideologischen Grenzen. Zu überprüfen wäre, ob und wenn ja, wie die beiden Gruppen der frühen Elektroakustischen Musik in den USA sich bewußt voneinander abgrenzten: die *Music for Magnetic Tape* von Brown, Cage, Feldman, Tudor und Wolff und die *Tape Music* von Luening und Ussachevky.

Musique Concrète

Die Grundlagen zu einer autonomen Lautsprechermusik schuf Pierre Schaeffer. 1943 gründete er dafür eine Forschungsstelle für radiophonische Kunst, das Studio d'Essai, welches unter dem 1946 eingeführten Namen Club d'Essai bekannt wurde. 1944 wurde sein Hörspiel *La coquille à planetes* gesendet, bei dem er Text, Klang, Musik und Realisation mit gleichem Gewicht behandelte. Am 5. Oktober 1948 sendete RTF (Radiodiffusion Télévision Française) in Paris das erste „Concert des Bruits". Die fünf Programmpunkte waren Schaeffers *Cinq études de bruits* (1948) mit den Titeln *Etude aux chemins de fer*, *Etude aux Tourniquets*, *Etude violette*, *Etude noire* und *Etude pathétique*.

Schaeffer bezeichnete diese Musik als „musique concrète". Concrète, da das Klangmaterial, mit dem gearbeitet wurde, konkret vorhanden war, d.h. über eine Mikrophonaufnahme gewonnen wurde, bevor die eigentliche Realisation einer Komposition begann. Konkret auch insofern, als sich die aufgenommen Klänge der Schriftlichkeit entzogen, d.h. keine dem Klangobjekt entsprechende Partitur geschrieben werden konnte und das Klangmaterial nach der Mikrophonaufnahme „konkret" auf einem Tonträger existierte. Schaeffer geht von der Vorstellung aus, daß elektroakustisch aufgenommene Klänge und Geräusche, losgelöst von ihrem ursprünglichen

Kontext, bei der Reproduktion eine eigene Sprache entwickeln. Ein Denken, das an die Surrealisten erinnert. Schaeffer unterscheidet zwischen dem Klangkörper (corps sonore), der den Klang erzeugt, und dem eigentlichen Klang, dem Klangobjekt (objet sonore)[20]: „Das Klangobjekt darf nicht mit dem es erzeugenden Klangkörper verwechselt werden."[21] Ein Werk der musique concrète sollte derart konzipiert sein, daß der Zuhörer keine Referenz auf das klangerzeugende Instrumentarium herstellt. Schaeffer nennt diese Art des Lautsprecherhörens „acousmatique"[22]. (Siehe „Wahrnehmung elektroakustischer Klangfarben".)

Die Ästhetik der repetitiven Geräusche und Klänge dieser frühen musique concrète waren teilweise durch die technischen Verfahrensweisen bedingt: Magnettonbandgeräte waren zu dieser Zeit noch nicht ausgereift. Schaeffer arbeitete daher auf Schallplatten mit jeweils einer geschlossenen Rille, in die er sein Klangmaterial direkt eingravierte. Über eine spezielle Klaviatur konnte er mehrere Schallplatten gleichzeitig „spielen". Wichtigstes Prinzip bei Schaeffer war – auch nach Einführung des Magnettonbandgerätes – Struktur- und Klangveränderungen lediglich durch folgende Prinzipien zu erreichen: Schnitt und Montage des Magnettonbandes, verschiedene Geschwindigkeiten des Bandes (Transposition) sowie das rückwärtige Abspielen des Bandes.

Seine wesentlichsten Komposition realisierte er zwischen 1948 und 1959, darunter die *Cinq études de bruits* (1948), zusammen mit Pierre Henry die *Symphonie pour un homme seul* (1950), nach der Maurice Béjart eine Choreographie erarbeitete, und die Oper *Orphée 53* (1953). Schaeffer teilt die kurze Geschichte der musique concrète in verschiedene Perioden, eine poetische, eine barocke und eine expressionistische Periode.[23] Im Anschluß an diese Perioden und in Abgrenzung zu ihnen wendet sich Schaeffer mehr der recherche musicale zu, um u. a. eine Klassifizierung von Klängen zu betreiben (siehe „Klangfarbe und Klangsynthese", Abschnitt „Benennung und Katalogisierung"). Bei seinen Forschungen ist für ihn die das Ohr oberste Instanz. Dies dokumentiert sich in dem 1953 geschriebenen und 1957 veröffentlichten *Lettre à Albert Richard*[24], die zu den wichtigsten Schriften der musique concrète gehört. Die in dem *Lettre* aufgeführten Postulate und Regeln wurden später von Schaeffer in gekürzter Form noch einmal veröffentlicht:

„Erstes Postulat: Vorrang des Ohrs. – Das Entwicklungspotential ebenso wie die Begrenzung jeglicher neuer Musik liegen in den Möglichkeiten des Gehörs.

Zweites Postulat: Unter Voraussetzung des ersten Postulats, Bevorzugung der realen akustischen Quellen, für die unser Ohr weitgehend geschaffen ist (und insbesondere die Ablehnung einer ausschließlichen Zuhilfenahme elektronischer Klangquellen).

Drittes Postulat: Erforschung einer Sprache. – Neue musikalische Strukturen müssen darauf abzielen, eine Kommunikation herzustellen zwischen dem, der sie entwirft, und dem, der sie aufnimmt.

Erste Regel. – Eine neue *Gehörbildung* betreiben durch systematisches Hören von Klangobjekten jeder Art. Das einzig Wichtige ist hier *richtig hören lernen*, wobei Anfangsgründe der akustischen und elektronischen Technik naturgemäß diese Lehrzeit erleichtern können.

Zweite Regel. – *Klangobjekte schaffen*, das heißt, sich in der tatsächlichen Realisierung von Klängen üben, die so verschieden und ursprünglich wie nur möglich sein sollen, und zwar in bewußtem Gegensatz zum traditionellen Vorgehen, bei dem auf Notenpapier Symbole eingetragen werden, die gleichsam Konfigurationen abstrakter Zeichen darstellen.

Dritte Regel. – *Musikalische Objekte bilden*, das heißt, Apparate zur Klangmanipulation handhaben lernen (ohne sie mit Musikinstrumenten zu verwechseln): Magnetophone, Mikrophone, Filter usw.

Vierte Regel. – Vor der Konzeption von Werken *Studien anfertigen*, den „Schulübungen" der traditionellen Musik vergleichbar, die den Anfänger zwingen, unter der Verschiedenartigkeit der verfügbaren Hilfsmittel und der Verschiedenartigkeit der möglichen Ausführungen seine Wahl zu treffen.

Fünfte Regel. – Arbeit und Zeit – unerläßlich für jeden echten Aneignungsprozeß."[25]

Pierre Schaeffer und seine Pariser Schule wirkten gleichsam wie ein Magnet auf die unterschiedlichsten Komponisten. Bei einem ersten Kurs im Club d'Essai nahmen Pierre Boulez, Jean Barraqué, Michel Philippot und André Hodeïr teil. Olivier Messiaen realisierte *Timbres-Durées* (1952), Roman Haubenstock-Ramati *Exergue pour une symphonie* (1957), Iannis Xenakis *Diamorphoses* (1957) u.v.m. Karlheinz Stockhausen realisierte sein erstes elektroakustisches Stück in Schaeffers Studio: *ETUDE* (1952), Edgard Varèse die erste Fassung der Tonbänder (1953) zu *Déserts* für 14 Blasinstrumente, Klavier, Schlagzeug und 3 Tonbandinterpolationen (1949-54).

Ständiger Mitarbeiter am Studio war Pierre Henry, der jedoch 1958 ein eigenes Studio eröffnete. Im selben Jahr reorganisierte Schaeffer das Studio und nannte seine Gruppe Groupe de Recherches Musicales de l'O.R.T.F. (GRM). Die Leitung übernahm 1966 François Bayle.[26]

Auf der Pariser Tagung „Das erste Jahrzehnt der experimentellen Musik" wandte sich Boulez gegen die musique concrète, u.a., da für ihn die wichtigste Aufgabe die kompositorische Erschaffung des Klangmaterials sei, nicht die Auswahl desselben, was eine andere Form der üblichen Orchestrierung wäre. Nur wenige Komponisten hatten sich an Schaeffers Idee der akusmatischen Musik, einer unsichtbaren Musik, gehalten. Insbesondere eine jüngere Generation von Komponisten, die ab 1958 an das Studio kamen, ging eigene Wege. Zu ihnen gehören beispielsweise Luc Ferrari, François-Bernard Mâche, Ivo Malec, Jaques Lejeune, Jean Schwarz, Guy Reibel und Daniel Teruggi.

Elektronische Musik

Der Begriff „elektronische Musik" wird heute für nahezu jede Ausprägung Elektroakustischer Musik verwendet, doch war er in den 1950er Jahren fast ein Synonym für die Elektroakustische Musik der sogenannten Kölner Schule. Der Terminus wurde erstmalig 1949 von Werner Meyer-Eppler in einem Buchtitel verwendet[27]; in seinen Schriften bevorzugt er jedoch den Begriff „authentische Musik". Was elektronische Musik zu sein hatte, wurde immer wieder neu definiert. 1954 wurde dann eine endgültige Definition versucht. Der Begriff „elektronische Musik" war für Neue Musik reserviert, und es sollte keine Musik damit bezeichnet werden, die mittels elektroakustischer Klangerzeugung für Hörspielproduktionen und ähnliches komponiert wurde. Das Klangmaterial durfte auch nicht von einem elektrischen oder elektromechanischen Instrument kommen – nach Stockhausen sogenannte elektronische Spielinstrumente –, durfte in Opposition zur Pariser musique concrète nur synthetisch generiert werden und auf keinen Fall konkretes Klangmaterial enthalten, und für Herbert Eimert, den Leiter des Kölner Studios, war „… elektronische Musik nicht ‚auch' Musik, sondern serielle Musik".[28]

Der Westdeutsche Rundfunk (WDR) in Köln – damals Nordwestdeutscher Rundfunk (NWDR) – legte 1951 die Voraussetzungen zur Gründung eines Studios für elektronische Musik. Es sollte weltweit das erste Studio der im engeren Sinne verstandenen „elektronischen" Musik werden. Der WDR bezog sich auf eine Absichtserklärung mit dem Beschluß, ein Studio für elektronische Musik zu gründen. Das entsprechende Protokoll wurde am Tag der ersten NWDR-Nachtprogrammsendung mit elektronischer Musik, am 18. Oktober 1951, niedergeschrieben.[29] Die Geschichtsschreibungen sind verschieden. Für den Komponisten Herbert Brün gibt es elektronische Musik, seit es das Wort gibt[30], für den WDR seit der Niederschrift des Protokolls, für Karlheinz Stockhausen seit 1953[31] und für einige Musikwissenschaftler, seit es die erste „gültige" Komposition gibt. Die zahlreichen Versuche, der erste gewesen zu sein, die „Sehnsucht nach dem Olymp", dokumentiert Fred K. Prieberg.[32]

Bevor im NWDR das eigentliche Studio eingerichtet wurde, fanden die ersten Experimente in anderen Räumen des Kölner Funkhauses statt. Die Klangerzeuger waren ein Melochord[33], ein Monochord nach Trautwein[34] und zwei Magnettonbandgeräte. Robert Beyer und Herbert Eimert experimentierten dort mit dem Klangmaterial des Bonner Instituts für Phonetik, das Meyer-Eppler mit seinem eigenen Melochord synthetisiert hatte. Im Frühjahr 1953 wurde nach den Vorstellungen von Meyer-Eppler und dem damaligen Leiter der Meß- und Prüftechnik des NWDR, Fritz Enkel, das eigentliche Studio eingerichtet. Die Gerätschaften zur Klanggenerierung und zur Klangmanipulation bestanden, neben den obligatorischen Magnettonbandgeräten, aus einem Rauschgenerator, einem Schwebungssummer, einem Ringmodulator, zwei Hörspielverzerrern, einem Melochord und einem Monochord von Trautwein. Die beiden letzteren wurden bald aus dem Studio entfernt. Von Stockhausen wurden 1953 Sinustongeneratoren aus der Meßtechnikabteilung angefordert. Herbert Eimert wurde 1953 der Leiter des Studios.

Die 1952 entstandenen Gemeinschaftskompositionen von Beyer und Eimert hatten eher Versuchscharakter. Dazu gehören *Klangstudie I, II* und *III, Klang im unbegrenzten Raum* und *Ostinate Figuren und Rhythmus*. Sie wurden am 26. Mai 1953 bei einer Matinée des Kölner Funkhauses innerhalb des „Neuen Musikfestes 1953" vorgestellt. In der anderen Hälfte des Konzertes wurden Kompositionen aus dem Studio von Pierre Schaeffer zu Gehör gebracht.

Im Mai 1953 kam Karlheinz Stockhausen in das Kölner Studio. Zuvor hatte er die Möglichkeit der Sinustonerzeugung bei Schaeffer in Paris erprobt. Ein Sinuston gilt als die einfachste Form einer möglichen Wellenform und kann als Atom eines möglichen Klanges betrachtet werden (siehe „Vertikale Synthese": Additive Synthese).

Die Anschauung, den Sinuston als die kleinste Einheit eines Klanges zu betrachten, hat ihre Wurzeln in der Fourieranalyse (1811), die es erlaubt, jeden periodischen Schwingungsverlauf auf sinusförmige Schwingungen zurückzuführen. Die Zerlegung eines Klanges in kleinste Einheiten, „Quanten" nach Dennis Gábor (1947), nimmt Bezug zur Quantenphysik.

Die wichtigsten Gestaltungsmöglichkeiten einer elektroakustischen Komposition in dieser frühen Periode waren:[35]

– Generatoren, die neben der Sinusschwingung auch teiltonreiche Wellenformen und weißes Rauschen generierten.
– Filter, mit denen teiltonreiche Klänge und weißes Rauschen verändert werden. Die zu verändernden Klänge konnten Instrumentalklänge, eine menschliche Stimme oder synthetischer Herkunft sein.

- Tonbandschleifen, die dazu dienten, beliebige Wiederholungen eines klanglichen Abschnittes zu erzeugen. Die Überlagerung des verschiedenen Klangmaterials geschah mittels eines speziellen Bandschleifenverfahrens. Tonbandschleifen wurden später auch für Steuerungsvorgänge, sogenannte halbautomatische Verfahren zur Struktur- und Klangerzeugung einer Komposition eingesetzt.[36]
- Schnitt und Montage der Magnettonbänder waren ein wesentliches Moment, um eine Komposition zu strukturieren.
- Transpositionen wurden durch Veränderung der Laufgeschwindigkeiten der Magnettonbandgeräte erreicht, später auch durch den Einsatz des Tonlagen-Reglers ohne Geschwindigkeitsänderung, auch als Springer-Maschine bekannt.
- Modulation,
- Bewegung des Klanges im Raum,
- Verhallung.

Das Komponieren im Studio war orientiert an den Möglichkeiten der technischen Einrichtung und an der Zusammenarbeit mit den Mitarbeitern, die für die Realisation einer kompositorischen Idee verantwortlich waren. Einige Komponisten realisierten ihre Stücke allein im Studio, andere ließen sie vollständig von einem Tonmeister, einem Tontechniker oder einem versierten Komponistenkollegen umsetzen. Zwischen diesen beiden Extremen gibt es die verschiedensten Abstufungen der Realisation eines elektroakustischen Werkes. Hier wird die Problematik deutlich, daß sich der Einfluß des Studiomitarbeiters auf die Komposition auswirkt. Auch kann durchaus von künstlerischer Interpretation gesprochen werden, da die Partituren bzw. die Realisationsanweisungen praktisch nie einen eindeutigen Charakter haben.

Gottfried Michael Koenig, kam kurz nach Stockhausen an das Kölner Studio und wurde dort für zehn Jahre Mitarbeiter. Koenig hatte sich nie für Klangobjekte, sondern für den Prozeß einer Komposition interessiert; seine Versuche sollten der elektronischen Musik den „instrumentalistischen" Charakter nehmen. Seine konsequent durchkonstruierten Klangstrukturen in *Klangfiguren II* (1955) und mehr noch in *Essay* (1957) weisen bereits auf seine spätere Orientierung zur Computermusik. *Terminus I* (1962), in Köln realisiert, ist quasi eine Vorarbeit zu *Terminus II* (1966/67), das am Studio für elektronische Musik, dem späteren Institut für Sonologie der Reichsuniversität Utrecht (Holland), realisiert wurde. Bei Stockhausens *Gesang der Jünglinge* (1955-56) und *Kontakte* (1959-60) war Koenig wesentlich an der Realisation beteiligt.

Das Kölner Studio wurde Anziehungspunkt für zahlreiche Komponisten. Zu der frühen Generation gehören Karel Goeyvaerts, 1953 Pierre Boulez, Michael Fano und Henri Pousseur, die an Stockhausens Arbeiten interessiert waren. Später Paul Gredinger (*Formanten I und II*, 1954), Giselher Klebe (*Interferenzen*, 1955), Gottfried Michael Koenig (*Klangfiguren I, Klangfiguren II*, 1955), Henri Pousseur (*Seismogramme*, 1955), Ernst Krenek (*Spiritus Intelligentiae Sanctus*, 1955), Hermann Heiss (*Elektronische Komposition I*, 1956), György Ligeti (*Glissandi*, 1957, *Artikulation*, 1958), Franco Evangelisti (*Incontri di fasce sonore*, 1957), Bo Nilsson (*Audiogramme*, 1958), Mauricio Kagel (*Trancisión I*, 1958), Herbert Brün (*Anepigraphe*, 1958) u.v.m. Marietta Morawska-Büngeler erstellte eine ausführliche Dokumentation über die geschichtliche Entwicklung des Studios.[37]

Der Begriff „elektronische Musik" ist spätestens seit Stockhausens *Gesang der Jünglinge* (1955-56) im ursprünglichen Sinne nicht mehr tragbar, da auch nichtsynthetisches Material Verwendung fand. Auch Ligetis *Artikulation* (1958) fällt aus dieser Kategorie heraus, da aleatorische Prozesse beim Komponieren verwendet wurden.

Das Studio des (N)WDR in Köln wurde Vorbild und führte zur Gründung anderer Studios: 1955 gründete die RAI (Radio Audizioni Italiane) in Mailand das Studio di Fonologia Musicale unter der Leitung von Luciano Berio. Die Einrichtung des Studios war stark beeinflußt von der Kölns. Frühe Studioproduktionen waren u.a. von Berio (*Mutazioni*, 1955, *Thema-Omaggio a Joyce*, 1958, *Visage*, 1961), Bruno Maderna (*Notturne*, 1956, *Syntaxis*, 1958, *Musica su due dimensioni*, 1958), Luigi Nono (*Omaggio a Emilio Vedova*, 1960), Henri Pousseur (*Scambi*, 1957), John Cage, (*Fontana Mix*, 1958).[38]

Neben Köln wurde auch das Mailänder Studio Vorbild für weitere Entwicklungen. Einige der Neugründungen waren: Genf (1959-62), Eindhoven (1957-60), München (1957-66), Tokio (1956), Warschau (1957), Stockholm (1964), Utrecht (1961-86). Utrecht wurde eines der wichtigsten Zentren durch seinen langjährigen künstlerischen Leiter Gottfried Michael Koenig. Es war eines der ersten Studios, das spannungskontrollierte Studiotechnik einsetzte. (Siehe dazu „Partitursynthese: Spannungskontrolle".) Das 1953 gegründete Studio der Technischen Universität Berlin hatte in dieser frühen Zeit nur wenige Produktionen vorzuweisen.[39] Das Siemens-Studio für elektronische Musik in München nimmt eine besondere Stellung ein, da dort von Anfang an Automatisierungsprozesse eine wesentliche Rolle spielten. (Siehe „Partitursynthese: Hybride Systeme".) Ebenso wie das Siemens-Studio existierte auch das Studio der holländischen Firma Philips nur eine kurze Zeit. Bekannt wurde es durch das *Poème électronique* (1958) von Edgard Varèse. Das Werk war für den von Iannis Xenakis entworfenen Philips-Pavillon der Brüsseler Weltausstellung bestimmt.

Computermusik

Der Begriff „Computermusik" bezeichnet Musik, für deren Genese die Verwendung eines Computers notwendig oder wesentlich ist. Dies gilt sowohl für die Errechnung eines elektroakustischen Klanges (siehe „Klangsynthese"), als auch zur Generierung einer Partitur (siehe „Partitursynthese"). Dient ein Computer ausschließlich der Klangsynthese, so ist in diesem Fall die Computermusik auch Teil der Elektroakustischen Musik. Computermusik kann instrumentaler, vokaler und elektroakustischer Art sein. Sie ist kein musikalischer Stil. Die Prozesse des Entstehens von Computermusik können als „algorithmisches Komponieren" bezeichnet werden, Werke der Computermusik als „Algorithmische Kompositionen".

Klangfarbe und Klangsynthese

Einleitung

Schönbergs Idee von der Klangfarbenmelodie wird gerne zur Legitimation Elektroakustischer Musik zitiert. Weniger beachtet wird dabei der Begriff der Klangfarbe. Schönberg 1911:

„Ich sehe von einer weiteren Beschreibung ab zugunsten einer anderen Idee, die ich hier zum Schluß noch erwähnen will. Am Klang werden drei Eigenschaften erkannt: seine Höhe, Farbe, und Stärke. [...] Die Bewertung von Klangfarbe, der zweiten Dimension des Tons, befindet sich also in einem noch viel unbebautern, ungeordnetern Zustand als die ästhetische Wertung dieser letztgenannten Harmonien. [...] Jedenfalls aber wird unsere Aufmerksamkeit auf die Klangfarben immer reger, die Möglichkeit, sie zu beschreiben und zu ordnen, immer näher gerückt. Damit wahrscheinlich auch einengende Theorien."[1]

Neben den eindimensionalen Parametern Tonhöhe, Lautstärke und Dauer ist der Parameter Klangfarbe mehrdimensional. Die Klangfarbe wird bestimmt durch die Anzahl der Teiltöne sowie durch die Frequenzen, Amplituden und teilweise durch die Phasenverschiebung der Teiltöne zueinander. Wichtig dabei ist auch die Änderung dieser Größen in der Zeit. In vielen Lehrbüchern der Akustik wird bei der spektralen Darstellung des Klanges von Musikinstrumenten dieser lediglich in Form einer zweidimensionalen Graphik von Freqenz und Amplitude der Teiltöne veranschaulicht. Was man sieht, ist der stationäre Klang des Instrumentes, gewissermaßen eine idealisierte Klangfarbe. Für die Darstellung der Änderung des Klanges in der Zeit bedarf es einer dreidimensionalen Darstellung: Frequenz, Amplitude und Zeit.

Die Erkennung unterschiedlicher akustischer Musikinstrumente ist ein Mustererkennungsprozeß, der auf Hörerfahrungen beruht.[2] Der Hörer ist in der Lage, einzelne Instrumente wie beispielsweise Klavier, Pauke, Flöte etc. zu benennen, ohne die entsprechenden Instrumente zu sehen. Neben diesem Erkennungsprozeß hat der westeuropäische Musikhörer ein implizites Wissen über die Homogenität der Klangfarbe eines Instrumentes: Ein gutes Klavier sollte bei gleich gespielter Dynamik in allen Tonhöhen eine ähnliche Klangfarbe produzieren, ein Flötist wird auf der Musikhochschule dazu erzogen, in allen Lagen einen ähnlichen Klang zu kreieren etc. Die Möglichkeit des Klangfarbenwechsels durch unterschiedliche Blastechniken, beispielsweise auf dem Fagott, wird von Strawinsky bewußt eingesetzt am Beginn des *Le Sacre du Printemps* (1913). Was Pierre Boulez an John Cages präpariertem Klavier interessierte, war nicht die Intention von Cage, Schlagzeuginstrumente zu imitieren, sondern, daß durch die Präparation die homogene Klangfarbe des Klaviers durchbrochen wird und einzelne Tasten der Klaviatur tastenspezifische Klangfarben repräsentieren.

Bis zum Beginn der 50er Jahre war es für einen Komponisten üblich, bei der Erstellung einer Komposition auf ein Repertoire von vorhandenen Klangfarben zurückzugreifen. Das vorgegebene Repertoire der Klangfarben wird durch die zur Verfügung stehenden Musikinstrumente und die Kombination derselben bestimmt.

War noch vor ca. 100 Jahren eine Wechselwirkung zwischen Instrumentenbauern und Komponisten gegeben (das letzte Instrument mit Breitenwirkung dürfte das Saxophon gewesen sein), so kann inzwischen von einer Stagnation bei der Neuentwicklung von Musikinstrumenten und damit von Klangfarben gesprochen werden.

Die Möglichkeit der Komposition der Klangfarbe für den Komponisten ist erstmalig durch die Einbeziehung elektroakustischer Technologie möglich. Pierre Boulez 1955:

„In der bisherigen Musikgeschichte hat es wohl kaum eine radikalere Entwicklung gegeben. Der Musiker sieht sich vor die gänzlich ungewohnte Situation gestellt, den Klang selbst erschaffen zu müssen."[3]

Die Bedeutung des Neuen bei der Wahrnehmung von elektroakustischen Klangfarben wurde von der Musikwissenschaft bisher nur rudimentär behandelt. Jede Beziehung zwischen zwei oder mehr Tönen kann wunderbar analysiert werden, es wird jedoch oftmals verkannt, daß auch der Klang nur eines einzelnen Tones am Klavier bereits eine sinnliche Wahrnehmung ist. Die Generierung neuer Klangfarben im Studio für Elektroakustische Musik ist ein kompositorischer Prozeß, auch wenn dies im Jahr 1993 immer noch nicht gerne gesehen wird: im *Handwörterbuch der musikalischen Terminologie* beendet Rainer Schmuch seinen Beitrag „Klangfarbenmelodie", indem er Hans Heinrich Eggebrecht zitiert:

„Klangfarbe sei als Reiz unmittelbar verständlich, unabhängig von der mus.-syntaktischen Struktur, an die sie gekoppelt ist. Daher sei sie nicht systematisierbar und nicht in mus.-logischen ‚Sinnstiftungen' komponierbar."[4]

Komponisten sind von jeher einen Entwicklungschritt weiter als der aktuelle Stand der musikwissenschaftlichen Rezeption. „Die Bedeutung einer Erfahrung hängt typischerweise eine Generation hinter der Erfahrung her [...]"[5]. Das Komponieren der Klangfarbe ist ein Paradigmenwechsel in der Geschichte des Komponierens. Die Klangfarbe steht im Zentrum der kompositorischen Arbeit und ist nicht mehr ein Appendix, Instrumentierung genannt. Dieses neue Denken hat hat auch das Komponieren von Instrumentalmusik beeinflußt:

„Anstelle eines *objet trouvé* wird der Klang nun zum Zentrum kompositorischer Arbeit. Dadurch wandelt sich auch seine Funktion vom Objekt (einem Zustand statischen ‚Seins') zum Prozeß (einem dynamischen Vorgang des ‚Werdens'). [...]. Demnach kann eine Komposition, wie Helmut Lachenmann ausgeführt hatte, als Entfaltung eines einzigen, unendlich in sich differenzierten Klanges aufgefaßt werden, der in einem mehrdeutigen Arbeitsprozeß erfahrbar wird: der mündige Hörer komponiert gleichsam beim Hören das Werk zu Ende."[6]

Definitionsversuche

Zwei Probleme gibt es, wenn man versucht, den mehrdimensionalen Parameter Klangfarbe in den Griff zu bekommen: Einerseits zu definieren, was Klangfarbe ist und andererseits eine spezifische Klangfarbe zu benennen.

Interessant ist festzustellen, daß der Terminus „Klangfarbe" vom Deutschen Akustischen Ausschuß für die Normung von Schallereignissen nach DIN (Deutsche Industrienorm) nicht aufgenommen wurde (DIN 1320, Akustik. Grundbegriffe). Nach DIN wird eine physikalische Unterscheidung zwischen den Begriffen Ton, Tongemisch, Klang, Klanggemisch, Geräusch und Knall gemacht. Unter Ton ist hierbei ein „Schall von sinusförmigem Verlauf" zu verstehen, unter Tongemisch ein „aus Tönen beliebiger Frequenzen zusammengesetzter Schall". Der Klang bekommt nach DIN die Beschreibung „aus harmonischen Teiltönen zusammengesetzter Schall". Der Terminus „Klangfarbe" impliziert nach diesen Definitionen sowohl das Tongemisch als auch den Klang.

Ganz anders der entsprechende amerikanische Ausschuß für die ASA (American Standards Association), der den Terminus „Klangfarbe" (timbre) aufgenommen hat. Die Begriffswelt der American Standard Acoustical Terminology von 1969 beruht mehr auf Empfindungsqualitäten: "Timbre is that attribute of auditory sensation in terms of which a listener can judge that two sounds similarly presented and having the same loudness and pitch are dissimilar."

Benennung und Katalogisierung

Neben der Definition dessen, was Klangfarbe ist, erweist es sich als weit schwieriger, verschiedene Klangfarben zu systematisieren und damit auch verschiedene Klangfarben zu benennen. Bei den akustischen Musikinstrumenten ist dies einfach, da bei der Benennung einer Klangfarbe lediglich das klangerzeugende Instrument genannt zu werden braucht, für die Systematik der Klangfarben die entsprechenden Instrumente rubriziert werden, wie beispielsweise in Blechblasinstrumente, Holzblasinstrumente, Saiteninstrumente etc., und diese Grobeinteilung weiter verfeinert werden kann.

Bei der elektroakustischen Synthese einer Klangfarbe kann verständlicherweise eine solche Systematisierung nicht vorgenommen werden. Frühe Versuche, ein instrumentenunabhängiges System für Klangfarben aufzubauen sind der *Traité des objets musicaux* von Pierre Schaeffer[7], *Sound Structure in Music* von Robert Erickson[8] und *Sonic Design* von Robert Cogan[9]. Der Komponist James Tenney versucht einen Weg, indem er in *Die physikalischen Korrelate der Klangfarbe* Klangfarbenerzeugung und Klangfarbenunterscheidung berücksichtigt.[10] Spätere Arbeiten sind *Guide des Objets Sonores* von Michel Chion[11] und *Sound, Symbols and Landscapes* von Trevor Wishart[12]. Die Verschiedenheit dieser Arbeiten zeigt, daß es kein absolutes System gibt. Die Ausarbeitung eines privaten Systems der Klangfarben erscheint jedoch für einen Komponisten der Elektroakustischen Musik notwendig (Schaeffer, Chion und Wishart sind bzw. waren Komponisten).

Wahrnehmung elektroakustischer Klangfarben

Jede Art von Musik wird heute überwiegend über Lautsprecher wahrgenommen. Bei einer Rundfunkübertragung wird für den Hörer am Lautsprecher eine Realität erzeugt, die seine Erfahrung außerhalb des Radiohörens abbildet. Die Konzertübertragung eines Violinkonzertes im Radio ist nicht nur eine (elektro-)akustische Übertragung: Falls der Radiohörer das Instrument selbst spielt und das Violinkonzert kennt, werden gewissermaßen auch die Schwierigkeiten des Spiels, der Lagenwechsel, der Fingersatz, die Strichart etc. „übermittelt". Anders ausgedrückt, bei jeder elektroakustischen Wiedergabe von instrumentaler oder vokaler Musik, beispielsweise von einer Schallplatte, haben die Lautsprecher die Funktion einer Photographie: das mehr oder weniger schlechte Abbild einer Realität. Im Gegensatz zur Lautsprecherwiedergabe von instrumentaler oder vokaler Musik ist die Elektroakustische Musik eine *unsichtbare Musik* (Frisius)[13]. Sie ist auf das Hören am Lautsprecher angewiesen. Mit Ausnahme der Live-Elektronik gibt es bei der Elektroakustischen Musik keinen Interpreten im herkömmlichen Sinne. Elektroakustische Musik wird direkt auf einen Tonträger fixiert. Alle Aufführungen eines einmal realisierten Werkes sind, von den unterschiedlichen akustischen Gegebenheiten abgesehen, identisch. Komposition und Realisation einer Lautsprechermusik ist vergleichbar mit der Vorgehensweise eines Malers oder eines Bildhauers: Er geht über Tage, Wochen oder Monate in das Atelier, beim Komponisten Studio genannt, um an seinem Werk zu arbeiten. Das Endprodukt kann bei jedem Museumsbesuch bzw. bei jedem Lautsprecherkonzert vom Besucher neu perzipiert, neu interpretiert werden.

Doch was nehmen wir wahr? Was hören wir, was „sehen" wir am Lautsprecher? Hatten die Lautsprecher bei der Wiedergabe von instrumentaler und vokaler Musik noch die Funktion einer akustischen Photographie, so ist es die Frage, was unser Gehirn beim Hören von bisher nicht gehörten, elektroakustischen Klangfarben wahrnimmt. Bei der Vorführung Elektroakustischer Musik in der Unterrichtspraxis des Autors ist die häufigste Frage von verunsicherten Studenten: „was soll ich mir denn hier vorstellen?".

Der Lautsprecher produziert weder Sprache noch Musik, sondern lediglich Luftdruckschwankungen. Nichts anderes als diese erreichen unser Ohr. Die Frage ist also, wie erzeugt unser Gehirn aus den von den Luftdruckschwankungen gewonnenen Nervenaktivitäten Informationen, die uns sagen, daß wir beispielsweise Violinmusik hören? Insbesondere aber, was geschieht beim Hören Elektroakustischer Musik? Genauer, welche Realität, welche Wirklichkeit errechnet unser Gehirn beim Hören von Lautsprechermusik?

Musik für Lautsprecher ist der gewaltigste Schritt in der Musikentwicklung nach 1945. Was tatsächlich beim Hören einer abstrakten Klangfarbe geschieht, kann vermutlich nur durch die moderne Kognitionswissenschaft beantwortet werden. Gemeint ist der Zweig der Kognitionswissenschaft, wie ihn 1970 der chilenische Biologe und Neurophysiologe Humberto R. Maturana in einem internen Bericht des Biological Computer Laboratory der University of Illinois/Urbana vorgegeben hat: „Biology of Cognition". Maturanas Ideen wurden von Wissenschaftlern anderer Disziplinen übernommen und erweitert. Dabei werden heute die Begriffe Autopoiesis (Selbsterzeugung), Selbstorganisation und Selbstreferenz zusammenfassend als Konstruktion von Wirklichkeit beschrieben oder auch als Radikaler Konstruktivismus bezeichnet.[14] Maturanas Entwurf ist zum großen Teil das, was Philosophen seit jeher beschrieben haben, jedoch konnte bisher keine naturwissenschaftliche Erklärung dafür gegeben werden.

Sokrates: „Also werde sowohl ich nichts anderes jemals in dieser Weise wahrnehmen. Denn zu einem anderen (Gegenstand) gehört eine andere Wahrnehmung, und sie macht den Wahrnehmenden zu einem veränderten und (damit) anderen, als auch jenes, das auf mich Wirkende, wird niemals, sobald es mit einem anderen zusammentrifft, dasselbige erzeugend, ein ebensolches werden. Denn mit anderem muß es anderes erzeugend ein Verändertes werden. [...]. Wahr also ist mir meine Wahrnehmung, denn sie ist die meines jedesmaligen Seins. Ich also bin der Richter, nach dem Protagoras, dessen sowohl, was mir ist, ‚wie' es ist, als dessen, was mir nicht ist, ‚wie' es nicht ist."[15]

Die Frage, was für eine Realität beim Hören am Lautsprecher erzeugt wird, ist ein Problem der Kognition. Der Wahrnehmungsthoretiker und Gründer des Biological Computer Laboratory, Heinz von Foerster, beschreibt Kognition im Sinne Maturanas als die „Errechnung einer Realität"[16]. Die Aussage ‚eine Realität' impliziert, daß es noch andere Realitäten gibt. Tatsächlich gibt es eine gewaltige Diskrepanz zwischen den Denkansätzen ‚die Realität' und ‚eine Realität'. Betaste ich mit den Fingern meine Armbanduhr, so kann dies eine Bestätigung meiner visuellen Wahrnehmung sein: ‚die Realität' ist meine Armbanduhr. Die ‚eine Realität'-Betrachtung würde den Tastsinn mit der visuellen Wahrnehmung verbinden und eine Erfahrung erzeugen, die beschreibt, „hier ist eine Armbanduhr". Kognitive Prozesse errechnen weder Armbanduhren, Beethovensonaten noch Bachpartiten, sondern nur Beschreibungen derselben. Daher kann Kognition genauer als „Errechnung einer Beschreibung einer Realität" definiert werden. Foerster betreibt diesen Erkenntnisvorgang rekursiv weiter: Nach einer errechneten Beschreibung („Beschreibung erster Ordnung") findet auf einer höheren Ebene eine modifizierte Beschreibung der Beschreibung („Beschreibung zweiter Ordnung") statt usw. usw. Eine noch präzisere Definition wäre daher „Kognition ist Errechnung von Beschreibung von Beschreibung von Beschreibung ...". Diese Definition hat den Vorteil, daß die Diskussion über ‚die Realität' bzw. ‚eine Realität' sich erübrigt, da der Begriff Realität verschwunden ist.

Der Radikale Konstruktivismus kommt beim Hören Elektroakustischer Musik, beim Hören einer abstrakten, neuen Klangfarbe gewissermaßen doppelt zum Tragen: Der Zuhörer errechnet nicht nur eine Realität, sondern er konstruiert auch eine Realität, die er bisher nicht kannte.

Diese neue Situation – der Lautsprecher als das eigentliche Instrument – wurde in seiner Radikalität vermutlich von Pierre Schaeffer zuerst vollständig erkannt. Die Aufgabe des Komponisten sollte für ihn derart sein, daß der Zuhörer nicht mehr das klangerzeugende Objekt erkennt: „Das Klangobjekt darf nicht mit dem es erzeugenden Klangkörper verwechselt werden"[17]. Somit kann der erzeugende Klangkörper auch nicht mehr errechnet werden, da das Instrumentarium im Sinne eines Orchesterapparates nicht mehr existiert und daher kein Dirigent, kein Instrumentalist, kein Sänger konstruiert werden kann. Gewisse Überlegungen in diese Richtung hatten auch Max Butting in seinen Lehrgängen für Rundfunkkomposition an der „Rundfunkversuchsstelle bei der Staatlichen akademischen Hochschule für Musik in Berlin" sowie Paul Hindemith und Ernst Toch, die 1930 Orginalwerke für die Schallplatte vorführten.[18]

Pierre Schaeffer nennt den Vorgang des Lautsprecherhörens „acousmatique". Er bezieht sich auf die Legende von Pythagoras: Es ist die Situation, in der ein Vorhang den dozierenden Pythagoras von den Zuhörern trennt, damit der Anblick des Redners nicht von der Konzentration auf das strikte Zuhören ablenken kann.[19] Zur Erforschung der radiophonischen Kunst gründete Schaeffer bereits 1943 eine Forschungsstelle, das Studio d'Essai (ab 1946 Club d'Essai).

Iannis Xenakis begreift die Perzeption Elektroakustischer Musik ebenso von einem konstruktivistischen Standpunkt aus und schreibt im Programmheft zu seiner Komposition *La légende d'Eer (Diatope), Pièce électroacoustique pour bande 8 piste* (1977-1978):

„Musik ist keine Sprache. Jedes Musikstück ist eine Art Felsblock in einer komplexen Form mit Schrammen und Mustern, die darauf oder darein geritzt sind und die Menschen auf tausend verschiedene Weisen entziffern können, ohne daß eine dieser Weisen die beste oder wahrste wäre. Auf Grund dieser Vielfalt von Deutungen fördert die Musik wie ein Kristallkatalysator alle möglichen Phantasmagorien zutage."[20]

Formale Beschreibung von Klangfarbe / Klanganalyse

Jede Art der Synthese, sei es die einer chemischen Substanz, sei es eine computergenerierte Landschaft, sei es eine Klangfarbe, gehen im allgemeinen Analysen existierender Dinge voran. Die computergenerierten, künstlichen Phantasielandschaften von Benoît B. Mandelbrot basieren auf den Regeln, die entwickelt wurden, um existierende Landschaften mathematisch formal zu beschreiben.[21] Die bekannteste Methode, existierende Klänge oder auch außerhalb des Hörbereichs liegende, periodische Schwingungen formal zu beschreiben, ist die Fourieranalyse, die 1811 von dem französischen Mathematiker Jean-Baptiste Joseph Fourier (1768-1830) eingeführt wurde und in jedem Lehrbuch der Akustik zu finden ist. Mit ihr lassen sich periodische Schwingungsverläufe in harmonische Teilschwingungen zerlegen, d.h. in sinusförmige Schwingungen.

Eine formale Beschreibung eines existierenden Klanges darf nicht mit dem tatsächlichen Klang verwechselt werden: Ein Klavier erzeugt seine Klangfarbe nicht durch Addition von Sinusschwingungen; die Fourieranalyse beschreibt jedoch einen Klavierklang durch unterschiedliche Sinusschwingungen. Außer acht sei hier gelassen, daß eine Fourieranalyse nur wirklich periodische Schwingungen analysieren kann, nichtsynthetische Klänge jedoch nur scheinbar eine Periodizität haben und die Geräuschanteile eines Klanges durch eine Fourieranalyse überhaupt nicht erfaßt werden können.

Wie gut eine formale Beschreibung von existierenden Dingen ist, zeigt sich oftmals erst dann, wenn durch eine Synthese die vorangegangene Analyse verifiziert wird:

„Das Problem war nicht, daß unsere Computer an sich nur ganz einfache Schallwellen hätte produzieren können [...], sondern daß niemand wußte, welche Wellenformen das menschliche Ohr eigentlich als wohltönende Musik wahrnimmt. Die charakteristische Eigenschaft eines Klanges ist seine Klangfarbe. Obwohl wir mit dem Computer Klänge einer gegebenen Tonhöhe und Lautstärke erzeugen konnten, erwies es sich als schwierig, angenehme Klangfarben zu produzieren.

Die bescheidene Menge an Literatur zur Physik traditioneller Klanginstrumente half nicht viel. Es stellte sich heraus, daß sie nicht nur unvollständig war, sondern in vielen Fällen einfach falsch. [...].

Erst nach gründlicher Untersuchung gelang es, das Wesen der Klangfarben zu verstehen und einige veraltete, irreführende Verallgemeinerungen zu widerlegen."[22]

Neben der Fourieranalyse gibt es auch andere Ansätze, existierende Klangfarben formal zu beschreiben. Die Fourieranalyse hat ihre Wurzeln in der Wellentheorie. Der Ansatz des ungarisch-britischen Physikers und Erfinders der Holographie, Dennis Gábor (1900-1979), hat seine Wurzeln in der Quantentheorie. Gábor beschreibt in seinem 1947 erschienenen Aufsatz *Acoustical Quanta and the Theory of Hearing*, daß jeder existierende Klang durch kleine Partikel, „acoustical quanta", vollständig beschrieben werden kann:

"What do we hear? The answer of the standard text-books is one which few studens, if any, can ever have accepted without a grain of salt. According to the theory chiefly connected with the names of Ohm and Helmholtz, the ear analyses the sound into its spectrum components, and our sensations are made up of the Fourier components, or rather of their absolute values. But Fourier analysis is a timeless description, in terms of exactly periodic waves of infinitive duration. On the other hand, it is our most elementary experience that sound has a time pattern as well as a frequency pattern. This duality of our sensations finds no expression either in the description of sound as a signal $s(t)$ in function of time, or in its representation by Fourier components $S(f)$. A mathematical description is wanted which *ab ovo* takes account of this duality."[23]

Ein Gábor-Quant hat eine Länge im Millisekundenbereich. Eine Versuchsperson kann beim Hören eines Quantes die drei wesentlichen Parameter eines Schallereignisses wahrnehmen: Frequenz, Dynamik und Klangfarbe. (Siehe dazu Kapitel „Granularsynthese")

Gábors Theorie der Klangfarbenbeschreibung wurde 1980 mathematisch bewiesen. Im Denkgebäude der Quantenphysik hatte um 1917 Albert

Einstein ähnliche Überlegungen[24], er nannte die Schallquanten Phononen[25], sowie 1925 der Mathematiker und Begründer der Kybernetik, Norbert Wiener (1894-1964):

„Im Idealfalle erstreckt sich eine einfache harmonische Bewegung zeitlich unverändert von der fernen Vergangenheit bis in die ferne Zukunft. In gewissem Sinne existiert sie sub specie aeternitatis. Eine Note zu beginnen und zu beenden, bedingt eine Änderung ihrer Frequenzkombination, die zwar klein sein kann, aber sehr real ist. Eine Note, die nur eine begrenzte Zeit dauert, muß als Band einfacher harmonischer Bewegungen aufgefaßt werden, von denen keine als die einzige gegenwärtige einfache harmonische Bewegung betrachtet werden darf. Zeitliche Präzision bedeutet eine gewisse Unbestimmtheit der Tonhöhe, genau wie Präzision der Tonhöhe eine zeitliche Indifferenz bedingt.

Diese Überlegungen sind nicht nur theoretisch wichtig, sondern zeigen auch die dem Musiker gezogenen realen Grenzen. Man kann auf dem tiefsten Register der Orgel keine Gigue spielen. Schlägt man einen Ton an, der sechzehn Schwingungen in der Sekunde hat, und hält ihn nur eine zwanzigstel Sekunde aus, bekommt man eigentlich nur einen einzige Luftstoß, ohne irgendeinen deutlichen oder überhaupt nur wahrnehmbaren periodischen Charakter. [...].

Ich wollte betonen, daß es in der Musik, genau wie in der Quantentheorie, einen Verhaltensunterschied zwischen den Dingen gibt, die zu sehr kleinen Zeit- und Raumintervallen gehören, und dem, was wir als normalen Alltagsmaßstab nehmen, und daß die unendliche Teilbarkeit des Universums ein Begriff ist, den die moderne Physik ohne bedeutende Einschränkung nicht länger anerkennen kann."[26]

Die Möglichkeit, einen Klang durch akustische Quanten zu beschreiben, wurde gerne von Informationstheoretikern aufgegriffen, um die entsprechenden Quanten als elementare Informationseinheit innerhalb der Informationstheorie zu betrachten[27]. Dies hat jedoch nichts mit Gábors Idee zu tun.

Die Fourieranalyse im ursprünglichen Sinne gilt als eine quasi zeitlose Analyse: Die Momentaufnahme eines Klanges wird analysiert und dieser in seine sinusförmigen Teiltöne zerlegt: vertikale Beschreibung des Klanges. Die Analyse nach Gábor beschreibt den Klang in der Zeit: horizontale Beschreibung des Klanges. Horizontal und vertikal bezieht sich hierbei auf die Konvention, in einem Koordinatensystem von Zeit und Frequenz die Zeitachse horizontal und die Frequenzachse vertikal darzustellen – so, wie es auch bei der konventionellen Notenschrift geschieht.

Die zeitlose, vertikale Analyse eines Klanges nach Fourier kann überwunden werden, indem Schmalbandanalysatoren die Zeitabschnitte eines Klanges nach und nach analysieren, eine sogenannte Fast Fourier Transformation (FFT). Bei der Analyse nach Gábor können die einzelnen Gábor-Quanten wiederum einer Fourieranalyse unterzogen werden.

Aufnahme, Speicherung und Wiedergabe von Klängen

Bei der klassischen Lautsprechermusik ist ein zentraler Bestandteil die Speicherung des Klangmaterials auf einem Medium. Über mehrere Jahrzehnte war dabei das analoge Magnettonband der wichtigste Träger. Seit den 80er Jahren wurde dieses nach und nach durch digitale Technologien verdrängt.

Bei der analogen, elektrischen Aufnahme von Schallereignissen werden die akustischen Signale, also die Schalldrucksignale, mittels eines elektroakustischen Wandlers (Mikrophon) in entsprechende analoge, elektrische Schwingungen übersetzt. Diese elektrischen Schwingungen können verstärkt und über elektrische Leitungen transportiert werden. Bei einem Magnettongerät werden die elektrischen Schwingungen mit Hilfe des Aufnahmekopfes (Sprechkopf) in analoge, elektromagnetische Schwingungen gewandelt und in dieser Form auf ein magnetisierbares Material (Magnettonband) fixiert. Möchte man die Magnettonaufnahme hören, so muß der beschriebene Prozeß umgedreht werden: Über den Wiedergabekopf (Hörkopf) wird das magnetisierte Magnettonband in elektrische Schwingungen übersetzt. Diese können dann verstärkt und über einen weiteren Wandler (Lautsprecher) in die hörbaren Schalldrucksignale übertragen werden. Neben der beschriebenen Aufnahme- und Wiedergabetechnik gibt es auch rein mechanische Verfahren, elektromechanische Verfahren und photographische Verfahren. Die Nachteile dieser analogen Techniken sind verschiedene Faktoren, die sich im wesentlichen durch Verzerrungen und Rauschen bemerkbar machen. Diese können weitgehend ausgeschaltet werden bei digitalen Verfahrensweisen. Jeder Klang, der in elektrischer Schwingungsform vorliegt, kann als eine Folge von Zahlen beschrieben und somit als solche digital gespeichert werden: Um den kontinuierlichen (analogen) zeitlichen Verlauf des Klanges durch eine Zahlenfolge darzustellen, d.h. zu digitalisieren, müssen in einer bestimmten zeitlichen Schrittfolge die Amplitudenwerte des Klanges gelesen (abgetastet) werden. Einen durch Abtastung der Schwingung erhaltenen Wert nennt man Sample (Probe), die Anzahl der Samples pro Sekunde sampling rate oder Abtastfrequenz. Das Abtasten und Digitalisieren des Klanges geschieht in einem Analog-Digital-Wandler (A/D-Wandler, Analog-to-Digital Converter, ADC). Claude E. Shannon fand 1948 heraus, daß eine Wellenform nur dann vollständig digitalisiert werden kann, wenn die Abtastfrequenz mindestens doppelt so hoch ist wie die höchste Frequenz des zu digitalisierenden Klanges (Abtasttheorem, sampling theorem). Ein Klang mit einer Frequenz von 20000 Hertz, das ist die höchste Frequenz, die ein junger Mensch hören kann, muß demnach mindestens 40000 mal pro Sekunde abgetastet werden. Die

Bauart des A/D-Wandlers ist auch dafür bestimmend, in wieviele Stufen die Amplitude des Klanges aufgelöst werden kann und wie groß die Amplitude sein darf. So kann beispielsweise ein sogenannter 16-bit-Wandler die Amplitude in über 65 000 Stufen auflösen.

Die Speicherung des digitalisierten Klanges kann auf verschiedenen Trägern erfolgen, wie beispielsweise auf einer DAT-Cassette (Digital Audio Tape), auf einer CD (Compact Disc) oder in einem Computerspeicher. Um einen digitalisierten Klang wieder hörbar zu machen, muß ein Digital-Analog-Wandler (D/A-Wandler, Digital-to-Analog-Converter, DAC) eingesetzt werden. Dieser übersetzt die digitalisierte Wellenform wieder in den ursprünglichen Klang.

Dieser Prozeß, die Umwandlung des digitalisierten Klangmaterials in eine analoge Wellenform, ist für die digitale Klangsynthese wesentlich: Im Unterschied zur Digitalisierung existierender Klänge werden bei der digitalen Synthese die für einen erwünschten Klang notwendigen Samples direkt von einem Computer errechnet und durch den D/A-Wandler hörbar gemacht.

Prinzipien und Modelle der Klangsynthese

Jedes Studio für Elektroakustische Musik und Computermusik hat in der Regel eine eigene Studiokonfiguration zur Klangsynthese. Die verschiedenen Synthesizermodelle arbeiten mit unterschiedlichsten Synthesetechniken. Die Literatur über analoge und digitale Klangsynthese ist nahezu unüberschaubar und meist werden dabei diverse Klangsyntheseverfahren einzeln beschrieben. Es ist daher naheliegend, Systeme zu finden, mit deren Hilfe die vielfältigen Syntheseverfahren klassifiziert werden können.

Zu einem frühem Versuch gehört die von Steven R. Holtzman eingeführte Unterteilung in die „standard" und „non-standard synthesis".[28] Holtzman versteht unter standard synthesis die Additive Synthese, unter non-standard synthesis solche Synthesemodelle, die nicht die Addition von Teiltönen als Grundlage haben. An dieser Unterscheidung orientierte sich das Instituut voor Sonologie in Utrecht. Die meisten der dort entwickelten Synthesemodelle gehören nach Holtzman zur non-standard synthesis. Da seit Holtzmans Systematik weitere, damals unbekannte Synthesemodelle entwickelt wurden, dürfte es schwierig sein, seine Systematik weiter zu verwenden. Eine neuere Systematisierung gibt es von Julius O. Smith: "physical modeling", "spectral modeling", "abstract algorithms" und "processing of sampled sounds".[29] Smiths Systematik beruht auf den Verfahren heutiger Digitaltechnologie. In nahezu jedem Buch zur Klangsynthese ist eine Unterteilung in lineare und nichtlineare Syntheseverfahren zu finden. Hatte ein ästhetisches Denken zur Systematik von Holtzman geführt, so sind die anderen Einteilungen eher technischer Natur. Die Einteilung "Surface Versus Internal Processing"[30] des in Paris lebenden argentinischen Komponisten Horacio Vaggione ist wiederum von einem ästhetischen Denken geprägt.

Im folgenden wird versucht, die Verfahrensweisen der Klangsynthese auf zwei Prinzipien zu reduzieren: „Vertikale Synthese" und „Horizontale Synthese". Selbstverständlich ist, daß beide Prinzipien auch kombiniert werden können. Der Autor versucht dabei zu zeigen, daß eine derartige Einteilung im Groben die Synthesetechnik aufzeigt, insbesondere jedoch, daß die vertikale Synthese und horizontale Klangsynthese das kompositorische Denken – bewußt oder unbewußt – beeinflussen.

Vertikale Synthese

Additive Synthese

Das allgemeinste und theoretisch universellste Klangsynthesemodell ist die Umkehrung der Fourieranalyse. Sie erlaubt es, Klangfarben durch additive Übereinanderlagerung verschiedener Sinusschwingungen zu erzeugen. Dieses Prinzip wird daher „Additive Klangsynthese" oder auch „Fouriersynthese" genannt. Die einzelnen Teiltöne des Gesamtklanges werden durch diskrete Sinusoszillatoren erzeugt. Für jeden Oszillator werden Frequenz und Amplitude bestimmt. Auch nichtperiodische Klänge können mit der Additiven Klangsynthese erzeugt werden.

Ein Sinuston (Wellenform mit sinusförmigem Verlauf) wurde in der frühen Phase der Elektroakustischen Musik als die einfachste Form eines akustischen Ereignisses betrachtet und galt daher als das „Atom" einer möglichen Klangfarbe, da keine weiteren Teiltöne vorhanden sind. Er kann nur elektroakustisch erzeugt werden. Schon 1951 war Karel Goeyvaerts der Ansicht, daß in Zukunft das Komponieren von einem Sinuston ausgehen solle. 1952 schrieb er die vermutlich erste Partitur für Sinus-Tongemische: *Compositie Nr. 4 med dode tonen* [mit toten Tönen] für Tonband (1952). Sie wurde zusammen mit Herman Sabbe im IPEM (Instituut voor Psychoacustica en Elektronische Muziek) in Gent 1980 realisiert.[31] In seiner Komposition *Nummer 1: Sonate voor twee piano's* (1951) wurde neben den Parametern Tonhöhe, Dauer und Intensität auch die Klangfarbe systematisiert. Die ersten Kompositionen mit Sinustönen am damaligen NWDR

waren die *Komposition 1953 Nr. 2*, später bekannt als *Studie I* (1953) von
Stockhausen[32] und *Nummer 5 met zuivere tonen* [mit reinen Tönen] für
Tonband (1953), realisiert 1954 von Goeyvaert. Die *Studie I* entsprach den
musikalischen Forderungen des seriellen Komponierens, bei der die Reihen-
technik für alle musikalischen Parameter angewandt werden sollte: Dauer,
Tonhöhe, Schallstärke und Klangfarbe.

Das statische Moment eines oder mehrerer nicht modulierter Sinustöne
war neu und hatte etwas Faszinierendes. Dies dokumentiert sich beispielsweise in Stockhausens Äußerungen während des Entstehungsprozesses zu
seiner *Studie I* (früherer Titel *Komposition 1953 Nr. 2*):

„Ich habe bspw. jetzt Klänge bzw. Sinustöne übereinander gebaut (,komponiert‘),
die völlig stehn bleiben [...]. Es ist unglaublich schön, solche Klänge zu hören, die
völlig ausgeglichen, ,ruhig‘, statisch und dabei nur von strukturellen Proportionen
,belichtet‘ sind. [...] (20. Juli 1953)
Selbstverständlich sind die Klänge, die ich mache, die Musik *des Stückes selber*,
an dem ich arbeite: Intervalle zwischen den Sinustönen, Anzahl der Sinustöne,
Lautstärke jedes Sinustones und Zeitdauer jedes Sinustones sind durch die Struktur
bestimmt. Wie kann man einen Klang überhaupt komponieren, wenn nicht aus den
Wirkungen der gesamten Struktur in vertikaler Richtung! [...] Diese Musik klingt
unsagbar schön und rein!!!“ (23. August 1953)[33]

Sinusschwingungen haben durch ihre absolute Periodizität gewissermaßen keinen Anfang und kein Ende. Wird ein Lautsprecher unsichtbar in
einem Raum plaziert und nur mit einer Sinusschwingung gespeist, so kann
ein Hörer, der den Raum betritt, die Schallquelle nicht unmittelbar ausma-
chen: Das Orten einer Schallquelle geschieht primär durch die Laufzeit-
differenz, die ein punktuelles Schallereignis durch den Abstand der Ohren
zueinander erzeugt. Im einfachsten Falle bei einem Knall, ebenso aber auch
bei jedem Einschwingvorgang alltäglicher akustischer Signale. Dieser für
das Richtungshören notwendige Beginn eines Klanges fehlt bei einer per-
manenten Sinusschwingung. In der geschilderten Stuation kann auch der
Nebeneffekt entstehen, daß durch die Reflexionen einer Sinusschwingung
an den Wänden an einzelnen Orten des Raumes die Schwingungen sich
auslöschen, an anderen sich addieren. Der Zuhörer geht durch ein unsicht-
bares Netz von akustischen Knoten und Löchern. La Monte Young und
Marian Zazeela nutzen beide Phänomene, Nichtortbarkeit und Addition
bzw. Subtraktion der Schwingungen in ihrer Klang-Licht-Environment
Dreamhouse (1962)[34]. Durch die nicht vorhandene zeitliche Struktur wird
der Klang bei *Dreamhouse* gewissermaßen vertikal wahrgenommen:
"Vertical hearing in the Present Tense"[35].
Der zeitlose Charakter von Sinusschwingungen war für Bernd Alois

Zimmermann entscheidend für seine beiden eletroakustischen Kompositionen *Tratto* – Komposition für elektronische Klänge in Form einer choreographischen Studie (1966) und *Tratto II* – Elektronische Studie aus Sinustönen (1968).

„Es macht sich da ein Phänomen bemerkbar, welches aus der Instrumentalmusik, wenn auch dort in anderer Weise, bekannt ist: bestimmte Instrumente erfordern die Anwendung eines entsprechenden ‚Zeitgefühls' [...].
Für mich haben Sinustöne immer einen irgendwie raum- und zeitöffnenden Charakter besessen, und es dürfte auch kein Zufall sein, daß das uralte Wissen um die Zusammenhänge von Musik und Raum vor allem durch die ersten elektronischen Kompositionen neu ins Bewußtsein gehoben wurde. *Raumöffnung* und *Zeitstreckung* scheinen mir in einem direkten Zusammenhang zu stehen, der in meinem ‚Tratto' in besonderer Weise zum Ausdruck kommt."[36]

Der Tritonus ist das einzige Ausgangsintervall bei *Tratto*. Er wurde sechsfach transponiert, derart, daß innerhalb der Oktave keine Tonhöhe wiederholt wird. Die sechs Verhältniszahlen für den Tritonus sind entsprechend der Naturtonreihe gewählt. Aus diesen Proportionsreihen wurden auch die Zeitstrukturen abgeleitet. Eine Partitur existiert nicht. Skizzen zu *Tratto* wurden erstmalig 1989 in einer Ausstellung zu Zimmermann der Öffentlichkeit zugänglich.[37]

Tratto II ist eine leicht veränderte vierkanalige Version von *Tratto* und wurde eigens für den Kugelpavillon der Weltausstellung Expo 1970 in Osaka realisiert.

Die Addition der Teiltöne zu einer neuen Klangfarbe wird in der französischen Literatur auch „musique spectrale" genannt.[38]

Subtraktive Klangsynthese

Bei der additiven Klangsynthese wurde die Klangfarbe durch Addition verschiedener sinusförmiger Teiltöne erzeugt. Bei der subtraktiven Klangsynthese ist das Ausgangsmaterial ein teiltonreicher Klang oder ein Geräusch. Mittels unterschiedlicher Filter werden von diesem Ausgangsmaterial ein oder mehrere Teiltöne eliminiert oder abgeschwächt und somit die Klangfarbe des Materials geändert. Bekannt wurde die subtraktive Klangsynthese durch die frühe Synthesizertechnologie. Das klangliche Ausgangsmaterial waren in der Regel teiltonreiche Generatoren, die rechteck-, dreieck- und sägezahnförmige Schwingungen sowie weißes Rauschen generierten. Die Bezeichnung „weißes Rauschen" ist eine Analogie zum (weißen) Licht: zeitgleich werden alle hörbaren Frequenzen mit – statistisch gesehen – gleicher Amplitude erzeugt. Um mehrere oder einzelne Teiltöne dieser Schwingungen abzuschwächen oder zu eliminieren, gibt es verschiedene Filtertypen: Hochpaß-, Tiefpaß-, Bandpaß- und Sperrpaßfilter. Die Bezeichnungen sprechen für sich. Ein Hochpaßfilter läßt demnach die Höhen passieren und entzieht dem Klangmaterial die tiefen Frequenzen. Ein Bandpaßfilter läßt einen bestimmten Frequenzbereich passieren und unterdrückt die Bereiche, die oberhalb und unterhalb davon liegen. Das Umgekehrte wird durch ein Sperrpaßfilter erreicht: Ein festgelegter Frequenzabschnitt kann das Filter nicht passieren. Steilflankige Sperrpaßfilter eignen sich dazu, Störfrequenzen wie beispielsweise einen Netzbrumm zu unterdrücken. An welcher Stelle des Spektrums das Filter eingreifen soll, wird durch die einstellbare Grenzfrequenz (engl. cut off frequency) bestimmt. Das Filter wirkt an der eingestellten Grenzfrequenz mit einem gewissen Übergang zwischen den Teiltönen, die passieren, und denen, die eliminiert werden. Dieser Übergangsbereich wird durch die meist ebenfalls einstellbare Flankensteilheit oder Güte (engl. quality) bestimmt. Sehr steilflankige Bandpaßfilter sind in der Lage, aus einem weißen Rauschen einen einzelnen Sinuston herauszufiltern. Analoge Filter haben auch Resonanzeigenschaften, so daß gegebenenfalls einzelne Teiltöne auch verstärkt werden können.

Die subtraktive Synthese kann auch als Modell für die Klangerzeugung herkömmlicher Instrumente verwendet werden. Einerseits gibt es die eigentlichen Klangerzeuger, wie beispielsweise schwingende Saiten. Materialbeschaffenheit, Resonanzkörper etc. haben dann die Funktion von Filtern. Wayne Slawson verwendet ein entsprechendes Source → Filter → Sound-Modell[39]. So gesehen ist die subtraktive Synthese eine Vorstufe dessen, was heute als Physical Modeling bezeichnet wird (Siehe „Physical Modeling").

Das zu bearbeitende Klangmaterial für die subtraktive Klangsynthese kann synthetisch und nichtsynthetisch sein. Das Syntheseverfahren impliziert für den Hörer, daß eine akustische Referenz zum klanglichen Ausgangsmaterial entsteht. Beliebt waren Sprachaufnahmen, die bis zur Nichtverständlichkeit gefiltert wurden, so daß nur noch der Sprachrhythmus übrigblieb. Ein frühes Beispiel dafür ist *Epitaph für Aikichi Kuboyama* (1962) für Sprecher und Sprachklänge von Herbert Eimert.

FM-Synthese

Durch die Additive Klangsynthese kann zwar theoretisch jeder Klang errechnet werden, aber nicht in der Praxis: Im analogen Studio war die Anzahl der Sinusgeneratoren beschränkt. Bei der digitalen Technologie erforderten die geringen Kapazitäten der damaligen Computer-Generation lange Rechenzeiten, um den gewünschten Klang zu ermitteln. Dazu kommt, daß beim Generieren eines komplexeren Klanges die Anzahl der zu kontrollierenden Parameter sehr groß wird und daher die Übersichtlichkeit für den Komponisten verloren gehen kann. In diesem Zusammenhang schreibt der Wissenschaftler John R. Pierce, daß die Additive Klangsynthese zwar universell ist, auf einem (damaligen) Computer jedoch viel Rechenzeit in Anspruch nimmt und daher auch teuer ist:

"When Max Mathews initiated computer synthesis of musical sounds in 1957, he chose to work with what is called *additive synthesis*. [...]
The virtue of additive synthesis is that in principle it can do any sound. [...] However, general additive synthesis is slow and 'expensive'. It gives us more control than we need to have over the spectrum of the sound wave."[40]

Das Samplingtheorem (siehe „Aufnahme, Speicherung und Wiedergabe von Klängen") gilt auch für die digitale Klangsynthese: Soll ein Klang mit einer Frequenz von 20000 Hertz erzeugt werden, so müssen mindestens 40000 Samples pro Sekunde berechnet werden und dies für jeden einzelnen Klanggenerator, der einen Teilton erzeugt. Auch muß für jeden Teilton die Hüllkurve definiert werden. Die meisten der später entwickelten Synthesemodelle entstanden daher aus der Notwendigkeit, den Rechenaufwand zu minimieren und die Benutzerführung für den Komponisten auf eine überschaubare Anzahl von Parametern zu reduzieren.

Die Klangsynthese durch Frequenzmodulation (FM-Synthese) ist eines der bekanntesten Modelle zur Generierung elektroakustischer Klänge. Die Technik der Frequenzmodulation (FM) ist bekannt durch verschiedene Anwendungsgebiete, beispielsweise bei der UKW-Rundfunkübertragungstechnik: auf die hochfrequente Trägerfrequenz (Rundfunk-Sendefrequenz), wird ein niederfrequentes Nutzsignal (Musik, Sprache) moduliert, und zwar derart, daß die Trägerfrequenz entsprechend der aktuellen Amplitude und Frequenz des Nutzsignals von ihrer Sendefrequenz abweicht. Ähnliches geschieht bei einem Vibrato auf einem Streichinstrument: Die Vibratobewegung der linken Hand (Modulator) läßt die Trägerfrequenz, in diesem Fall die schwingende Saite, von ihrer mittleren Frequenz abweichen. Die Auslenkung der Vibratohand bestimmt den Grad der Abweichung der Tonhöhe, was in der FM-Technik Frequenzhub genannt wird, die Geschwindigkeit des Vibratos nennt man Modulationsfrequenz.
Ende der 1960er Jahre begann der amerikanische Komponist und Wissenschaftler John Chowning an der Stanford University Versuchsreihen mit dem Ziel, Klangsynthese durch FM-Modulation zu erreichen[41]. Chowning verwendet sowohl für den Träger als auch für den Modulator Sinusschwingungen. Sind die Frequenzen von Träger und Modulator im hörbaren Bereich und weichen sie nur gering voneinander ab, so entstehen

bei der Frequenzmodulation bereits mit nur zwei Sinusgeneratoren komplexe Klangspektren, deren Teiltöne sich symmetrisch und in ganzzahligen Vielfachen um die Trägerfrequenz gruppieren. Sie werden daher auch Seitenbänder genannt. Die Seitenbänder, also die durch eine FM-Synthese neu entstehenden Teiltöne eines Klanges, liegen oberhalb und unterhalb der Trägerfrequenz.

Für eine Frequenzmodulation mit Sinusschwingungen läßt sich das entstehende Spektrum zu einem bestimmten Zeitpunkt nach folgender Formel berechnen:

$$y(t) = A \sin (2\pi f_c t + I \sin(2\pi f_m t))$$

$y(t)$	resultierendes Spektrum zu einem Zeitpunkt t
A	Amplitude
f_c	Trägerfrequenz in Hertz (engl. carrier frequency)
f_m	Modulationsfrequenz in Hertz
I	Modulationsindex, berechnet sich aus $\Delta f_c / f_m$
Δf_c	maximale Frequenzabweichung der Trägerfrequenz

Durch ganzzahlige Verhältnisse der Frequenzen von Träger und Modulator, beispielsweise 1:2, entstehen harmonische Spektren, bei nicht-ganzzahligen Verhältnissen entstehen nicht-harmonische Spektren wie sie beispielsweise bei den Klangfarben von Gongs und Glocken auftreten. Die Addition der Teiltöne eines durch FM-Synthese gewonnenen Spektrums ergeben die resultierende Wellenform. Mit ihr kann wiederum ein dritter Generator moduliert werden usw. Die entstehende Klangfarbe wird bestimmt durch den Modulationsindex I und das Frequenzverhältnis zwischen Trägerfrequenz und Modulationsfrequenz (engl. c:m ratio).[42] Das erste Seitenband ist um den Abstand c:m von der Trägerfrequenz entfernt, das zweite Seitenband doppelt so weit, usw. Amplitude und Frequenz der Seitenbänder lassen sich nach der Differentialgleichung der Besselschen Funktionstheorie berechnen.

Entstehen bei einer FM-Synthese Teiltöne, die im negativen Bereich der y-Achse liegen, so werden sie an der y-Achse reflektiert, gewissermaßen gespiegelt (es gibt keine negativen Frequenzen), und dabei um 180 Grad phasenverschoben. Sie gelangen somit entweder zwischen die im positiven Bereich der y-Achse liegenden Seitenbänder, oder sie treffen genau auf die positiven Seitenbänder und können dort eine Verstärkung, Abschwächung oder Auslöschung dieser bewirken. In allen Fällen hat die Reflexion an der y-Achse eine große Auswirkung auf das klangliche Geschehen.

Ein besonderes Merkmal der FM-Synthese ist, daß bei nur geringen Veränderungen eines klangbestimmenden Parameters, beispielsweise des Mo-

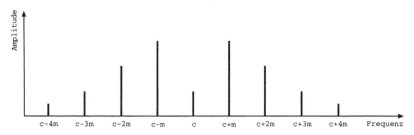

Abb. 1: Mögliches Spektrum einer FM-Synthese mit nur zwei Sinusgeneratoren. c
ist die Trägerfrequenz (carrier), die moduliert wird. Symmetrisch um diese bilden
sich die Seitenbänder, und zwar im Abstand von Vielfachen der Modulationsfrequenz f_m. Im vorliegenden Beispiel beträgt der Modulationsindex $I = 3$.

dulationsindexes I, die Klangfarbe sich ganz erheblich ändert. Es kann bei
der FM-Synthese gewissermaßen nur innerhalb der Tiefenstruktur des
klanggenerierenden Prozesses Eingriff genommen werden, nicht an der
Oberflächenstruktur, der eigentlichen Klangfarbe. Eine andere Besonderheit
ist die, daß zwischen der Analyse eines existierendes Klanges und einer FM-
Synthese kein mathematisches Abbildverhältnis besteht: Es kann nicht vorhergesagt werden, wie eine FM-Synthese-Konfiguration aufgebaut werden
soll, um einen spezifischen Klang zu generieren. Möchte ein Komponist
oder Musiker existierende Klänge simulieren oder spezifische Klangvorstel-
lungen realisieren, so ist dies bei der Anwendung der FM-Synthese nur über
sogenannte trial-and-error Verfahren möglich. Dazu kommt, daß die
Entstehung der Teiltöne intuitiv nicht zu verstehen ist, sondern nur mathematisch vollständig erklärt werden kann. Eine gute mathematische Beschreibung der FM-Synthese gibt F. Richard Moore [43].

Einem breiten Publikum wurde die FM-Synthese bekannt, nachdem die
Firma Yamaha die Lizenz zur FM-Synthese von Chowning übernahm und
1983 das Synthesizermodell DX7 vorstellte. Konnte vorher die FM-Synthese
nur auf Computern realisiert werden, so war jetzt der live-elektronische
Einsatz möglich. Der DX7 wurde der meistverkaufte Synthesizer. Wie oftmals in der Entwicklung der Musikelektronik wurden an Universitäten entwickelte Methoden zur elektroakustischen Klangerzeugung später von Firmen übernommen und in eingeschränkter Form in ihre Synthesizermodelle
adaptiert. Der DX7 arbeitet mit lediglich sechs Sinusgeneratoren, Yamaha
nennt sie Operatoren, die je nach Konfiguration sowohl die Funktion der
Trägerfrequenz als auch die der Modulationsfrequenz einnehmen können.
Da, insbesondere in der Pop-Musik, nur wenige Musiker die Zeit fanden,
sich in die Prinzipien der (damals) neuen FM-Synthese einzuarbeiten, fanden

sich zahlreiche Firmen, die für jeden Anwendungsfall den spezifischen „Sound" programmierten bzw. fertige Datenbanken mit vorprogrammierten Klangfarben verkauften. Dies ist ein Grund dafür, warum beim Einsatz des DX7 immer wieder dieselben Klänge zu hören sind. Beim Hören wiedererkennbar war der DX7 bzw. die damit verbundene FM-Synthese auch dadurch, daß sich die damit generierten Klangfarben außerhalb der Teiltonzusammensetzung bisher bekannter Synthesizermodelle ansiedelten, deren Ausgangswellenformen meist Rechteck-, Sägezahn- und Dreieckschwingungen waren. Eine ausführliche Darstellung der FM-Synthese am Beispiel des DX7 geben David Bristow und John Chowning.[44]

Vor Einführung der ersten FM-Synthese-Synthesizer wurde die FM-Synthese meist mit der von Max Mathews entwickelten, musikbezogenen Programmiersprache MUSIC V realisiert. In Europa entwickelte der kanadische Komponist Barry Truax am Utrechter Institut für Sonologie ein Kompositionsprogramm, POD (POisson Distribution), mit dem die FM-Synthese in eine synthesespezifische Partitur eingebunden werden kann[45]. Eine ausführliche Darstellung des POD-Programmes am Beispiel von Truax' Komposition *Trigon* (1974-75) gibt Dirk Reith[46].

Horizontale Synthese

Horizontale Klangsynthese bedeutet Komposition der Klangfarbe in der Zeit. Dies kann derart geschehen, daß beispielsweise die gewünschte Wellenform direkt mit einem Lichtgriffel auf einem Computerbildschirm gezeichnet und daraufhin über den D/A-Wandler akustisch umgesetzt wird. Es bedeutet aber ebenso das zeitliche Aneinanderreihen von kurzen Klangeinheiten existierender Klänge, die beispielsweise mit einem Mikrophon aufgenommen wurden.

Sampling

Ein Sampler ist ein digitales, elektroakustisches Instrument, mit dem Klänge aufgenommen, in digitalisierter Form gespeichert, bearbeitet und wiedergegeben werden können. Die Wiedergabe des gespeicherten Klanges wird in der Regel über eine Klaviatur ausgelöst. Da mit einem Sampler beliebige Klänge aufgenommen (gesampelt) werden können, ist es paradoxerweise möglich, auf einer Klaviatur beispielsweise Trompete zu spielen. Der erste in Serie hergestellte Sampler wurde 1979 von der australischen Firma CMI-Fairlight Systems vorgestellt. Bekannt wurde der Fairlight-Sampler durch die 1982 erschienene Schallplatte *Erdenklang*, eine compu-

terakustische Klangsinfonie von Hubert Bognermayr und Harald Zuschrader, über die fast alle großen Zeitungen und Magazine berichteten:

"A new chapter for music history and the performing arts.

Hubert Bognermayr and Harald Zuschrader have opened an almost unlimited
new way of new music using a 'storage manipulation and retrieval system' where
acoustic sounds are stored in a Fairlight computer and the later recalled, or retrieved
while blended with music.

Herbert von Karajan used computerized bell tones for the performance of
Parcifal in the 1980 and 1981 Osterfestspiele that came from the Fairlight computer
storage."[47]

„Aus Linz also stammen die Grundklänge der Sinfonie: außer dem Wasser und den
Stahlsaiten Geräusche aus dem Linzer Stahlwerk und Vogelstimmen aus dem Linzer
Wald, Dampfhammer und Plastikkübel, Transformatoren und Bambusrohr, Stras-
senlärm und die Stimmen der Autoren."[48]

1981 folgte die Firma E-mu Systems mit einem preiswerteren, für die
meisten Musiker jedoch immer noch unerschwinglichen Modell. Wie die
ersten Synthesizer fanden auch die ersten Sampler in der Popularmusik
große Verbreitung und sind inzwischen Bestandteil eines jeden Studios für
Elektroakustische Musik. Die Sampler der frühen Generation hatten, bedingt u.a. durch geringen Computerspeicherplatz (Memory), keine sonder-
lich guten akustischen Qualitäten. Inzwischen ist die CD-Qualität Standard
für jeden Studio-Sampler.

Kommerziell betrachtet haben Sampler hauptsächlich die Funktion,
Musiker wegzurationalisieren. So wurde beispielsweise die Musik des itali-
enischen Komponisten Giacomo Manzoni zu Werner Schroeters Film
Malina (1990/91) nach dem gleichnamigen Roman von Ingeborg Bach-
mann für Orchester geschrieben. Aus Kostengründen wurde sie jedoch auf
einem Sampler realisiert. Der Realisator am Sampler ist gewissermaßen
Orchestermusiker und Dirigent in einer Person und war in diesem Fall der
brasilianische Komponist Chico Mello. In der Popularmusik sind derartige
Samplereinsätze inzwischen selbstverständlich.

„Musikalisch hat Ralph Siegel [erfolgreichster Schlagerkomponist Deutschlands] die
Kontrolle und Rationalisierung seiner Produktionsmaschinerie perfektioniert, indem
er sich durch den Erwerb des Synclaviers [amerikanischer Sampler, MS] von Studio-
musikern unabhängig machte. An den musikalischen Strukturen wie Arrangement,
Aufbau, Melodieführung, Instrumentierung, Sound etc. hat sich durch den Musikcomputer nichts geändert – die Stetigkeit des Siegelschen Stils ist seit Jahrzehnten
erhalten geblieben. Eingebüßt wird durch Computerarbeit höchstens [...] der spiel-
technische Reichtum an Variationen eines menschlichen Musikers, der bei der
simulativen Programmierung höheren Arbeitsaufwand erfordert. So findet sich in
'Love Is Like Christmas' in der Tat nur ein einziges Schlagzeugmuster, das lediglich

bei den Überleitungen zwischen Strophe und Refrain durch zwei verschiedene 'Snare-Fills' (rhythmische Steigerung auf der Snare-Drum) variiert wird."[49]

Sampler haben ähnliche Eigenschaften wie Tonbandgeräte: Wird ein mit einem Sampler aufgenommener Klang um ein Oktave nach oben transponiert, so verkürzt sich die ursprüngliche Dauer des Klanges um die Hälfte und umgekehrt. Eine Transposition auf einem Sampler verfälscht jedoch den ursprünglichen Klang auch deshalb, weil die Formanten des aufgenommen Klanges, die Raumakustik, die Atemgeräusche etc. ebenfalls transponiert werden. Um diese technikbedingten Erscheinungen zu umgehen, wird bei aufwendigen Samplern für jede Taste der Klaviatur ein eigener Klang aufgenommen (Multisamples). Einige Hersteller, z.B. die französische Firma Publison, erreichen mit ihrem Sampler eine hundertprozentige Zeitkorrektur in allen Tonlagen mit nur einem Klang. Die Inversion dieses aufwendigen Rechenvorganges ist interessant: Die Tonhöhe eines Klanges kann beibehalten werden, seine Dauer jedoch um das mehrfache gedehnt oder gestaucht werden. Verschiedene Studios entwickelten eigene Systeme. Beispielsweise das SYTER (SYstème TEmps Réel) der Groupe de Recherches Musicales de l'Institut National de la Communication Audiovisuelle (INA·GRM) in Paris.

Im wesentlichen konnte das, was mit einem Sampler gemacht werden kann, auch mit analoger Technologie erreicht werden. Die Technik in den ersten analogen Studios war Schnitt und Montage der Magnettonbänder, Arbeit mit Tonbandschleifen, Transposition und Modulation.[50]

Neue Klangfarben durch Aneinanderreihung verschiedener aufgenommener Klänge zu erreichen, wird nur selten praktiziert, da es sehr aufwendig ist. Ein frühes Beispiel dazu ist *Concrète PH* (1958) von Iannis Xenakis. Die Technik zur Entstehung des ca. 2'45" dauernden Stückes bestand aus zwei Arbeitsabschnitten. Beim ersten nahm Xenakis das Geräusch abkühlender Holzkohlen sowie das Geräusch eines verbrennenden Mikrophons auf Magnettonband auf. Der zweite Schritt fand im Studio der Groupe de Recherche Musicales des Französischen Rundfunks (O.R.T.F.) statt. Dort wurde das aufgenommene Material in unzählbare Magnettonbandschnipsel geschnitten und in verschiedenen Dichtegraden neu zusammengeklebt.[51] Im Beispiel von Xenakis' *Concrète PH* sind die zusammengeklebten Magnettonbandschnipsel so kurz, daß sie als solche nicht mehr zu erkennen sind: Eine neue Klangfarbe entsteht. Da die geschnittenen, klanglichen Einheiten von beliebiger Länge sein können, ist auch der Übergang zwischen Mikrokomposition (Komposition der Klangfarbe) und Makrokomposition (Komposition der Form) eines Stückes fließend. Ein extremes Beispiel zur Komposition der Großform ist *Presque Rien No.1* (1970) von

Luc Ferrari. Ferrari erzeugte absichtlich die Erinnerung an reale Geräusche und Klänge: *Prèsque Rien No. 1* beansprucht eine ganze Schallplattenseite und es ist dabei nichts anderes zu hören als ein Tagesanbruch am Strand, ein „Diapositive Sonore". Mit Ferraris 1964 formulierter „Anekdotischen Musik" wird auf die Verbreitung der Massenmedien eingegangen. Das musikalisch unzureichend gebildete Publikum sollte nicht mit Werken konfrontiert werden, die es nicht verstand. Das bedeutet für Ferrari, daß – im Gegensatz zu Schaeffer – dem aufgenommenen Klangmaterial nicht die Herkunft wegkomponiert wurde, sondern im Gegenteil eine Realitätsbezogenheit geschaffen werden sollte.

Ein musikalisches Beispiel zwischen den Polen *Concrète PH* und *Prèsque Rien No. 1* ist *In Memoriam* (1971) von Louis Andriessen: *In Memoriam* entstand kurz nach dem Tod von Igor Strawinsky. Das Ausgangsmaterial war die g-moll-Sinfonie von Mozart in einer Version des Spanish Pop Orchestra. Andriessen schnitt das Magnettonband mit Mozarts Sinfonie in rhythmische Einheiten der *Danse Sacrale* aus *Le Sacre du Printemps* und klebte die entstandenen 1 200 Schnipsel dem Rhythmus der *Danse Sacrale* entsprechend neu zusammen.

Granularsynthese

Das universelle Modell der Additiven Klangsynthese hat seine Wurzeln in der Fourieranalyse. Die Granularsynthese beruht auf dem Modell von Gábor.

Iannis Xenakis war der erste Komponist, der eine Kompositionstheorie auf der Vorstellung von Klangquanten begründete.[52] Xenakis beruft sich in den meisten Schriften auf Gábor, revidiert dies jedoch später zugunsten von Einstein:

„In den fünfziger Jahren habe ich eine Theorie der Klangsynthese aufgestellt, die auf der Idee des quantisierten Klanges beruht. Der Energiequant der Schallschwingung – das Phonon – geht zurück auf eine Theorie Einsteins um 1917. [...]
Meine Theorie hatte ich damals rein intuitiv entwickelt und erst später erfahren, daß sie in der Physik bereits aufgestellt worden war."[53]

Ähnlich wie bei den Einzelbildern im Film, die durch ihren sequentiellen Ablauf ein bewegtes Bild ergeben, entsteht bei der Synthese mit Klangquanten ein neuer Klang durch Aneinanderreihung elementarer Einzelklänge. Die Elementarklänge werden als grains oder granules (Klangkörner) bezeichnet und haben eine Dauer von 5-20 ms. Innerhalb eines grains können die Wellenform, die Frequenz und die Amplitude verändert werden. Die Synthese durch Aneinanderreihung von Klangquanten wird auch Granularsynthese genannt.

1966 gründete Xenakis das EMAMu, ab 1972 CEMAMu (Centre d'Étu-
de de Mathématique et Automatique Musicales). Dort wurde unter der
Anleitung von Xenakis die Computermusik-Workstation UPIC (Unité Poly-
agogique Informatique du CEMAMu) entwickelt. Mit UPIC kann ein ele-
mentares Klangquant direkt gestaltet werden.

„Außerhalb der Arbeit am UPIC untersuchen wir den Bereich der algebraischen
Mikrokomposition nach Nicht-Fourier Methoden, anstatt Fourier-artigen Methoden wie dem Music V System [von Max Mathews], mit dem sich die meisten Labo-
ratorien freiwillig Beschränkungen auferlegen.
[...] Ein Klang kann vollständig durch eine Kurve dargestellt werden, die sich aus
der Relation von atmosphärischer Druckvariation zur Zeit ergibt. Ausschließlich
diese Kurve schlägt in unseren Ohren an und sonst gar nichts. Folglich geht die sinn-
volle Konstruktion von Druck/Zeitkurven (linearen Formen) in der Theorie auf die
Fabrikation von Klängen und Digital-Analog-Umwandlungen zurück. Diese Kurve
und ihr entsprechender Klang (Musik) wird als Einheit (engl: entity) betrachtet."[54]

War bei den anderen Syntheseverfahren die Wellenform, d. h. der hörba-
re Klang, das Endresultat eines bestimmten Syntheseverfahrens, so wird bei
der Synthese mit Klangquanten direkt dieses Endresultat gestaltet. Je nach
Dauer des gewünschten Klanges müssen entsprechend viele Klangquanten
hintereinander gereiht werden. Das einfachste Verfahren wäre, das bereits
gestaltete Quant so oft zu kopieren, bis die gewünschte Länge erreicht ist.
Dies würde jedoch zu stereotypen Klängen führen. Um dies zu verhindern,
definierte Xenakis Übergangswahrscheinlichkeiten, durch die festgelegt
wird, innerhalb welcher Größenordnungen die Wellenform von einem
Klangquant zum nächsten sich ändern soll („stochastische" Komposition
des Klanges).

„Die periodischen Funktionen sind sehr restriktive [contraignantes] Gesetze, sie entsprechen langweiligen Melodien oder Klängen. Im Gegensatz dazu können die
Gesetze der Wahrscheinlichkeit und ihre mathematischen Kombinationen Wege
erzeugen, die sehr frei sind und sich nie jemals wiederholen. Sie entsprechen erheblich reicheren Melodien oder Klängen."[55]

Der Begriff „Stochastische Musik" wird im allgemeinen Xenakis zugeschrieben[56]. Meist wird dabei der Begriff Stochastik im heutigen Sinne von
Zufall verwendet. Da Kompositionsprozesse mit Elementen des Zufalls
auch von anderen Komponisten eingesetzt werden ist es äußerst schwierig
festzustellen, ob und inwieweit sich Stochastische Musik von anderen
Methoden abgrenzt. James Tenney benutzt den Begriff Stochastik im
ursprünglichen Sinne von griech. stochos: Das Ziel, das beispielsweise von
einem Bogenschützen versucht wird zu treffen (siehe dazu Kapitel „Partitursynthese").
Die Komposition des Klanges durch Reihung von Elementarklängen mit

Übergangswahrscheinlichkeiten geschieht auf ähnliche Weise auch bei einem Streichinstrument: Ein Abstrich mit dem Geigenbogen auf der Geige führt zweifelsohne zu einem Geigenklang. Würde man diesen Vorgang in Zeitlupe betrachten, so ist keineswegs vorhersagbar, was genau passiert. Die Bogenhaare ziehen zunächst an der Saite so lange, bis diese durch die größer werdende Spannung nicht mehr an den Bogenhaaren haften kann und daraufhin zurückspringt, kurzzeitig schwingt, bis sie, bedingt durch Bogendruck, Kolophoniumkonsistenz, Geschwindigkeit der Bogenführung usw. von den Bogenhaaren wieder kurz erfaßt wird und der Vorgang sich wiederholt. Diese Wiederholungen werden jedoch geringfügig stets voneinander abweichen. In anderen Worten: Die Entstehung eines Violinklanges ist ein stochastischer Prozeß, da die Mikroeinheiten der Klangerzeugung nicht vorhersagbar sind. Diese Abweichungen sind das, was umgangssprachlich mit der Lebendigkeit eines (Violin-) Klanges beschrieben wird.

Bei der elektroakustischen Komposition *GENDY3* (1991) von Xenakis werden auf dem Amplitudenverlauf der Wellenform des ersten Klangquantes mehrere Punkte festgelegt. Diese Wellenform wird vom Rechner ständig wiederholt, die Lage der Punkte auf der Wellenform jedoch einem statistischen Prozeß unterworfen, so daß jede Wellenform von der vorhergehenden abweicht.[57]

Neben der Komposition im Mikrobereich des Klanges können mit UPIC auch größere zeitliche Einheiten eines Stückes entworfen werden.[58] *MYCENAE-ALPHA* (1978) ist das erste Stück von Xenakis, für dessen Realisation UPIC verwendet wurde. Andere Komponisten, die mit UPIC arbeiteten, sind Jean-Claude Eloy, François-Bernard Mâche, Wilfried Jentzsch, Candido Lima und Frédéric Nyst.

Verschiedene Varianten der Synthese mit Klangquanten bzw. der Granularsynthese wurden weiterentwickelt[59]. Kompositorische Beispiele sind *Riverrun* (1986) von Barry Truax und *prototype* (1975) von Curtis Roads.

VOSIM und LPC

Formanten sind ein wesentlicher Bestandteil für die Klangfarbe eines bestimmten Instrumentes oder für die Vokale der menschlichen Sprache. Jedes Schwingungssystem, beispielsweise der Vokaltrakt der menschlichen Stimme, besitzt eine oder mehrere Eigenfrequenzen bzw. mehr oder weniger breite Eigenfrequenzbänder, die auch Formantstrecken genannt werden. Diese Formantstrecken sind unabhängig von der Tonhöhe eines bestimmten Klanges: Der von den Stimmbändern produzierte Klang wird, je nach Mund- und Zungenstellung, derart gefiltert, daß es zu einer verstärkten

Abstrahlung derjenigen Teiltöne des aktuellen Klanges kommt, die mit den Formantstrecken übereinstimmen. D.h., unabhängig davon, in welcher Tonhöhe ein Sänger singt, bleiben die Frequenzbereiche der Formantstrecken für die einzelnen Vokale unverändert. Den Vokal U erkennt man als solchen, weil seine Formantstrecke zwischen 200 und 400 Hertz liegt, der Vokal I hat zwei Formantstrecken, einen tief liegenden, wie das U und einen zwischen 3000 und 3500 Hertz. Hoch singende Chöre sind oftmals deswegen schwer zu verstehen, da sie bereits über den Formantstrecken einzelner Vokale singen. Eine genaue Beschreibung der Formantgesetze gibt Paul-Heinrich Mertens[60].

Das Fremdklingende bei manchen Klangsynthese-Verfahren, beispielsweise der FM-Synthese, liegt u.a. daran, daß keine Formanten erzeugt werden. Bei dem von Werner Kaegi und Stan Tempelaars am Utrechter Institut für Sonologie ab 1972 entwickelten Klangsyntheseverfahren VOSIM (VOice SIMulation) werden Formanten erzeugt.[61] Primär werden bei der kompositorischen Arbeit mit VOSIM nicht die Teiltöne eines Klanges bestimmt, sondern die Position der Formantstrecken kontrolliert. Die Klangerzeugung wird lediglich von einer Sinus-Quadrat-Funktion abgeleitet. Die analogen VOSIM-Generatoren wurden durch den damaligen DEC PDP-15 Computer des Utrechter Institutes kontrolliert. Die Steuerung konnte u.a. mittels der von Kaegi entworfenen Sprache MIDIM (MInimum Description of Music) vorgenommen werden.[62]

Die Orientierung an der menschlichen Stimme ist bereits in Kaegis 1967 erschienenem Buch *Was ist elektronische Musik*[63] offensichtlich. Auch neue, bisher unbekannte Klänge, die mit VOSIM generiert werden, kommen dem Zuhörer irgendwie bekannt vor, da er ein implizites Wissen über die Formanten von Stimme und Instrumentalklängen hat. Mit VOSIM erzeugte Klänge verbinden sich gut mit Vokal- und Instrumentalklängen. Deutlich wird dies bei der Komposition *Ritournelles pour soprano et ordinateur* (1984-1987) von Kaegi.

VOSIM erlangte keine Breitenwirkung und wurde nur in wenigen Studios eingesetzt, beispielsweise an der University of Toronto. Dort wurde eine Datenbank entwickelt, die es erlaubt, unterschiedliche Klangsyntheseverfahren anzuwählen: Structured Sound Synthesis Project (SSSP)[64]. Mit Sprachsynthese für musikalische Anwendungen beschäftigen sich auch Charles Dodge[65] und Johan Sundberg[66]. Einen Sonderfall bildet das am IRCAM entwickelte, sprachorientierte Syntheseprogramm CHANT. (Siehe dazu Abschnitt „Physical Modeling".)

Einen möglichen Sprachcharakter, den Musik haben kann, forciert der amerikanische Komponist Paul Lansky dahingehend, daß er gesprochener Sprache Musikcharakter unterstellt und aus dieser Überlegung eine große

Zahl seiner Kompositionen gestaltet. Seit Anfang der 1970er Jahre verwendet er den Computer gewissermaßen als ein aurales Mikrophon. Statt Forschungen zur Klangsynthese interessieren ihn mehr die existierenden Geräusche der Welt und die menschliche Stimme.

"I started out with speech, which was the most obvious sound source. The first piece I did that I felt really got somewhere in this respect was my *Six Fantasies on a Poem of Thomas Campion* [1978-79]. I took the sounds of my wife Hannah reading the poem and made several processing passes over it. Each pass was designed to isolate and highlight a specific aspect of speech. In the end, you had a view of speech that was explicitly musical. In other words, my intention in doing this was to explicate the implicit music in speech."[67]

Exemplarisch für Lanskys Arbeiten mit Sprache ist seine Komposition *Smalltalk* (1988), gewissermaßen eine Fortsetzung der 1985 beginnenden Sprachserie *Idle Chatter* (1985), *just_more_idle_chatter* (1987) und *Notjustmoreidlechatter* (1988). "[...] Smalltalk was related to the musical qualities of spoken sound. I wondered what would happen if I tried the same sort of thing with another language, such as Chinese, in which pitch and contour have different meanings."[68] Das Material von *Smalltalk* besteht aus drei Schichten: 1) Einem Gespräch des Komponisten mit seiner Frau Hannah MacKay, die auch zu den meisten anderen Stücken von Lansky ihre Stimme lieh, 2) gezupften Saitenklängen und 3) ausgehaltenen Chorklängen. Das Gespräch mit seiner Frau war ein typisches Frühstücksgespräch über Haushaltsdinge usw. Die Idee, derart einfache Gespräche elektroakustisch zu transformieren, ist in einem Kindheitserlebnis von Lansky verwurzelt: Als Kind schlief er im fahrenden Auto seiner Eltern meistens ein. Kurz vor dem Einschlafen beachtete er nicht mehr ihre Gespräche. "I no longer noticed what they where saying but rather heard only the intonation, rhythms and contours of their speech. The 'music' of their was familiar and comforting, and as I drifted off it blended in with noise of the road."[69] Mit Hilfe des von Lansky an der Princeton University entwickelten Programmes Cmix wurden aus dem Gespräch musikalische Parameter gefiltert. "I'm just trying to provide a context in which the ordinary becomes extraordinary."[70] Ein Gedanke, der durchaus auch an die Ideen der musique concrète erinnert, auch wenn Lansky in seinen Arbeiten nicht damit verglichen werden möchte.[71]

Die technische Umsetzung der Sprachbearbeitung geschieht bei Lansky meist auf der Basis des „Linear Prediction Coding" (LPC)[72]. Linear Prediction Coding ist ein Analyse-/Syntheseverfahren. Ein akustisches Signal, beispielsweise Sprache, wird zunächst analysiert. Aus den gewonnenen Daten kann das ursprüngliche Signal wieder synthetisiert werden, wobei, ähnlich einem Vocoder, die Synthese aus einer anderen akustischen Quelle stammen kann. Die Sprache kann dann beispielsweise den Klang einer Violine annehmen. Durch Linear Prediction Coding lassen sich beliebige Zeit- und Frequenztransformationen und Interpolationen zwischen analysierten Abschnitten etc. bewerkstelligen.[73]

Neben Lansky verwendet Charles Dodge die Methoden des Linear Predicton Coding[74], beispielsweise in seiner Komposition *Speech Songs* (1972-73).[75]

Physical Modeling

Seit Beginn der 90er Jahre findet das Synthesemodell des Physical Modeling weite Verbreitung.[76]

Bei den bisher beschriebenen Klangsyntheseverfahren wurde, ausgehend von einem akustischen Modell, der Klang an sich synthetisiert. Anders beim Physical Modeling: Nicht eine Klangfarbe wird formalisiert bzw. synthetisiert, auf dem Computer werden stattdessen elastische mechanische Körper simuliert, die durch ihre Schwingungen Klänge erzeugen können. Dies wäre beispielsweise das Schwingen einer Saite[77], der Vokaltrakt der menschlichen Stimme[78] oder auch komplette akustische Instrumente. Beim Physical Modeling muß zunächst ein mathematisches Modell gefunden werden, das die wichtigsten Parameter der zu simulierenden mechanischen Klangerzeugung berücksichtigt. Gelingt es, eine Klaviersaite zu modellieren, so kann nicht nur ein Klavierklang künstlich generiert werden. Durch Veränderung einzelner Parameter in Größenordnungen, die auf dem realen Klavier nicht möglich sind, z.B. eine extrem hohe Anspannung der Saite, können neue Klänge erzeugt werden, die dann immer noch eine gewisse Ähnlichkeit zu einem Klavierklang haben. Die Komposition *Chreode I* (1983) von Jean-Baptiste Barrière entstand unter Verwendung des am IRCAM (Institut de Recherche et Coordination Acoustique / Musique) entwickelten Syntheseprogramms CHANT. Bei CHANT wird der Vokaltrakt der menschlichen Stimme modelliert. *Chreode I* zeigt deutlich die stufenlosen Übergänge zwischen Simulation und neuen, nur noch stimmverwandten Klängen.[79]

Akustische Täuschungen

Eine akustische Analogie zu den Bildern von Maurits Cornelis Escher erreichte Roger N. Shepard.[80] „Ursprünglich habe ich meine Version dieser ‚Stufen zur Vollkommenheit' als optische Begleitung zu meiner akustischen

Täuschung einer endlos ansteigenden Tonfolge ausgearbeitet".[81] Ähnlich wie bei den endlichen unendlichen Treppen bei Escher verhält es sich bei einer chromatischen Reihe von 12 Tönen. Wird die Tonleiter aufsteigend repräsentiert, so bemerkt der Zuhörer nicht den Sprung des 13. Tones nach unten: Er konstruiert einen weiteren, ansteigenden Halbtonschritt. Innerhalb eines Oktavraumes steigt oder fällt die chromatische Reihe scheinbar unendlich. Dazu Jean-Claude Risset:

„Diese Paradoxa sind mehr als nur synthetisch verfertigte Kuriositäten ('truquages'): sie spiegeln die Art wieder, in der wir Tonhöhe wahrnehmen. In besonderen Fällen (z.B. Tönen mit Oktaven) gliedert sich die Tonhöhe in zwei Komponenten[6]: ein Kernelement, das zur Höhenkategorie in Beziehung steht, und ein Streuelement, das in Beziehung zum Spektrum und damit zur Klangfarbe steht. Die Paradoxa kommen zustande, indem man die physikalischen Entsprechungen dieser Elemente, die üblicherweise in Beziehung stehen, unabhängig voneinander manipuliert. Es drängt sich förmlich das Zitat von Schönberg (Harmonielehre, 1911) auf: ,ich finde, der Ton macht sich bemerkbar durch die Klangfarbe, deren eine Dimension die Klanghöhe ist. (...) Die Klanghöhe ist nichts anderes als Klangfarbe, gemessen in einer Richtung.' Schönberg geht weiter zum Gedanken der Klangfarbenmelodie – Melodie auf der Basis von Klangfarbenvariation bei gleichbleibender Tonhöhe. Im erwähnten Fall können wir die ,tonale' und die ,spektrale' Tonhöhe unabhängig voneinander steuern. Die mehrdimensionale Struktur der Tonhöhe kann mit Hilfe von Spiralen dargestellt werden: diese Art der Darstellung[7] erleichtert die Interpretation der Paradoxa und eine Vorhersage von Erscheinungen im Bereich der Wahrnehmung. Ich habe daraus ein Rezept für einen Ton abgeleitet, der (für die meisten Hörer) tiefer klingt, wenn sich seine Frequenz verdoppelt – d.h., wenn man die Geschwindigkeit des Tonbandapparates verdoppelt, auf dem er gespielt wird.

[6] Es wurde schon demonstriert, daß diese Komponenten am genauesten von verschiedenen Gehirnhemisphären wahrgenommen werden (Charbonneau und Risset, 1975a)

[7] Diese Art der Darstellung ist nicht rein spekulativ (s. Charbonneau und Risset, 1973, 1975b). Spektrale Tonhöhe wird durch eine gerade Linie (tief-hoch) dargestellt: sie könnte aber auch durch geschlossene Kurven dargestellt werden, wenn sie durch bewegliche, multimodale Spektralhüllkurven variiert würde."[82]

Der französische Komponist und Leiter der Forschungsabteilung für Physik und Akustik an der Universität von Marseille, Jean-Claude Risset, verwendet die Tonhöhenillusion in seinen computergenerierten, elektroakustischen Kompositionen *Mutations* (1969), *Fall* aus *Computer Suite from Little Boy* (1968) und *Moments Newtoniens* (1977).

Eine andere akustische Irritation wird durch virtuelle Tonhöhen erreicht, sogenannten „Differenztöne". Sie sind im ursprünglichen Schallreiz nicht vorhanden.[83] Der in Berlin lebende Komponist André Werner verwendet dieses psychoakustische Phänomen in seinem Projekt *Klang – Bild – Architektur 5/VII* (1992), einer komponierten Klanginstallation.

Klang-Bild-Architektur 5/VII Turm 1

| 3136 Hz (g´´´´) | 3069 Hz | 3002 Hz | 2935 Hz | 2868 Hz | 2801 Hz | 2734 Hz | 2667 Hz | 2600 Hz | 2533 Hz | 2466 Hz |
| 2997.5 Hz | 2889 Hz | 2782.5 Hz | 2807 Hz | 2722 Hz | 2638 Hz | 2556 Hz | 2474 Hz | 2392 Hz | 2312 Hz | 2232 Hz |

Abb. 2: Partiturausschnitt zu *Klang – Bild – Architektur 5/VII* von Frank M. Zeidler und André Werner (© 1992 André Werner, Berlin).

Der Komponist André Werner gestaltete den akustischen Teil zu Zeidlers Ausstellung über den Architekten Mathias Goeritz (Akademie der Künste, Berlin 1992). In der Ausstellung wurde ein labyrinthartiges Bodenmosaik nachgebildet, das Goeritz für die Stadt Jerusalem entworfen hatte. In dieses Mosaik wurden paarweise Lautsprecher installiert, derart, daß einer im Boden, der andere darüber an der Decke war, gewissermaßen stereophonische Klangsäulen. Für diese Klangtürme wurden fünf verschiedene, elektroakustische Kompositionen erstellt. Eine dieser Kompositionen befaßt sich mit Differenztonstrukturen. Ein Differenzton existiert physikalisch nicht. Er ist dennoch hörbar: Werden zwei Töne mit unterschiedlicher Frequenz sehr laut gespielt, so hört man zusätzlich die Differenz beider Frequenzen. Bei einer Frequenzdifferenz von 78 Hertz für den Halbtonschritt e^3 - f^3 (1318 Hz - 1397 Hz) entsteht im menschlichen Gehör ein Differenzton von ca. 30 Hz. Die Ausgangstöne müssen dabei gleich laut sein. Bei einem Klangturm des Projektes *Klang – Bild – Architektur 5/VII* wurden beide Lautsprecher jeweils mit einer unterschiedlichen Sinusschwingung gespeist. Der Zuhörer, der gewissermaßen im Turm steht, hört über und unter sich deutlich die Sinusschwingungen, gleichzeitig nimmt er einen dritten Ton wahr, der „von innen" gehört wird.
Der Partiturausschnitt zeigt die notierten Differenztöne. Die Frequenzen darüber sind diejenigen, mit denen die Lautsprecher versehen werden, um den Differenzton entstehen zu lassen.

Ästhetische Konsequenzen horizontaler und vertikaler Synthese

Die verschiedenen Klangsyntheseverfahren zeigen, daß es in der Studiopraxis kein universelles System gibt, das jede Klangfarbe generieren könnte. Die theoretische Universalität der Additiven Klangsynthese bliebe auch dann theoretisch, wenn beliebig viele Sinusgeneratoren zur Verfügung stünden: eine Sinusschwingung ist ein Parameter, den es nur als mathematische Größe gibt. Jeder Sinusgenerator wird daher etwas produzieren, das – wenn auch nur gering – von jener Größe abweicht.

Die Objektivität, die das Schriftbild der Partitur zu Stockhausens *Studie II* (1954)[84] vorgibt, ist nicht vorhanden: 1994 realisierten Studenten der HdK (Hochschule der Künste Berlin) im dortigen Studio für Elektroakustische Musik die *Studie II* anhand der Partitur mit neuer Digitaltechnik (der Versuch wurde auch schon in anderen Studios gemacht). Das klangliche Ergebnis war wesentlich anders als die bekannte Aufnahme aus dem Kölner Studio. Die Gründe dafür sind verschieden: Neben der Abweichung der Sinusschwingungen vom mathematischen Ideal gibt es „Verfälschungen" über die ganze Kette von Magnettongerät, Magnetbandmaterial, Verstärker usw. Der Intervallabstand der Tonhöhenskala der *Studie II* beträgt ab 100 Hertz aufsteigend $^{25}\sqrt{5}$, wodurch eine Naturtonreihe vermieden wird. Mit einem Taschenrechner kann dieses Raster leicht errechnet werden. Stockhausen hatte vermutlich eine Logarithmentafel, was zu „Ungenauigkeiten" der Berechnung führt. Die Einstellung der Frequenzen an den Generatoren konnte nicht mit der Präzision heutiger Digitalanzeigen erfolgen. Insbesondere ist jedoch der Hallraum des Kölner Studios nicht in einem anderen Studio reproduzierbar. Der Versuch zeigt sehr gut, daß jedes Studio, in diesem Falle das des Westdeutschen Rundfunks, eine eigene klangliche Sprache hat, das Studio somit Teil einer Partitur ist. Dieser wesentliche Aspekt wird bei einschlägigen Analysen und Beschreibung der *Studie II* übersehen.[85] Die Autoren sind auf das Schriftbild fixiert. Wolfgang Martin Stroh transformiert Stockhausens klangfarbenbestimmendes Intervall-Raster von $^{12}\sqrt{2}$ in das bekannte Halbtonraster von $^{25}\sqrt{5}$, um für seine Analyse Stockhausens graphische Partitur in eine traditionelle Partitur übertragen zu können.[86]

Die Additive Klangsynthese führt zu einem Denken in Verhältnissen der Teiltöne zueinander. Bei Zimmermanns *Tratto* ist der Tritonus bestimmend, bei Stockhausens *Studie II* der erwähnte Intervallabstand von $^{25}\sqrt{5}$. Bei Karel Goeyvaerts *Nummer 4 met dode tonen* [mit toten Tönen] für Tonband (1952) werden die vier Sinus-Tongemische unterschiedlich variiert: Zu Beginn sind die vier Schichten synchron und werden daraufhin sukzessiv zeitlich verschoben, bis sie völlig getrennt erscheinen. Die dann folgende Spiegelung des bisherigen Prozesses führt wieder zum Anfangszustand des Stückes. *Nummer 4 met dode tonen* demonstriert auch Goyvaerts Musikdenken in dieser frühen Periode der Elektroakustischen Musik: die Wiederkehr gleichbleibender Zeitabschnitte, die Unabhängigkeit verschiedener Parameter und der Prozeß der Komposition.[87]

Bei der bekanntesten und zeitweise verbreitetsten Variante der Additiven Klangsynthese, der „FM-Synthese", wird ebenso ein Denken in Verhältnissen vorgegeben, allerdings nicht auf der Ebene der Teiltöne einer Klangfarbe, sondern innerhalb des Erzeugungsmechanismus' der FM-Synthese. So vielfältig die mit der FM-Synthese entstehenden Klänge auch sein mögen, das Synthesemodell prägt dem Komponisten eine typische Klangqualität auf. Bei der klassischen Additiven Klangsynthese wurde direkt an der Oberfläche des Klanges gearbeitet: Die zu komponierende Klangfarbe entstand durch Addition einzelner Sinusschwingungen, wobei für jede Sinusschwingung die Frequenz und die Amplitude festgelegt wurde und gegebenenfalls deren Änderung im Verlauf der Zeit. Eine vom Komponisten generierte Klangfarbe konnte geringfügig korrigiert oder geändert werden, indem beispielsweise an nur einem Parameter (Frequenz, Amplitude) eines Sinusgenerators, d.h. eines Teiltones, Änderungen vorgenommen wurden. Je größer die Anzahl der verwendeten Sinusgeneratoren war, desto geringer wurde der Einfluß auf die Klangfarbe beim Ändern eines eingestellten Parameters. Der positive Aspekt bei der additiven Klangsynthese ist, daß Klangveränderungen bzw. Klangkorrekturen äußerst nuancenreich möglich sind, der Negative, daß für große Veränderung des Klanges sehr viele Parameter geändert werden müssen.

Anders bei der FM-Synthese: die Änderung eines einzelnen Teiltones ist hier nicht möglich. Der Komponist befindet sich gewissermaßen innerhalb der Tiefenstruktur des Erzeugungsmechanismus' der FM-Synthese und kann nur innerhalb dieser klangerzeugende Prozesse aktivieren. Die Änderung eines Parameters innerhalb des Erzeugungsprozesses hat unmittelbar Einfluß auf sämtliche Teiltöne der Klangfarbe. John Chownig, der Erfinder der FM-Synthese, beschreibt diesen Zusammenhang als eine Besonderheit der FM-Synthese, d.h. mit wenigen „Handgriffen" eine große klangliche Veränderung zu erreichen:

"FM provides a simple way to get dynamic control of the spectrum, which is one of the aspects of natural sounds that was very difficult to reproduce with analog synthesizers. So FM is a synthesis technique that is useful or not depending upon the type of control one desires. It turns out to be quite widely used, and its usefulness is that it provides a few handles onto large timbral space."[88]

Weniger die Klangfarbe an sich, sondern die Klangveränderung in der Zeit ist ein typisches Merkmal von elektroakustischen Kompositionen, deren Klangsyntheseverfahren die FM-Synthese ist. Die ausschließliche Möglichkeit kompositorischen Arbeitens innerhalb der Tiefenstruktur der FM-Synthese, des Regelsystems zur Erzeugung aller möglichen Klangfarben, hat Auswirkungen auf das kompositorische Denken. Die FM-Synthese verführt dazu, die spektrale Zusammensetzung einer Klangfarbe kontinuierlich zu variieren, da hierzu nur ein Parameter, beispielsweise der Modulationsindex I, geändert werden muß. Da auch bei einer geringen Modifizierung eines klangbestimmenden Parameters die Änderung der Klangfarbe sehr stark ist, führt dies meist dazu, daß äußerst vorsichtig damit umgegangen wird. Entsprechende Kompositionen zeigen insbesondere zu Beginn eine langsame, stetige Änderung der Klangfarbe, so als wolle man zunächst die Potenz der FM-Synthese demonstrieren. Dies zeigt sich gut am Beginn der Kompositionen *Inharmonique* (1977) von Jean-Claude Risset und *Stria* (1978) von John Chowning. Typisch sind dabei auch die stufenlosen Übergänge zwischen harmonischen und nichtharmonischen Klängen. Diese Möglichkeit, ein Klangkontinuum zwischen verschiedenen FM-Klängen zu generieren, dokumentiert sich gut in *Turenas* (1972) von Chowning. Gleichzeitig zeigen sich auch Probleme beim Hören der verschiedenen Klangkontinua von *Turenas*: Primär achtet der Zuhörer auf die vierkanalige Raumwirkung der Komposition und nimmt die Klangkontinua erst bewußt wahr, wenn er vor dem Hören darauf hingewiesen wird.[89]

Eine andere Eigenart von FM-Klängen ist die besondere Art der Tonhöhenwahrnehmung. Bei nicht durch FM erzeugten Klangfarben bestimmt meistens der tiefste Teilton die Tonhöhe. Bei der FM-Synthese gruppieren sich die Teiltöne symmetrisch um die Trägerfreqenz, und in vielen Fällen ist die Trägerfrequenz der tonhöhenbestimmende Teilton. In bestimmten Fällen der Modulation wird die Amplitude der Trägerfrequenz jedoch kleiner gegenüber den Amplituden der Seitenbänder. Dies führt zu Irritationen bei der Tonhöhenwahrnehmung, da zeitgleich ein hohes und ein tiefes Klangspektrum zu hören sind.

Mesias Maiguashca nimmt Eingriff in den Erzeugungsmechanismus der FM-Synthese, indem er verschiedene Teiltöne eines generierten FM-Spektrums durch Filtertechniken derart beeinflußt, daß Melodien aus dem gegebenen Klang abgeleitet werden: die Begriffe „Filter-Melodies" und „FM-Melodies" geben dabei den Namen seiner Komposition *FMelodies II* (1984) für Computergenerierte Klänge, Cello und Schlagzeug.

Die beschriebenen Modelle der horizontalen Klangsynthese führen zu einer Klanggestaltung in der Zeit, genauer, zu einer Komposition der Klangfarbe in kleinsten Zeitintervallen. Das Denken in Verhältnissen der Teiltöne zueinander kann dabei nicht eintreten. Horizontale Klangsynthese führt zu einem Denken in zeitlichen Einheiten.

Insbesondere in der frühen Zeit der Elektroakustischen Musik waren die Kenntnisse akustischer Modelle noch kaum vorhanden, so daß oftmals intuitiv eigene Modelle vom Komponisten entwickelt wurden. Frühe kompositorische Bespiele der horizontalen Synthese sind *Scambi* (1957) von Henri Pousseur, *Concrète PH* (1959) von Iannis Xenakis, *Syntaxis* (1957) von Bruno Maderna und *Kontakte* (1959-60) von Karlheinz Stockhausen.

Kontakte zeigt exemplarisch die horizontale Klangsynthese, das Komponieren des Klanges in der Zeit. *Kontakte* gibt es in zwei Versionen. Eine rein elektronische Fassung, KONTAKTE *Elektronische Musik* und KONTAKTE *für elektronische Klänge, Klavier und Schlagzeug*. Das wesentlichste Ausgangsmaterial ist eine Rechteckschwingung, die bei sehr kurzer Dauer auch Impuls genannt wird. Stockhausen erreicht dabei unterschiedliche Klangfarben durch Variieren der Impulsdauer und der Impulsfolge pro Zeiteinheit: „Komposition im Zeitkontinuum"[90]. Bei Stockhausens *Kontakte* variiert die Impulslänge zwischen 1/10000 und 9/10 Sekunden, die Impulsfolge zwischen 16 und 1/16 Impulsen pro Sekunden. *Kontakte* zeigt exemplarisch die Möglichkeiten eines Klangkontinuums sowie die stufenlosen Übergänge zwischen klangbildenden und formbildenden Zeitstrukturen. Dies ist genau in der Mitte des Stückes, bei 17'05", am besten wahrnehmbar: die Impulsfolge des gefilterten Klanges verlangsamt sich kontinuierlich, bis nur noch die Einzelimpulse zu hören sind. Gleichzeitig wird die Bandbreite des Filters kontinuierlich schmaler, so daß er schließlich in Resonanz gerät und somit die Klangfarbe wieder zu einer Tonhöhe tendiert.

„Was Rhythmus ist, ist unter Umständen gar kein Rhythmus, oder ist so gestaucht, daß er plötzlich eine Melodie, ein melodisches Phänomen wird, oder ein Klangfarbenphänomen. Und dieses **kontinuierliche Übergehen von einer Perspektive in eine andere** *während ein- und desselben Stückes*: das ist eigentlich das Thema des Komponierens geworden. [...] *die Transformationsmöglichkeiten der Klangmaterie sind das Thema selbst*."[91]

Zu den neueren, meist computergestützen Synthesetechniken der horizontalen Synthese gehören die verschiedenen Ausprägungen der Granularsynthese, zu deren geistigen Vätern Xenakis gehört. Ebenso der Ansatz von Gottfried Michael Koenig, der sich nie dafür interessierte, digitale Klangsynthese anhand von akustischen Modellen zu betreiben. Er verwendet bei dem von ihm entworfenen Klangsyntheseprogramm SSP (Sound Synthesis Program) nur die beiden Werte Amplitude und Zeit, um einen Klang zu generieren[92]. Schon seine früheren Versuche sollten der elektronischen Musik den „instrumentalistischen" Charakter nehmen. Seine konsequent durchkonstruierten Klangstrukturen in *Klangfiguren II* (1955) und mehr noch in *Essay* (1957) weisen bereits auf seine spätere Orientierung zur Computermusik. *Terminus I* (1962), in Köln realisiert, ist quasi eine Vorarbeit zu *Terminus II* (1966/67), das am Studio für elektronische Musik (später Institut für Sonologie) der Reichsuniversität Utrecht (Holland), realisiert wurde. Die Sprache PILE von Paul Berg gehört ebenfalls zur horizontalen Synthese.[93]

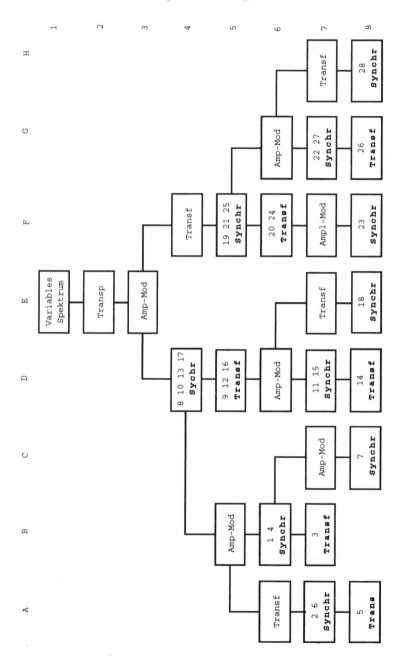

Kompositionen der horizontalen Klangsynthese ist zu eigen, daß das Klangliche meist fern jeder Ähnlichkeit zu akustischen Instrumenten ist. Die Entwicklung von akustischen Modellen zur Klangsynthese durch eine Fourieranalyse vorhandener Klänge führt zu einem instrumentellen Denken. Wirklich innovative Klangkomposition entsteht offensichtlich dann, wenn das Klangsynthesekonzept losgelöst ist von der analytischen Orientierung an akustischen Instrumenten. Diese Möglichkeiten des Neuen wird auch in der aktuellen Literatur weitgehend ignoriert: im amerikanischen Standardbuch der Akustik[94] ist auch in der erweiterten Neuauflage kein Hinweis auf Gábor und die Möglichkeiten der Klangsynthese in zeitlichen Einheiten.

Die Anwendung der neuesten Klangfarbensynthesetechnik, des „Physical Modeling", ist bisher regressiv: Die Möglichkeit, virtuelle Gegenstände zu modellieren und zum Klingen zu bringen, wird nicht beachtet. In Fachaufsätzen wird zwar auf die Utopie hingewiesen, nun die Golden Gate Bridge modellieren zu können. Die Orientierung bei der Entwicklung entsprechender Programme geht jedoch ausschließlich von vorhandenem Instrumentarium aus. Nachdem die ersten Streichinstrumente modelliert wurden, sind die neuesten Entwicklungen die Modellierung der Anblasgeräusche von Blasinstrumenten.[95] Bei mit Physical Modeling realisierten Kompositionen wird nicht nur existierendes Instrumenarium nachgebildet, auch der Gestus lebender Instrumentalisten wird simuliert: Deutlich zeigt sich dies bei *Solera* (1981) von Chris Chafe. Chafe, Komponist und Cellist, beschäftigt sich seit langem mit Physical Modeling. Bei *Solera* wird sowohl

---

Abb. 3: Ableitungsbaum zu Koenigs *Terminus I* (1962). Transkription nach Aufzeichnungen des Komponisten (Mit freundlicher Genehmigung).

Das klangliche Ausgangsmaterial in E1 sind fünf Sinuston-Glissandi. Das formkonstituierende Prinzip dieses Ableitungsbaumes besteht darin, daß über unterschiedlichste Klangtransformationen von oben nach unten das Ausgangsmaterial zu verschiedenen Ergebnissen geführt wird. Es ist ein halbautomatischer Kompositionsprozeß, bei dem die einzelnen Ergebnisse – wie der Name der Komposition vorgibt – „terminieren" d.h., nicht mehr weiter transformiert werden. Die im Diagramm durch Fettdruck hervorgehobenen Teile sind diejenigen, die beim Endresultat gehört werden. Die Spalten A bis D, sowie E7 und E8 ergeben den ersten Teil von *Terminus I*, die Spalten F bis H den zweiten Teil. Die Ziffern in den Kästchen bezeichnen die Reihenfolge der im Stück verwendeten Teile.
Die Transformation, d.h. die Veränderung des Ausgangsmaterials geschieht bei *Terminus I* durch folgende Techniken: Transposition, Filterung, Verhallung, Ringmodulation, Zerhackung, Bandschnitt, Permutation und Synchronisation, d.h., Überlagerung mehrerer Transformationen.

der Klang von Klarinetten imitiert, als auch die Spielweise eines ganzen Klarinettenensembles. Dazu Michel Serres über die Abweichung und die Konstruktion der Wirklichkeit:

„Ein Pfeiler wankt, und wir wechseln vom Logischen ins Materielle, vom Wort zum Fleisch, zum Stein, von der Sprache zum Referenten. Wer übt hier Rache? Das Göttliche, der Dichter oder die Sache selbst. Man lebt nicht lange in der Sprache, in den Worten, ohne daß nicht einmal das Objekt zurückkehrte, plötzlich eine Stütze wegsackte; ohne daß die Realität einem nicht auf den Kopf fiele."[96]

Die Idee einer unsichtbaren Musik im Sinne des Radikalen Konstruktivismus wird vorwiegend durch solche Kompositionen erreicht, deren Erzeugungsprozeß eine horizontale Klangsynthese zugrunde liegt. Durch dieses zeitliche Gestalten werden nicht nur neue Klangfarben, sondern auch neue Formen generiert, das traditionelle Denken in den Kategorien Partitur und Instrumentierung aufgehoben. Die Aufgabe des Komponisten muß es dabei auch sein, neue Klangfarben derart zu komponieren, daß der Erzeugungsprozeß nicht wahrnehmbar ist.

„Die elektronische Musik verschwindet genau in dem Moment, wo wir sie wahrzunehmen beginnen, wo wir begreifen, wie sie gestaltet wurde."[97]

Partitursynthese

Heute stehen wir an der Schwelle einer
vierten Periode: einer Zeit nicht nur der
mechanischen Wiedergabe, sondern der
mechanischen Schöpfung, die unsere
Ansichten über die Rolle der Kunst in der
Gesellschaft und das Verhältnis zu seinem
Werk völlig verändert.[1]

Die Partitursynthese ist eng verbunden mit der Computermusik, der computergestützten Komposition, mit C.A.O. (composition assistée par ordinateur), CAC (Composition Assisted by Computer) und mit Automatischer Komposition oder Algorithmischer Komposition, wobei der letztgenannte Begriff der umfassendste ist.

Der Begriff Algorithmus

Der Begriff „Algorithmus" leitet sich aus dem Namen Al Chorezmi ab, heute meist al Khowarizmi oder al Khwarizmi geschrieben. Chorezmi (783-850) war Mathematiker am Hofe des Kalifen zu Bagdad. Eines seiner Bücher heißt *Regeln der Wiedereinsetzung und Reduktion*[2]. Ein Algorithmus kann sinngemäß als Handlungsanweisung oder auch als Verhaltensmuster betrachtet werden. Algorithmen, die auf einen Computer übertragen werden, d.h. entsprechend codiert werden, nennt man auch Programme. Die Codierung eines Algorithmus' geschieht mit Hilfe von Programmiersprachen, beispielsweise Lisp, Smalltalk oder Forth.

Teilweise unabhängig voneinander wurden in den dreißiger Jahren dieses Jahrhunderts verschiedene Definitionen des Begriffes Algorithmus von Herbrand, Gödel, Church, Kleene und Turing dargestellt, später auch von Markov und Post.[3] Die Beschreibung eines Algorithmus ist endlich. Es gibt abbrechende Algorithmen und nicht abbrechende Algorithmen. Der euklidische Algorithmus zur Berechnung des größten gemeinsamen Teilers zweier Zahlen ist abbrechend: nach endlich vielen Rechenschritten erhält man das Ergebnis. Der bekannte Algorithmus zur Berechnung der Quadratwurzel bricht im allgemeinen nicht ab. Die mathematische Disziplin Theorie der Berechenbarkeit untersucht, welche Problemstellungen algorithmisch lösbar sind und welche nicht.[4]

Prinzip des algorithmischen Komponierens

Die Interaktion zwischen Mensch und Maschine kann anhand eines Computerschachprogrammes veranschaulicht werden: Ein schachspielender Rechner reagiert auf mehr oder weniger intelligente Art und Weise auf die Spielzüge des Schachspielers. Universelle Schachprogramme gibt es nicht. Entsprechende Algorithmen werden von schachspielenden Personen programmiert. Für den Programmierer gibt es einerseits das Wissen über die Regeln des Schachspiels, andererseits ein gewisses Wissen darüber, wie er Schach zu spielen glaubt, d.h., wie von ihm in einer bestimmten Spielsituation die Felder und Figuren bewertet werden und wie er mit diesen Bewertungen innerhalb des Regelsystems des Schachspiels den nächsten Zug vornimmt. Mit einem entsprechend codierten Algorithmus könnte sich nun der Schachspieler einen Schachzug seines eigenen Gedankengebäudes errechnen lassen, der Spieler somit in eine Interaktion mit dem Schachcomputer treten. Das Interessante ist dabei für den Spieler, daß der Rechner ihm Züge vorschlagen wird, auf die er möglicherweise in diesem Moment nicht gekommen wäre.

Die Vorgehensweise ist durchaus vergleichbar damit, wie ein Komponist eine eigenes Kompositionsprogramm erstellt, sofern er nicht auf ein kommerzielles Programm zurückgreift. Die Regeln des Schachspiels wären die kompositorischen bzw. improvisatorischen Regeln, die der Komponist formalisiert.

Geschichtliche Vorläufer

Die ersten Konstruktionen von Musikautomaten datieren wahrscheinlich ins zweite Jahrhundert v. Chr. Im 13. Jahrhundert wurden in den Niederlanden mechanische Turmglockenspiele über programmierbare Lochwalzen gesteuert. Danach entstanden zahlreiche musikbezogene Automaten. 1904 entwickelte die Schwarzwälder Firma Welte das Welte-Mignon-Reproduktions-Piano, einen Nuancierungsapparat. Laut Patentschrift waren bei der mechanischen Speicherung des Spiels auf die Welte-Tonrollen, eine Art Lochstreifen, „alle Feinheiten des rhythmischen und dynamischen Vortrages mit völligem Erfassen der persönlichen Note" möglich[5]. Alle diese, zum Teil kuriosen Instrumente entsprechen in ihrer Wirkungsweise meist dem, was in der computergestützen Komposition mit Sequenzern gemacht wird, d.h., einem linearen Abarbeiten verschiedener Ereignisfolgen.

Zusätzlich zum linearen Abarbeiten wurde bereits im 13. Jahrhundert die Möglichkeit, durch Kombinationen alle möglichen Wahrheiten abzuleiten, durch den Katalanen Ramón Lull (1232-1316) eingeführt. Die daraus entstandene „ars Lulliana" beschäftigte Leibniz ebenso wie Athanasius Kircher. Marin Mersenne (1588-1648) führte die Gleichsetzung von Kombinieren und Komponieren fort.[6]

Zu den weiteren Vorläufern des algorithmischen Komponierens gehört das Mozart zugeschriebene Würfelspiel *Anleitung zum Componiren von Walzern so viele man will vermittelst zweier Würfel, ohne etwas von der Musik oder Composition zu verstehen* ebenso wie Kirnbergers Kompositionsanleitung, *Der allezeit fertige Polonoisen- und Menuettencomponist* (1759).

Sequentielles Komponieren

Die einfachste Möglichkeit algorithmischen Komponierens ist, Sequenzen von Ereignissen festzulegen und diese linear abarbeiten zu lassen. Der Algorithmus, die Anleitung für die erwähnten selbstspielenden Klaviere, bildet dabei eine eins-zu-eins-Abbildung von dem, was die Klaviere spielen. Paul Hindemith und der amerikanische Komponist Conlon Nancarrow nutzten die Lochstreifentechnik der selbstspielenden Klaviere nicht zur Reproduktion des Spiels eines Pianisten, sie stanzten ihre Kompositionen direkt in den Lochstreifen. Für Hindemith hatte das Welte-Mignon-Reproduktions-Piano den Vorteil der „Möglichkeit der absoluten Festlegung des Willens des Komponisten, Unabhängigkeit von der augenblicklichen Disposition des Wiedergebenden, Erweiterung der technischen und klanglichen Möglichkeiten, Eindämmung des längst überreifen Konzertbetriebs und Personenkults, wohlfeile Verbreitungsmöglichkeit guter Musik."[7] (1927). Dazu gehören beispielsweise Hindemiths *Toccata* (1926), die er direkt auf einen Lochstreifen für das Welte-Mignon-Reproduktions-Piano stanzte und für deren manuelle Wiedergabe ein Pianist mehr als zehn Finger haben müßte. Der amerikanische Komponist Conlon Nancarrow komponierte fast ausschließlich für die amerikanische Variante des Welte-Mignon-Reproduktions-Piano, das Player Piano[8]. Seine *Studies for Player Piano* wurden ab 1960 bekannt, nachdem sie John Cage für die Tanzgruppe von Merce Cunningham arrangierte.

Wie bereits erwähnt: Die mechanische Lochstreifentechnik der selbstspielenden Klaviere ist ein Vorläufer dessen, was in der Computermusik und in der Elektroakustischen Musik heute Sequenzer (engl.: sequencer) tun: Mithilfe eines Sequenzers kann ein Studioablauf teilweise automati-

siert werden. Voraussetzung dafür ist die Technik der Spannungssteuerung
oder die neuere, digitale Technologie.

Technische Voraussetzungen

Spannungssteuerung

Spannungsteuerung (engl. Voltage Control, VC) bezeichnet das Verfahren, die Steuerung von elektroakustischen Modulen durch definierte
Spannungen vorzunehmen. Verschiedene Einstellungen von Modulen wie
Tongeneratoren, Filtern, Verstärkern, werden nicht mehr manuell an Dreh-
oder Schiebereglern vorgenommen. Die Kontrolle dieser Einstellungen
geschieht mittels (Steuer-)Spannungen, die an den zu steuernden Modulen
anliegt. So können beispielsweise die Parameter Frequenz, Amplitude oder
Klangfarbe durch Veränderung der an den entsprechenden Modulen angelegten Spannungen beeinflußt werden. Die erste Anwendung der Spannungssteuerung sowie der Bau des ersten (analogen) spannungsgesteuerten
Synthesizers[9] wird meist Robert A. Moog zugeschrieben.[10]
    Die wesentlichsten Module, die spannungskontrolliert werden, sind:

– Spannungsgesteuerte Klanggeneratoren (VCO, Voltage Controlled Oscil-
  lators). Durch die Größe der angelegten Spannung wird die Frequenz des
  Oszillators bestimmt. Eine Klaviatur bei einem Synthesizer liefert daher
  für jede Taste eine andere Spannung. Die Schwingung, die ein Oszillator
  produziert, ist eine analog der Wellenform sich ändernde Wechselspan-
  nung am Ausgang des Oszillator-Moduls. Sie kann auf zweierlei Arten
  verwendet werden: als Klanggenerator, indem sie über die übliche Über-
  tragungskette zum Lautsprecher geführt wird, oder als Steuerspannung
  für andere Module, beispielsweise einen zweiten (spannungssteuerbaren)
  Oszillator, um dessen Frequenz kontinuierlich zu verändern. Bei einer
  niedrigen Frequenz des steuernden Oszillators entsteht dann ein
  Vibratoeffekt. Mit dieser Kombination von zwei Oszillatoren ist auch
  eine FM-Klangsynthese möglich (siehe „Klangfarbe und Klangsynthese").
– Spannungsgesteuertes Filter (VCF, Voltage Controlled Filter).
– Spannungsgesteuerter Verstärker (VCA, Voltage Controlled Amplifier).
– Hüllkurvengenerator (EN, Envelope Generator, Envelope Shaper). Er
  steuert u. a. den VCA, um den Amplitudenverlauf in der Zeit eines
  Klanges zu kontrollieren. Er wird auch als ADSR-Generator bezeichnet.
  ADSR steht für Attack, Decay, Sustain, Release, eine einfache Definition
  eines Hüllkurvenverlaufes.

Die Idee der Spannungssteuerung ist eng verbunden mit dem Synthesizer, wie er durch Moog bekannt wurde. Ein Synthesizer kann demnach als ein kompaktes Studio für Elektroakustische Musik angesehen werden, das mit einer Klaviatur versehen ist. Die Hersteller-Beschreibung eines Moog-Synthesizer-Modells von 1967 gleicht der Einrichtung des Studio di Fonologia in Mailand von 1960: zehn Tongeneratoren, ein Rauschgenerator, jeweils ein Hoch-, Tief- und Bandpaßfilter, Ringmodulator und Hallgerät. Der wesentliche und einschneidende Unterschied zu der bisherigen Studiotechnik ist dabei jedoch die durch Moog 1964 bekannt gewordene Technik der Spannungssteuerung.

Beliebige Kombinationen zwischen den Modulen sind möglich. Viele spannungsgesteuerte Vorgänge sind auch manuell ausführbar, doch sinnfällig wird die Spannungssteuerung bei solchen Abläufen, bei denen die Genauigkeit einer Einstellung, die Geschwindigkeit, die Möglichkeit beliebiger Wiederholung und die Komplexität einer speziellen Schaltung wesentlich sind. Auch Magnettonbandgeräte können zur Spannungssteuerung eingesetzt werden: Ähnlich wie bei Oszillatoren, deren Schwingungen nicht einem Lautsprecher zugeführt werden, wird der Ausgang des Magnettonbandgerätes mit spannungssteuerbaren Modulen gekoppelt.

Um die Möglichkeiten der Spannungssteuerung völlig kontrollieren zu können, lag es nahe, Geräte zu entwickeln, die in festlegbaren zeitlichen Einheiten definierbare Steuerspannungen abgeben, gewissermaßen eine elektronische Partitur, die auf einer bestimmten Ebene der Abstraktion einen Studioablauf und somit eine Komposition realisiert. Es ist eine „indirekte Methode"[11] des Komponierens.

Da in den 1950er Jahren das Komponieren im Studio sich meist an seriellen Ideen orientierte, lag es nahe, Steuergeräte zu entwickeln, die serielle Abläufe vereinfachten.

Analoge Sequenzer

Bereits Mitte der 1960er Jahre wurde das Prinzip der Spannungssteuerung am Utrechter Institut für Sonologie eingeführt. Bekannt wurde in diesem Zusammenhang der variable Funktionsgenerator[12]. Die Bezeichnung Sequenzer gab es noch nicht. Gottfried Michael Koenig, der 1964 künstlerischer Leiter des neu gegründeten Studios[13] wurde, beschreibt die Möglichkeiten des Funktionsgenerators:

„Automatisierung im elektronischen Studio.

Im Utrechter Studio wurde ein System zur Spannungssteuerung entwickelt; wichtiger Teil dieses Systems ist ein ‚variabler Funktionsgenerator', an dem bis zu 200 Amplituden (Gleichstromniveaus)[14] eingestellt werden können. Sowohl die einzelnen Niveaus als auch die Periode aller Niveaus können periodisch und aperiodisch, handbedient und impulsgesteuert abgtastet werden. Je nach Abtastgeschwindigkeit entstehen stationäre Klänge oder Gleichspannungen wechselnder Amplitude, die zur Steuerung von spannungsabhängigen Verstärkern, Oszillatoren oder Filtern verwendet werden können. Die Funktionen dieses Gerätes können leicht für einen Computer programmiert werden, so daß es zugleich als Simulator für Computerprogramme dienen kann."[15]

Die Kompositionsserie *Funktionen* von Gottfried Michael Koenig, *Funktion Rot* (1968), *Funktion Grau* (1969), *Funktion Violett* (1969), *Funktion Blau* (1969), *Funktion Indigo* (1969), wurden jeweils vollautomatisch von einer einzigen, seriell organisierten Spannungskurve auf dem variablen Funktionsgenerator abgeleitet. Durch die technische Limitation des Funktionsgenerators bedingt, mußten vor Produktionsbeginn teilweise die Steuersignale desselben auf Magnettonband überspielt und das Magnettonband somit als Funktionsgenerator verwendet werden.

Das Prinzip der Spannungssteuerung wird von Tempelaars als eine eigenständige, autonome Entwicklung innerhalb der Elektroakustischen Musik angesehen:

„Die Technik der Spannungssteuerung kann zu Recht als eine eigene, autonome Entwicklung innerhalb der elektronischen Musik betrachtet werden. Sie ist deswegen so wichtig, da sie den Übergang markiert zwischen dem Arbeiten mit manuell zu bedienenden Geräten zu einer beweglichen, nichtstationären Klangerzeugung, oder aber von der globalen Klangerzeugung zur Modulation der Feinstruktur."[16] [Übersetzung des Autors]

Ab den 1970er Jahren wurden von unterschiedlichen Synthesizerherstellern analoge Sequenzer entwickelt, die zu den klanggenerierenden Modulen des Synthesizers ein korrespondierendes Modul darstellen. Vermutlich ist in diesem Zusammenhang der Begriff Sequenzer bzw. Sequencer zum erstenmal verwendet worden. Auch hier waren die Möglichkeiten äußerst eingeschränkt. Bei einem der ersten Modelle von Moog (Moog 960) konnten lediglich 24 Schritte, also 24 verschiedene Spannungen, eingestellt werden. Nachdem der Sequenzer gestartet wurde, lief die Sequenz der eingestellten Steuerspannungen automatisch ab und kontrollierte dabei meist die Frequenzen der Oszillatoren des Synthesizers. Das Gerät ermöglichte die Veränderung der Geschwindigkeit sowie die Bildung von Schleifen (engl.: loops). Diese Möglichkeit der unendlichen Wiederholbarkeit von musikalischen Mustern beeinflußte auch die amerikanische minimal music.

Hybride Systeme

Ebenso wie bei den analogen Sequenzern gilt es auch für einen digitalen Sequenzer, ein analoges Studioinstrumentarium zu kontrollieren. Die Verbindung von digital arbeitenden Computern mit analoger Studiotechnik führte zu dem Begriff „Hybride Systeme".

Bevor der Computer in die Studios einzog, gab es bereits lochstreifengesteuerte Sequenzer zur Steuerung der Studiotechnik. Eine der frühesten Entwicklungen dazu entstand 1955 an den RCA Research Laboratories. Die amerikanischen Ingenieure Harry F. Olson und Herbert Belarin entwickelten dort den RCA Electronic Music Synthesizer[17]. Der Begriff Synthesizer wurde hier erstmalig eingeführt, doch hat er nichts mit dem gemein, was heute unter einem Synthesizer verstanden wird. Moog verwendet den Begriff, so wie er heute verstanden wird, erstmalig 1967 in einem Firmen-Katalog von Moog Music.

Der RCA Electronic Music Synthesizer wurde bekannt, nachdem er 1959 in das Experimental Music Studio (später umbenannt in Tape Music Studio) der Columbia University New York übernommen wurde. Das Studio bekam daraufhin den endgültigen Namen Columbia-Princeton Electronic Music Center.[18] Milton Babbitt war einer der ersten Komponisten, der mit dem RCA Electronic Music Synthesizer eine Komposition erstellte: *Vision and Prayer* (1961). Für seine Arbeiten am RCA Electronic Music Synthesizer entwickelte Babbitt das time-point system, um Rhythmen seriell zu generieren.[19]

Zu den frühen lochstreifengesteuerten analogen Studios gehört auch das Siemens-Studio für elektronische Musik in Gauting. Ab 1956 wurde unter Anleitung von Alexander Schaaf der Aufbau des Studios betrieben. Die Anregung zur Kontrolle der Einrichtung mit Hilfe von Lochstreifen gab der Komponist und musikalische Berater des Studios, Josef Anton Riedl. Für die Vertonung des Films *Impuls unserer Zeit* von Otto Martini sollte der Lochstreifen-Schnellsender Tonhöhe, Lautstärke und Tondauer kontrollieren. Noch vor der Uraufführung des Films (1959) besuchte Pierre Boulez das Studio, da ihn die Möglichkeiten der Automatisierung besonders interessierten.

„Als ich dieses Studio in München besuchte, habe ich zum erstenmal Ausrüstungen gesehen, bei denen die Automatisierung eine Rolle spielte. Für die Zukunft erschien mir dies entscheidend zu sein. Automatisierung und Datenkontrolle – einige Jahre später hielt ich sie für unentbehrlich. Zunächst war es das frühzeitig gescheiterte Projekt eines Max-Planck-Institutes für Musik, dann die Realisierung des IRCAM. Aber ich denke, daß es die Besuche in München waren, die mir den eigentlichen Anstoß gegeben haben."[20]

Der englische Ingenieur und Gründer des Studios EMS sowie Gründer

der gleichnamigen Synthesizer-Firma, Peter Zinovieff, unterscheidet sechs Punkte zur Anwendung des Computers in einem analogen Studio:

„1. Steuerung und Programmierung verschiedener Peripherie (Sequencer, Mischpulte, Hallgeräte etc.);
2. Steuerung musikalischer Informationen, von den Kompositionsregeln bis zur konkreten Interpretation;
3. Partiturerstellung am Bildschirm;
4. ‚Manuelle' Steuerung aller Geräte untereinander. Das heißt, flexible Verknüpfung aller Geräte (Oszillatoren, Filter, Verstärker etc.);
5. Wellenform-Synthese über Steuerung der Oszillatorbänke. Das heißt, auch komplizierte Klänge können durch Überlagerung verschiedener Wellenformen synthetisiert werden;
6. Komplizierte Rechnungen, Tabellen, Verlaufsstrukturen etc. können am Bildschirm erstellt werden."[21]

Hybride Systeme werden neben der Partitur- und Klangsynthese oftmals als die dritte Säule der Computermusik angesehen. Hier zeigen sich Definitionsprobleme: bei Hybriden Systemen werden Computer eingesetzt, um die Verfahrenstechniken analoger Studios zu automatisieren. Die Entscheidung, ob es sich in diesem Fall um Computermusik oder Elektroakustische Musik handelt, kann nur bei einer individuellen Komposition getroffen werden. Wird ein konventioneller Studioablauf mit einem Computer automatisiert, so ist der Begriff Elektroakustische Musik weiterhin angezeigt. Ist der Ablaufplan jedoch derart komplex gestaltet, daß eine Realisation manuell nicht mehr zu bewerkstelligen wäre, so kann wieder von Computermusik gesprochen werden. Die Übergänge sind fließend. Wird die Partitur, in diesem Fall der Steuerungsplan für das analoge Studio, nach Prinzipien der Partitursynthese errechnet, so kann auf jeden Fall von Computermusik gesprochen werden. Max V. Mathews und Richard F. Moore entwickelten das erste große Hybride System, das Kompositionsprogramm GROOVE (Generated Real-time Output Operations on Voltage-controlled Equipment)[22]. Nach Mathews ist es mit GROOVE möglich, ohne musiktheoretische Kenntnisse zu komponieren:

"The composer does not personally play every note in a score, instead he influences (hopefully controls) the way in which the instrumentalists play the note. The computer performer should not attempt to define the entire note sound in real time. Instead the computer should contain a score and the performer should influence the way in which the score is played ... The mode of conducting consists of turning knobs and pressing keys rather than waving a stick, but this is a minor mechanical detail ... The program is basically a system for creating, storing, retrieving and editing functions of time. It allows the composition of time functions by turning knobs and pressing keys in real time; it stores time functions on the disk file; it retrieves the stored functions (the score), combines them with input functions (the conductor functions) in order to generate the control functions which drive the analogue synthesizer and it provides for facile editing of time via control of 'programme' time."[23]

Die grafikorientierte Eingabe erinnert an "The Schillinger System of Musical Composition" (1941) von Joseph Schillinger. Kompositionen, die mit GROOVE realisiert wurden, sind u. a. *Phosphones* (1970-71) und *Lustrum for electronic string quintet, brass quintet, and computer-generated tape* (1974), das unter dem Namen *Brazen* auch als reine Computerversion existiert, von Emmanuel Ghent, *Two Sketches for a Computer Piece* (1971) von Vladimir Ussachevsky und *Patchwork* (1974) von Laurie Spiegel. Dazu bemerkt Spiegel: "The program I wrote had all Bach's favorite manipulations – retrograde, inversion, augmentation, diminution, transposition – available on switches, knobs, pushbuttons and keys so that I could manipulate the 4 simple melodic and 4 rhythmic patterns with them in the same way that a player of an instrument manipulates individual tones"[24]. Spiegel beschreibt das interaktive Komponieren in Echtzeit auf einer Metaebene ("higher-level") bei ihrem Stück *Music for Dance* (1975):

"Because I could hear the music played while computation was in progress, I could choose which musical decisions I wanted to make, leaving the rest to follow the logic I had coded... For example, I could set the probability that a certain pitch would be played on strong beats at zero percent, at 100 percent, or anywhere, by turning a knob while listening to the music evolve (the position of the knob at each moment would be recorded by GROOVE for later playback); or I could throw a switch to change over to entirely different set of rules."[25]

Bedingt durch die Weiterentwicklung der digitalen Technologie, sind Hybride Studios heute fast ausgestorben. Neben GROOVE waren andere Hybride Systeme MUSYS III von Peter Zinovieff[26] (EMS, Electronic Music Studios, London), HYBRID von Edward Kobrin[27] (University of Illinois, später University of California, San Diego), MUSIC BOX von Knut Wiggen[28] und COTEST von Tamas Ungvary (beide EMS, Electronic Music Studio, Stockholm). Mit MUSYS III wurden die Einspielbänder zu *Tristan. Prélude für Klavier, Orchester und elektronische Klänge* (1973), (,Drittes Klavierkonzert') von Hans Werner Henze und *Chronometer* (1971) von Harrison Birtwistle realisiert. Das von der Berliner Firma Hofschneider entwickelte SYNLAB-Modular-System wird am ICEM (Institut für Computermusik und Elektronische Medien) der Folkwang-Hochschule Essen verwendet und ist derzeit das größte Hybride System, das weiterhin eingesetzt wird[29].

Digitale Sequenzer

Ab Mitte der 1970er Jahre wurde mehr und mehr digitale Technologie in den Studios eingesetzt. Seit den 1980er Jahren werden fast nur noch digitale Synthesizer gebaut. Dabei wurde zunächst die bisherige Analogtechnik digital simuliert oder analoge Technik digital kontrolliert. Die bekannten Bezeichnungen bekamen neue Namen: VCO (Voltage Controlled Oscillator) wurde zu DCO (Digitally Controlled Oscillator), VCF (Voltage Controlled Filter) zu DCF (Digitally Controlled Filter) usw. Durch die zunehmende Digitalisierung mußten Möglichkeiten gefunden werden, unterschiedliche digitale Module miteinander komunizieren zu lassen. 1982 legten verschiedene Synthesizer-Hersteller (Sequential Circuits, Roland und Oberheim) eine einheitliche, digitale Schnittstelle zwischen den verschiedenen Konkurrenzprodukten fest, die MIDI (Musical Instrument Digital Interface) genannt wird. Die Begriffe Schnittstelle und Interface stammen aus der Computertechnik. Schnittstellen verbinden einen Computer mit peripheren Geräten wie z. B. einem Drucker oder einem Wechselplattenlaufwerk. 1983 wurde in Los Angeles die MIDI 1.0 Specification von der neu gegründeten International MIDI Association (IMA) vorgestellt, die seit 1988 in der 4. Version vorliegt. Wird eine mit MIDI ausgerüstete Klaviatur betätigt, so stellt MIDI fest, wann welche Taste gedrückt wird, wie schnell sie gedrückt wird, mit welchem Druck sie gehalten wird und wann sie wieder losgelassen wird. Die ermittelten Daten können in Echtzeit an weitere Synthesizer oder Sampler übermittelt werden, die dann parallel dazu mitklingen. Werden die MIDI-Daten in einen Computer transferiert, so können – vergleichbar einem Textverarbeitungssystem – die Daten unmittelbar in sichtbare Noten übersetzt werden. Mit dem Disklavier, einem konventionellen Flügel mit MIDI-Anschluß der Firma Yamaha, kann das Spiel eines Pianisten in Form von MIDI-Daten aufgezeichnet werden. Der Flügel kann andererseits selbständig nach den aufgezeichneten Daten spielen.

Ein MIDI-Sequenzer kann mit einem Mehrspurtonbandgerät verglichen werden. Es werden jedoch keine Klänge aufgenommen, sondern (MIDI-) Daten gespeichert, mit denen klangerzeugende Geräte, wie beispielsweise Synthesizer oder Sampler gesteuert werden. Die Partitur kann am Bildschirm eines Computers in Notenschrift ediert und dann unmittelbar zum Klingen gebracht werden. MIDI-gesteuerte Sequenzer implizieren ein konventionelles Denken beim Komponieren: eine festgelegte Partitur, eine festgelegte Orchestrierung und ein lineares Abarbeiten der Ereignisfolgen. Sie werden gerne in kommerziellen Studios eingesetzt, in denen beispielsweise eine Master-Sequenz die Untersequenzen steuert, die wiederum die „Instrumente" (Drum Machines, Sampler, Synthesizer) aktivieren.

Algorithmisches Komponieren mit Elementen des Zufalls

„Vor der weiteren Ausführung ist es wichtig, die Bedeutung dieser Worte *Zufall* und *Wahrscheinlichkeit* festzulegen. Wir betrachten die Sache als Wirkung des Zufalls, wenn sie in unseren Augen keinerlei Regelmäßigkeit oder Anzeichen einer Bestimmung bietet und wir außerdem die Ursachen, die sie hervorgebracht haben, nicht kennen. Der Zufall trägt also in sich keinerlei Wirklichkeitsanspruch; er ist nichts anderes als ein Begriff zur Beschreibung unserer Unwissenheit über die Art und Weise, in der sich verschiedene Teile einer Erscheinung miteinander und mit dem Rest des Kosmos verbindet. Der Begriff der Wahrscheinlichkeit bezieht sich auf unsere Unwissenheit. Wenn wir davon überzeugt sind, daß von zwei Ereignissen, die nicht gleichzeitig existieren können, das eine oder das andere notwendig eintreten muß, und wir keinen Grund dafür sehen, daß das eine leichter einträte als das andere, ist die Existenz oder Nichtexistenz von beiden gleich wahrscheinlich."[30]

Mit dem Begriff „Algorithmus" bzw. „algorithmisches Komponieren" verbindet man heute die Anwendung eines Computers. Ein Algorithmus ist jedoch auch eine bestimmte Verdrahtung einzelner Module eines spannungskontrollierten Studios ohne Computer. Dazu Joel Chadabe:

"The CEMS (Coordinated Electronic Music Studio) System is an example of voltage controlled system that extends automation capability to the point where an entire composition can be automated (not excluding, however, performance). Designed by the author and Robert Moog, it was installed at the Electronic Music Studio at the State University of New York at Albany in 1969."[31]

Ebenso wie in Europa wurde in den USA mit der Einführung der Spannungskontrolle die Möglichkeiten des Automatismus' beim Komponieren diskutiert.

"The term process-automation refers to a technique whereby the composer decides the 'rules of the game' (which define the nature of the process), and an automation system supplies information that will – as consequence of the rule of the game – determine the details of the composition. Two different examples of process-automation may ilustrate the idea. (1) A synthesizer that is automated by control voltages coming from different sensors that are sensing humidity, movement of people, smoke in the air, volume of conversation, etc., is set up in an art gallery. The details of the music are to be determined by various atmospheric conditions, which are statistically, rather than precisely, determinate in detail. The composer has decided the nature of process, the specific types of devices used, and the parameters of the audio path that will be modulated. (2) A computer has been programmed to generate continuously a series of random voltages that are used to control various parameters of an audio signal. The composer has decided the details of the audio signal, the parameters to be modulated, the range within which the modulations are to function, and, of course, the nature of the control system itself."[32]

Als erste computergenerierte Komposition gilt die *Illiac Suite* für Streich-

quartett (1955-56) von Lejaren A. Hiller und Leonard M. Isaacson. Sie entstand an der University of Illinois, Urbana-Champaign (USA). Der Name
Illiac bezieht sich auf den gleichnamigen Computertyp. Die vier Sätze der
Illiac Suite sind in ihrer Reihenfolge eine Dokumentation von vier verschiedenen Experimenten, die Hiller und Isaacson durchführten, um festzustellen, wie mit einem Computer eine Komposition generiert werden kann.[33]
Beim ersten Experiment – *Monody, two-part, and four-part writing* – wurden 16 verschiedene Regeln programmiert, die entscheiden, was erlaubt ist,
was verboten ist, was sein muß. Dazu kamen Regeln für einfache Mehr-
stimmigkeit.

"The rules derived from first-species counterpoint as used for computer programming may be grouped conveniently into three categories, namely: (1) melodic rules,
(2) harmonic or vertical rules, and (3) combined rules. It may be observed that most
important departure from the authentic rules of first-species strict counterpoint is
found in the treatment of the cadence."[34]

Die Regeln wurden zunächst umgangssprachlich formuliert und daraufhin für den Computer programmiert. Die ersten drei der sieben Regeln für
die „Melodic Rules" lauten:

"1. No melodic line may span more than one octave, i. e., the range from the lowest
   note to the highest note of a given melodic line should be an octave or less. The
   limits were set as any octave from the octave C-C' to the octave C'-C" [...].
2. If the melodic line is the cantus firmus itself, it must begin and end on the tonic.
   C was selected arbitrary as the tonic in our experiments.
3. If melodic line is not cantus firmus, it still must begin and end on notes of the
   tonic chord. This was the C-major triad in our experiment."[35]

Innerhalb dieses Systems von Regeln wurden über Zufallsprozesse die
einzelnen musikalischen Ereignisse errechnet.[36] Ein durch Zufall errechne-
tes Ereignis, beispielsweise eine Note oder ein rhythmisches Muster, wird
daraufhin überprüft, ob es den gerade anliegenden musikalischen Regeln
entspricht und wird je nach Ergebnis angenommen oder verworfen. Das
Ergebnis in Hillers Experimenten waren einfache Cantus-Firmus-Melodien
verschiedener Länge. Beim zweiten Experiment – *Four-part first-species
counterpoint* – wurden die Erkenntnisse des ersten Experimentes derart
erweitert, daß unterschiedliche musikalische Stile generiert werden konnten. Bei der dritten Versuchsreihe – *Experimental music* – wurden serielle
Strukturen und Reihentechniken programmiert. Die Methode des vierten
Experimentes – *Markoff chain music* – hatte großen Einfluß auf spätere
Arbeiten computergestützter Partitursynthese. Bei dieser Versuchsreihe
arbeiteten Hiller und Isaacson nicht mit Kompositionsregeln, sondern mit
einer Folge abhängiger Zufallsgrößen, „Verketteten Größen", die nach dem

Mathematiker Andrej (Andrejewitsch) Markov (1856-1922) „Markov-Ketten" genannt werden. Durch Markov-Ketten lassen sich Musikstücke als eine Folge von bedingten Wahrscheinlichkeiten darstellen: Wie oft folgt einem C ein E oder ein G oder wie oft folgt einem G-Dur-Akkord ein a-Moll-Akkord oder ein C-Dur-Akkord etc. Wird eine Folge von bedingten Wahrscheinlichkeiten programmiert, so kann nach ihr wieder eine neue Komposition generiert werden.

Bei allen vier Experimenten Hillers kann nicht nur eine Komposition errechnet werden, sondern eine Klasse von Kompositionen, die dem jeweils programmierten Stil entspricht. Hiller spricht 1963 bei den Darmstädter Ferienkursen für Neue Musik von drei Stilquellen bei der Anwendung des Computers:

„Wir stellten deshalb für den Programmierer drei grundlegende ‚Stilquellen' auf, die nicht nur die älteren, traditionellen, wenngleich in andersartigen Termini ausgedrückten Kategorien einschließen, sondern auch ganz andere neue Arten musikalischen Komponierens nahelegen. Die von uns vorgeschlagenen ‚Stilquellen' sind folgende:

1. *A priori vom Programmierer aufgestellte Bedingungen* auf jeder ihm gerechtfertigt erscheinenden Basis [...].

2. *Statistische Bedingungen*, abgeleitet aus der statistischen Analyse eines beliebigen Stils oder Kompositionsverfahrens oder aus erfundenen Wahrscheinlichkeitstabellen.

3. *Vom Computer selbst entwickelte Stile*, d.h. solche, die auf automatischem Wege als logische Folge einer bestimmten Anzahl vorgegebener, den Aufbau einer automatischen Ordnung ermöglichenden Bedingung entstehen."[37]

Im wesentlichen betrachtet Hiller das Komponieren als das Problem, musikalische Regeln zu benutzen und innerhalb aller möglichen Kombinationsmöglichkeiten diejenigen auszusuchen, die ihm musikalisch akzeptabel erscheinen. Zusammen mit Robert Baker entwickelte er das Kompositionsprogramm MUSICOMP (MUsic-Simulator-Interpreter for COMpositional Procedures)[38]. In dieses wurden die Algorithmen, die für die *Illiac Suite* geschrieben wurden, übernommen und verallgemeinert. Die Erste mit MUSICOMP realisierte Komposition ist die *Computer Cantata* (1962) von Hiller und Baker.[39] Die Texte in der *Computer Cantata* basieren auf statistischen Analysen von willkürlich ausgesuchten Artikeln der Zeitschrift *PLAYS, The Drama Magazine for Young People*. Für die Generierung der Phonemstruktur des neuen Textes wurden Markov-Ketten von nullter bis vierter Ordnung verwendet. Die Abschnitte *Prolog* und *Epilog* der *Computer Cantata* sind seriell organisiert. Beim Entwurf des dazugehörigen Algorithmus' orientierten sich Hiller und Baker an der 1958 erschienen Analyse György Ligetis zur Komposition *Structures pour deux pianos*, premier livre (1952) von Pierre Boulez. „Diese Untersuchung zeigt, daß völlig durchstrukturierte serielle Schemata sich besonders zur Computerverarbeitung eignen"[40].

Nach Abschluß an den Arbeiten zur *Computer Cantata* wurde MUSICOMP zu einem offeneren System umgeschrieben, das in drei Teile gegliedert ist: "System Regulatory Routines" – "Compositional and Analytical Subroutines" – "Sound Synthesis Routines".[41]

MUSICOMP sollte ständig erweitert werden können, so daß nach und nach jeder musikalische Stil abrufbar sein sollte, gewissermaßen wie von einer universellen musikalischen Datenbank.

Die zugrundeliegenden Ideen kamen dabei aus der damals populär werdenden Informationstheorie und Kybernetik und den damit verbundenen statistischen Analysen außerhalb ihrer ursprünglichen Anwendungen. Die Informationstheorie, die Theorie der technischen Übertragung von Nachrichten, wurde 1948 von dem amerikanischen Mathematiker Claude E. Shannon[42] eingeführt, die Kybernetik, „die Wissenschaft von Kontrolle und Kommunikation in Lebewesen und Maschine", im selben Jahr von dem amerikanischen Mathematiker Norbert Wiener[43]. In der Bundesrepublik Deutschland wurden Informationstheorie und Kybernetik besonders durch Veröffentlichungen von Werner Meyer-Eppler[44] und Karl Steinbuch[45] bekannt, in der DDR durch Georg Klaus[46]. Die Suche nach einer exakten Ästhetik, einem „ästhetischen Maß" M durch informationstheoretische Messungen mittels der Komplexität K und der Ordnung O, führte insbesondere durch Max Bense[47] und Abraham A. Moles[48] zur sogenannten „Informationsästhetik". Mit ihrer Hilfe sollten künstlerische Prozesse und Produkte beschrieben, bewertet und synthetisiert werden können.[49] Wesentlichen Einfluß hatten dabei die Ideen des amerikanischen Mathematikers und Physikers George D. Birkhoff und dessen Theorie eines ästhetischen Maßes, die er von 1928 bis 1932 veröffentlichte.[50] Seine analytische Ästhetik, die ästhetische Faktoren aller Kunstrichtungen wissenschaftlich ermitteln sollte, galt als Gegenpol zu „hedonistischen, moralistischen und mystischen Theorien". Einflußreich für musikbezogene Anwendungen waren die Arbeiten des Physikers Wilhelm Fucks[51]. Bei Karlheinz Stockhausen, der 1954-1956 bei Meyer-Eppler studierte und ihn für seinen besten Lehrer hielt, ist nur entfernt ein Einfluß der Informationstheorie auf sein Denken festzustellen, ein wenig in seinem Aufsatz *Struktur und Erlebniszeit*[52], in dem er die Erlebniszeit abhängig von der Dichte und der Größenordnung der Veränderungen in einer Komposition macht. Auch tauchen Begriffe wie Information, Informationsgrad und Informationsgehalt auf, die er jedoch keineswegs streng im Sinne der Informationstheorie verwendet. Stockhausen: "We worked with micro theories in communication science; Shannon was very important as a mathematician – Markoff, too. And I simply transposed everything I learned into the field of music [...]"[53].

Bereits 1962 schrieb Joel E. Cohen einen kritischen Aufsatz über musikalische Anwendungen der Informationstheorie.[54] Heute darf die Anwendung dieser Theorien auf Musik, Literatur und bildende Kunst als historisch und nicht mehr relevant betrachtet werden, auch wenn in neueren Publikationen versucht wird, eine Aktualität zu betonen, beispielsweise von Herbert W. Franke[55] und Hubert Kupper[56]. Im Rahmen der Zeichentheorie kann die Anwendung der Informationstheorie als eine primitive Vorstufe der Semiotik angesehen werden. Die umfassenste Beschreibung zur Anwendung der Informationstheorie in der zeitgenössischen Musik gibt die französische Musikwissenschaftlerin Emmanuelle Loubet.[57]

Alle bis dahin von Baker, Isaacson und Hiller geleisteten Arbeiten zur Computermusik sollten sich in Hillers Kompositionen *Algorithms I* und *Algorithms II* (1968) niederschlagen.[58]

Unabhängig von Hiller und Isaacson wurden in kleinerem Rahmen ähnliche Versuche bei dem Computerhersteller Burroughs Inc., Pasadena, California (USA) von Martin Klein und Douglas Bolitho unternommen. Hiller dokumentierte diese und andere frühen Arbeiten zur Computermusik.[59] Das erste Kompositionsprogramm für serielle Anwendungen entwickelte 1961 der französische Komponist Pierre Barbaud.[60] Die University of Illinois und das angegliederte Studio wurde durch die Arbeiten von Hiller Anziehungspunkt für andere Forscher und Komponisten. Zur sogenannten Urbana School gehörten neben Hiller, Isaacson und Baker auch James Tenney, Herbert Brün und John Myhill. Brün realisierte mit MUSI-COMP *Sonoriferous Loops* (1964) und *Non-Sequitur VI* (1966)[61]. *Stalks and Trees and Drops and Clouds* für Schlagzeug solo (1967) wurde mit einer von Brün entwickelten Partitursprache geschrieben. John Cage und Hiller realisierten in Illinois ihre Komposition *HPSCHD* (1967-69)[62].

Hillers Methode, durch Zufallsprozesse innerhalb vorgegebener Regeln die Maschine komponieren zu lassen, ist deterministisch: Wird der Rechen- bzw. Kompositionsprozeß nicht unterbrochen, so wird die Komposition automatisch zu Ende geführt.

Die bisher beschriebenen Verfahren der Partitursynthese, das Komponieren mit Elementen des Zufalls, hat seinen Ausgangspunkt im sequentiellen Denken. Bei den beschriebenen Sequenzern bildet die Sequenz eine eins-zu-eins-Abbildung mit dem, was zu hören sein wird. Beim Komponieren mit Elementen des Zufalls wird nach diversen Zufallsprinzipien die eins-zu-eins-Abbildung zwar durchbrochen, die Linearität bleibt jedoch erhalten: Es handelt sich um ein Komponieren von links nach rechts.

Pierre Barbaud gilt als der erste Europäer, der sich mit algorithmischer Komposition beschäftigte und in den frühen 1960er Jahren die ersten computergenerierten Kompositionen vorstellte, die er auch ausführlich dokumentierte.[63] 1961 wurde das erste serielle Kompositionsprogramm von ihm entwickelt. Zu den anderen europäischen Vertretern der frühen Partitursynthese gehören Iannis Xenakis und Gottfried Michael Koenig. Seit 1963 entwickelte Koenig sein Kompositionsprogramm *Projekt 1* (PR1), von 1966 an das Programm *Projekt 2* (PR2). *Projekt 1* beschreibt eine allgemeine serielle Kompositionsstrategie, die mit Hilfe von Zufallsgeneratoren verschiedene Ergebnisse liefert:

„‚Projekt 1' ergibt eine Art Rohmaterial, das der nachträglichen Interpretation bedarf. Ausschlaggebend ist also in erster Linie, was denkt sich der Komponist, was hat er gewollt? Auch hier ist es so, daß man oft durch die Arbeit von seinem eigentlichen Ziel abkommt. Ich habe z.B. sorgfältig meine Eingabedaten gewählt, mein Programm studiert und habe schließlich einen Ausdruck erzeugt. Jetzt stellte ich fest, daß es mich doch zu weiteren Konsequenzen drängt, die ich vorher nicht übersehen habe. Das ist in Ordnung, solange die Konsequenzen sinnvoll sind, gewissermaßen im Problemraum bleiben, in dem sich das Stück bewegen soll. Nur sollte der Komponist dieselbe Sorgfalt, die er auf die Auswahl seiner Eingabeparameter verwendet hat, auch auf die Analyse des Ergebnisses verwenden und dann einen dem Programm und seiner Phantasie angemessenen Weg finden, mit den gewonnen Daten ein Stück zu machen."[64]

Mit *Projekt 2* muß eine Komposition Schritt für Schritt durchgestaltet werden: Einzelgrößen für verschiedene Parameter der kompositorischen Struktur (Instrumente, Zeitgestalt, harmonisch/melodischer Bereich, Lautstärke), Auswahlregeln für Einzelgrößen (mit oder ohne Zufall, gruppenweise, gerichtet, ungerichtet) sowie Verknüpfungsregeln. Beide Programme haben „ihre Wurzel [...] im seriellen Denken [...], das [...] symbolische Räume zu strukturieren sucht"[65]. Konnte bei den Kompositionsalgorithmen MUSICOMP oder GROOVE gewissermaßen jeder „komponieren" und jeder Stil generiert werden, so muß bei *Projekt 2* der Anwender sich bei jedem Schritt eine genaue Rechenschaft darüber ablegen, was er gerade tut. Er analysiert sein eigenes Vorhaben, bevor er anfängt zu komponieren. Mit *Projekt 1* entstand u.a. *Project 1 – Version 1* für 14 Instrumente (1965/66), *Project 1 – Version 3* für neun Instrumente (1967) und die *3 ASKO-Stücke* für 13 Instrumente (1982), mit *Projekt 2* wurde die *Übung für Klavier* (1969/70) realisiert.

Koenig zu seinen beiden Programmen:

„Zuweilen nenne ich *Projekt 1* ein ‚geschlossenes' Programm, weil der Komponist darauf nur wenig Einfluß ausüben kann. Im Gegensatz dazu schien mir ein Programm wünschenswert, das den Benutzer (aufgrund der mit *Projekt 1* gesammelten Erfahrungen) ermächtigen würde, die musikalischen Variablen selbst zu definieren – nicht nur im Hinblick auf das musikalische Material (Tonhöhen, Lautstärken, oder Dauern), sondern auch im Hinblick auf Kompositionsregeln, nach denen die Einzelwerte zum Kontext zusammentreten. Zu diesem Zweck entwarf ich *Projekt 2*, eigentlich ein Fragebogen mit mehr als 60 Einzelfragen. Mithilfe der Antworten, die sich auf Einzelgrößen und die Kompositionsregeln beziehen, sollte das Programm ein Musikstück kombinieren, d.h. komponieren."[66]

"[...] PROJECT 2 is also intended to be used for research into compositional theory. It is meant to answer the question as to what in music can be programmed, and to what extent rules of serial or aleatoric music, whether already formulated or capable in individual cases of being formulated, are valid."[67]

Die praktische Vorgehensweise mit *Projekt 2* am Beispiel der *Übung für Klavier* sei kurz angerissen: *Projekt 2* berücksichtigt sieben Parameter, die aus der Sprache der seriellen Technik kommen: Instrument, Harmonik, Register, Einsatzabstand, Dauer, Pause, Dynamik. Projekt 2 stellt an den Komponisten verschiedene Fragen. Durch die Beantwortung dieser Fragen kristallisiert sich nach und nach die Struktur der Komposition heraus. Zur Veranschaulichung ein reduzierter Ausschnitt der Fragetabelle bezüglich der Tondauern:

Welche Gruppen?	ALEA
	SERIE
	SEQUENZ
Welche Dauern?	ALEA
	RATIO
	GRUPPE
	SEQUENZ
	TENDENZ
Beziehung zu den Einsatzabständen	UNABHÄNGIG
	DAUER = EINSATZABSTAND
	DAUER ≤ EINSATZABSTAND
Dauern im Akkord	GLEICH
	UNGLEICH

„ALEA wählt aleatorisch (das heißt ohne Wiederholungskontrolle) unter den gegebenen Elementen, SERIE wählt aleatorisch mit Wiederholungssperre, so daß ein gewähltes Element gesperrt bleibt bis alle Elemente der Liste (oder alle Gruppen der Tabelle) einmal gewählt wurden. Im Prinzip RATIO ist die Dauer der Wiederholungskontrolle von einer Verhältnisgröße abhängig, die für jedes Listen-Element angegeben werden muß; die Element-Wiederholungen werden aleatorisch gestreut. GRUPPE erzeugt gruppenweise Wiederholungen der Elemente [...]. SEQUENZ erlaubt dem Komponisten, die Reihenfolge der Elemente (bzw. Tabellengruppen) selbst zu bestimmen. TENDENZ schließlich arbeitet mit einer Maske, deren Ränder unabhängig voneinander über das Ensemble laufen [...]."[68]

Koenigs *Übung für Klavier* (1969/79) entstand ihm Rahmen einer Versuchsreihe, „musikalische Eigenschaften durch Bewegungsformen in den Bereichen Harmonik, Rhythmik und Dynamik zu beschreiben."[69] *Übung für Klavier* ist die erste Komposition, die mit *Projekt 2* komponiert wurde. Sie besteht aus zwölf Abschnitten, „Strukturen". Für jede Struktur wurden drei verschiedene Versionen errechnet. Der Pianist entscheidet, welche Versionen der Strukturen er spielt.

Die auf dem Zufall beruhenden Auswahlverfahren finden auf mehreren Ebenen statt: durch den Interpreten, der sich bei jedem Vortrag für eine der drei Möglichkeiten einer Struktur entscheidet, durch das Zusammenwirken von Komponist und Programm, mit dessen Hilfe er elementare Zufallsprinzipien kanalisiert durch Gewichtung bestimmter Werte, Wiederholungen und Festlegung einer bestimmten Richtung (Tendenz). Es ist gewissermaßen ein Komponieren auf einer höheren Ebene, „das Programm und das daraus sich ergebende Stück kann nur so ‚gut' sein, wie die Anweisungen und Daten des Komponisten sind. Das Programm ist nur der Filter, durch den verschiedene Gedanken durchgelassen und andere wiederum blockiert werden."[70]

Mit den Programmen von Koenig realisierte Otto E. Laske eine Vielzahl seiner Kompositionen, beispielsweise *Terpsichore for tape and dancers* (1980) und *Nachtstücke (Night Pieces) for choir a cappella* (1981).[71]

Das Konzept von Koenigs TENDENZ-Algorithmus in *Projekt 2* hatte Einfluß auf andere Kompositionsprogramme. So ist es wiederzufinden in der Sprache PPP (Parameter Processing Program) von Thomas Neuhaus, ICEM (Institut für Computermusik und Elektronische Medien der Folkwang-Hochschule Essen).[72]

Der österreichische Komponist und Musikwissenschaftler Karlheinz Essl entwickelte sogenannte „Strukturgeneratoren", ein Echtzeit-Kompositionsprogramm, das eine große Verwandschaft zu Koenigs *Projekt*-Algorithmen spüren läßt. Essl ist der Meinung, daß er ohne Koenigs Programme niemals auf die Idee gekommen wäre, ein solches Konzept zu entwickeln.[73]

> „Der Oberflächenfilm gibt uns das Innere zu hören,
> das er bedeckt. Das jungfräulich genannte Wachs
> spricht von seiner eigenen Jungfräulichkeit oder bes-
> ser, es zerstört diesen Schein. Anders gesagt, die Stille
> spricht von sich selbst, das Ungehörte läßt sich
> hören; ungehört weil niemals gehört, aber auch weil
> es uns hindert, anders zu hören. Xenakis setzt die
> Sprache des Objekts frei, wie ehedem in der Legende
> Franz von Assisi die Sprache der Vögel aus ihrem
> Gefängnis befreite [...].
> Diese Musik ist wahrhaft universell: jeder kann sie
> verstehen, gleich welches seine Sprache, seine Leiden
> und seine Lage, seine Welt und seine Herkunft sein
> mögen [...]. Dieses Universelle ist intersubjektiv; und
> zugleich ist es objektiv, denn es übersetzt das Rau-
> schen der Welt, das Gemurmel der Objekte [...]."[74]

Zu einem anderen wichtigen Vertreter des algorithmischen Komponierens gehört Iannis Xenakis. Bereits in seinen frühen Stücken werden statistische Methoden verwendet, vor der Zeit, als die Möglichkeiten des
Zugangs zu einem Computer eine Selbstverständlichkeit war. Bei seinen
Kompositionen *Pithoprakta* für Orchester (1955-56) und *Achorripsis* für
21 Instrumente (1956-57) wurden die notwendigen Berechnungen noch
von Hand erstellt. Bei *Achorripsis* verwendet Xenakis die Wahrscheinlichkeitsgesetze des französischen Mathematikers und Physikers Denis Poisson
(1781-1840). Die nach ihm benannte „Poisson-Verteilung" wird dann bei
Wahrscheinlichkeitsrechnungen eingesetzt, wenn bei Einzelversuchen das
Eintreten eines Ereignisses, die Eintrittswahrscheinlichkeit, als gering er-
wartet wird. Sie gilt auch als das Gesetz der seltenen Ereignisse, die nicht
kausal miteinander verbunden sind. Nach dieser Methode errechnete
General Bortkewitsch, wie hoch in Friedenszeiten die Wahrscheinlichkeit
ist, daß ein Soldat an einem Pferdetritt stirbt. Xenakis gibt nun bei seinen
Arbeiten vor, welche Ausprägung eines musikalischen Parameters mit welcher Wahrscheinlichkeit auftreten soll. Bei *Achorripsis* stellte Xenakis eine
Matrix auf, bei der vertikal sieben Klangfarben (Instrumente) und horizontal 28 Zeiteinheiten eingetragen sind, so daß sich 196 Felder ergeben.
Durch die Matrix wird die Großform von *Achorripsis* festgelegt, die die
„Makrokomposition" des Stückes bestimmt. Der weitere Verlauf des
kompositorischen Vorganges ist eine schrittweise Verfeinerung von außen
nach innen. Der erste Schritt dabei ist eine Verteilung von musikalischen
Ereignissen auf die einzelnen Felder der Matrix. Hier verwendet Xenakis
die Umkehrung der Wahrscheinlichkeitsgesetze nach Poisson, d. h., es werden nicht existierende Ereignisse wie die erwähnten tödlichen Pferdetritte

ausgewertet, sondern es wird die Verteilung von noch nicht existierenden (musikalischen) Ereignissen festgelegt. Bei diesem ersten Schritt legt Xenakis die Wahrscheinlichkeit von 0,6 Ereignissen pro Zeiteinheit fest. Dadurch ergeben sich 107 Felder der Stille, 65 Felder mit einem, 19 Felder mit zwei, vier Felder mit drei und ein Feld mit vier Ereignissen. In den weiteren Verfeinerungsschritten werden die einzelnen Zeiteinheiten einer Verteilung nach Poisson unterworfen, daraufhin jede der sieben Zeilen (Klangfarbe), und in einem letzten Schritt wird das Verteilungsgesetz auf die Diagonalen angewendet.[75]

Die Poisson-Verteilung ist nur eines der mathematischen Verfahren, die Xenakis zur Berechnung musikalischer Strukturen verwendet. Andere Verfahren wären die Anwendung der Fibonacci-Reihen, des „Modulor" von Le Corbusier, Regelflächen und Hyperbolische Paraboloide, Kombinatorik, Rang-Korrelate, Lineare Verteilung, Normalverteilung, Entropie, Siebtheorie u.v.m.[76] (Zur Komposition der Klangfarbe, bei Xenakis „Mikrokomposition", siehe „Klangfarbe" und „Klangsynthese".)

Xenakis' zahlreiche Schriften sind aus zweierlei Gründen nicht einfach zu verstehen: seine mathematische (Formel-)Sprache in seinem Hauptwerk, *Formalized Music*, ist nicht durchgängig homogen und vermutlich, je nach Kapitel, eng an die von ihm verwendeten unterschiedlichen Mathematik-Lehrbücher angelehnt. Insbesondere sind die verschiedenen Zeichen einer mathematischen Formel nicht erklärt.[77] Nicht einfach macht es einem sein teilweise nebulöser Stil, wenn er eigene Kompositionen beschreibt, beispielsweise die Einführung zu *Nomos Gamma* für ein im Raum verteiltes Orchester (1967-68):

„[...] So wird eine leistungsfähige deterministische und in sich kreisende Maschine promulgiert. Ist sie ein Spiegelbild der schon früher vorgeführten stochastischen und probabilistischen Maschinen?
Jedenfalls repräsentiert dieses Werk den gegenwärtigen Stand meines kompositorischen Suchens in den vergangenen fünfzehn Jahren, wo ich manuell oder mit Hilfe der Elektronenrechner systematisch aber vergeblich die Chance oder den Zufall in eins mit seinem Maß, der Wahrscheinlichkeit, in den Verwerfungen des Seins (eine außerzeitliche Kategorie) und des Werdens (eine zeitliche Kategorie) erforschte, und zwar im Hinblick auf sein Wesen, nicht auf die Trugbilder und den Schein des Machens hin, wovon sich viele verführen ließen."[78]

Nach *Achorripsis* wendet sich Xenakis den bekannten *ST*-Kompositionen (1956-1962) zu, wie beispielsweise *ST/4 – 1,080262* (Streichquartettfassung von *ST/10*). ST steht für *musique stochastique*. Die erste Ziffer gibt die Anzahl der Instrumente an, die Ziffern vor dem Komma die Nummer der Fassung, die Ziffer nach dem Komma das Datum des Rechenlaufes. Die

Vorgehensweise von *Achorripsis* wird hier erstmals als Computerprogramm codiert.

Bei dem Begriff „Stochastik" ist in der Literatur oftmals eine Ratlosigkeit zu verspüren, wie der folgende Satz zeigt: „Im Zusammenhang mit der Aleatorik verdienen die stochastische Musik von I. Xenakis, die die Wahrscheinlichkeitsrechnung in die Kompos. einbezieht [...] besondere Erwähnung [...]."[79] Stochastische Musik wird in nahezu jedem Aufsatz exklusiv mit Xenakis in Zusammenhang gebracht. Hier treten sehr große Probleme mit dem Gebrauch von nichtmusikspezifischen Termini auf. Stochastik ist im Lehrgebäude der Mathematik nichts anderes als die Wahrscheinlichkeitsrechnung.[80] Mit Wahrscheinlichkeiten wird jedoch auch in der aleatorischen Musik gearbeitet, mit der Xenakis nicht in Zusammenhang gebracht werden möchte. Die Begriffe deuten daher eher auf Geisteshaltungen hin, als daß man sich an ihnen selbst festhalten könnte. Allein wie unterschiedlich der Begriff Aleatorik verwendet wird, zeigt Wolf Frobenius.[81] In Xenakis' 1966 erschienen Aufsatz zur stochastischen Musik wird seine Haltung bezüglich der Einbeziehung des Zufalls deutlicher:

„Grundsätzliche Arbeitsgänge der musikalischen Komposition

a. Erste Konzeption (Intuition, provisorische oder definitive Daten usw.)

b. Definition der Klangelemente und ihre symbolische Darstellung soweit möglich [...]

c. Definitionen der Verwandlungen dieser Klangwesen im Laufe des Stückes Makrokomposition: allgemeine Wahl des logischen Gerüstes [...]

d. Mikrokomposition: die ins einzelne gehende Wahl der funktionellen oder stochastischen Verhältnisse der Elemente unter *b* [...]

e. Programmierung der Reihenfolge der Abschnitte *c* und *d*: Gesamtform des Werkes

f. Rechnen, Prüfen der Resultate, Nachrechnen und endgültige Abänderungen der Gesamtform

g. Endgültiges symbolisches Ergebnis des Programms: Partitur in traditioneller Notenschrift, zahlenmäßige Darstellungen, Graphiken usw.

h. Verkörperung des Programms als Klang: direkte Orchesteraufführung, Verfahren in der Art der elektromagnetischen Musik, mechanische Herstellung von Klangwesen und deren Verwandlungen."[82]

Diese Liste trägt für Xenakis dazu bei, Gedanken festzuhalten, die beim Komponieren unbewußt bleiben. Demzufolge ist auch die Reihenfolge keineswegs starr.

Xenakis' Abgrenzung zur seriellen Musik, die ihm zu beschränkt erscheint, zeigt sich deutlich in seinem berühmten Aufsatz von 1955, *La crise de la musique serielle*:

„Das serielle System ist in der Hauptsache in seinen zwei Grundlagen, die im Keim ihre Zerstörung und ihre eigene Überholung beinhalten, in Frage gestellt: a) der

Reihe b) seiner polyphonischen Struktur. Die Reihe (unabhängig welcher Struktur) entspringt einer linearen Kategorie der Gedanken. Sie ist ein Rosenkranz aus Objekten endlicher Zahlen. Es gibt Objekte und es gibt endliche Zahlen, weil es das temperierte Klavier mit 12 Tönen (in jeder Oktave) gibt. Es wäre unsinnig, im Bereich der Elektronik einzig in Quantitäten von Frequenzen zu denken. Warum 12 und nicht 13 oder n Töne? Warum nicht die Kontinuität des gesamten Frequenzspektrums? Oder die des Intensitätsspektrums oder des Spektrums von Dauern? Aber lassen wir hier die Frage der Kontinuität beiseite. Sie wird sowieso in einiger Zeit in der Forschung eine zentrale Rolle spielen; kehren wir zurück zur Unregelmäßigkeit im Klangspektrum als dem grundsätzlichen Aspekt menschlicher Wahrnehmung ..."[83]

Xenakis entwickelte stets Algorithmen, die den gerade anliegenden musikalischen Aufgabenstellungen assistieren sollten. Im Gegensatz dazu hat Koenig den Anspruch, mit seinen Kompositionsalgorithmen wie *Projekt 1* und *Projekt 2* allgemeine musikalische Aufgaben zu lösen, so daß seine Programme auch von anderen Komponisten für ihre Aufgabenstellungen eingesetzt werden können.

Als Privatsprache verwendet der in Köln lebende Komponist Clarenz Barlow seine Kompositionsalgorithmen. Die von ihm entwickelten Programme sollen die jeweils anliegenden, kompositorischen Aufgabenstellungen lösen. Barlow ist davon überzeugt, daß er den Computer lediglich zur Zeitersparnis einsetzt und ohne Computer dieselben musikalischen Ergebnisse hätte:

„Bei jedem Stück gibt es meist eine neue Problematik und diese neue Problematik fordert eine neue Technik. Diese Technik muß man entwickeln und kann man entwickeln. Dann geht es darum, die Technik zu bewerkstelligen, durchzuführen. An diesem Punkt ist dann das Problem. Manchmal heißt es, man möchte tausende von Wahrscheinlichkeitszahlen ausrechnen, weil die ganze Komposition nur durch Wahrscheinlichkeitsrechnung gelöst werden kann, z.B. wenn man Wolken von Tönen berechnet, die eine gewisse Gestalt haben. Wie es innerhalb der Wolke aussieht ist nicht so wichtig, Hauptsache, die Verteilung stimmt, also die Art der Verteilung, aber nicht die genaue Plazierung. [...] Die Vorstellungen kommen bei einem guten Komponisten nicht von einer Technik [...], sondern aus einer musikalischen Eingebung [...]. Insofern kann es durchaus sein, daß man merkt, daß tausende von Zufallszahlen gar nicht von Hand ausgerechnet werden können. [...] Bei einem Vorabschlag für ein dreiminütiges Stück stellte sich heraus, daß ich 6 Monate täglich arbeiten müßte. Dies ist ein Grund, daß ich auf den Computer kam."[84]

Barlows zahlentheoretische Auseinandersetzung mit Tonalität und Metrik haben sich besonders in dem Klavierstück *Çoğluotobüsişletmesi* für Klavier, zwei- und mehrhändig (1975-79) niedergeschlagen. Die Parameter, auf die er bei *Çoğluotobüsişletmesi* seine Berechnungen ansetzt heißen metrische und harmonische Feldstärke, rhythmische und melodische Glät-

te, sowie die verständlicheren Parameter akkordische Dichte, Anschlags-
dichte, Dynamik und Artikulation.[85]

Interaktives Komponieren

> "Kranz: Why would a graphic display be of value to
> a composer in trying to compose something that's an
> auditory phenomenon?
> Machover: Well, it's interactive. He can generate his
> own instrument. As he makes his notations, he can,
> at the same time, get exact results. It's as if he were
> writing music with a symphony orchestra. In effect,
> he has a full range of instrumentation
> available to him."[86]

Eine Sonderform des algorithmischen Komponierens ist das Komponieren während eines Konzertes. Voraussetzung dafür ist ein Computer-
musiksystem, das in Echtzeit arbeitet, d. h. ein System, bei dem scheinbar
keine Zeitverzögerung durch die aktuellen Berechnungen entsteht. Der aus
dem Englischen (Interaction) übernommene Begriff hat in der deutschen
Übersetzung etwas Befremdliches, da er eher für die Computertechnologie
benutzt wird. Nicht so in England, wo er ein allgemeinerer Begriff ist, ebenso wie die Worte act, react und interact.[87] Der Begriff „interaktiv" bezieht
sich beim interaktiven Komponieren auf die Beziehung Mensch-Maschine.
Wesentlich dabei ist die Schnittstelle zwischen beiden. Schnittstellen sind
die Werkzeuge zur Interaktion und Kommunikation zwischen Maschinen,
zwischen Menschen und zwischen Menschen und Maschinen. Bei einem
traditionellen Instrument, beispielsweise dem Klavier, wäre die Schnittstelle
zwischen Mensch und Maschine die Klaviatur des Klavieres.

Der Begriff „Interaktives Komponieren" (Interactive Composing) wurde
1967 von dem amerikanischen Komponisten Joel Chadabe eingeführt und
bedeutet für ihn Komponieren mit einem Echtzeit-System während eines
Konzertes.[88] Andere Termini für interaktives Komponieren in Echtzeit
sowie solche für das dazugehörige Instrumentarium sind „composed improvisation"[89], „extended instrument"[90], „Hyperinstruments"[91] und „intelligent instruments"[92].

Zu den Pionieren des computergestützten Komponierens in Echtzeit
jehören neben Chadabe die Komponisten Giuseppe G. Englert[93] mit der
Gruppe Art et Informatique Vincennes (GAIV), Salvatore Martirano,
Peter Zinovieff, Edward Kobrin[94], Laurie Spiegel und David Behrman[95].

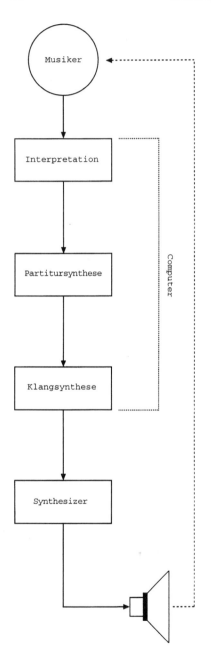

Abb. 4: Interaktives Komponieren in Echtzeit

Das Schema zeigt eine Möglichkeit interaktiven Komponierens in Echtzeit. Die Bezeichnung Echtzeit (realtime) gilt für Computersysteme, deren Berechnungen so schnell sind, daß scheinbar keine Zeit verlorengeht, das System unmittelbar reagiert. Im Computer sind Algorithmen implementiert, die improvisatorisch auf das reagieren, was der Musiker spielt. D.h.: der Computer analysiert das aktuelle Spiel des Musikers und errechnet dann in Echtzeit sowohl eine Partitur als auch eine Klangfarbe, mit der die errechnete Partitur zum Klingen gebracht wird. (Siehe dazu „Partitursynthese" und „Klangfarbe" und „Klangsynthese".) Derartige Systeme sind in ihrer Konzeption offen. Wie das System auf den Musiker reagiert, hängt von den Algorithmen ab, die der Musiker entwickelt hat.

Chadabe gab bereits 1977 ein Konzert mit einem voll digitalisierten, interaktiven Echtzeit-Computersystem. Die musikalische Aufgabenstellung bei einem interaktiven Echtzeitsystem läßt sich wie bei einem herkömmlichen Computersystem als Folge von drei Einheiten darstellen, unabhängig davon, wie ein spezielles System arbeitet und was es zu tun hat: 1. Eingabe, 2. Berechnung und 3. Ausgabe.

Die drei allgemeinen Einheiten können je nach System und Aufgabenstellung spezifiziert werden. Das Wesentliche dabei ist die Echtzeitfähigkeit:

– Eingabe: Tastatur, Klaviatur, Datenhandschuh (s. S. 91), Bewegungsmelder, Mikrophon, Graphik-Tablett...
– Berechnung: Improvisation/Komposition in Echtzeit nach programmierten kompositorischen Regeln, Transposition, Zeitverzögerung, Bewegung des Klanges im Raum, Klangumformung eines akustischen Instrumentes...
– Ausgabe: Lautsprecher, selbstspielendes Klavier, Lichtorgel, Synthesizer, Sampler...

Interaktive Echtzeitsysteme sind in den Gebieten Komposition, Improvisation, Performance und Installation universell einsetzbar. Eine Klassifizierung ist kaum möglich, und daher ist es noch schwieriger, ästhetische Auswirkungen aufzuzeigen. Versuche einer Klassifizierung unternahmen Simon Penny[96] und Robert Rowe[97]. Mit Echtzeitsystemen läßt sich auch das tun, was bisher in den Bereich der Live-Elektronik gehörte, wobei dann auch von computergestützter Live-Elektronik gesprochen werden kann, wie es das folgende Beispiel zeigt: Die Praxis, zu Instrumental-Ensembles ein vorgefertigtes Tonband einzuspielen, hat den gewaltigen Nachteil, daß der Dirigent sich an die Geschwindigkeit des Tonbandes halten muß.[98] Echtzeitsysteme, die mit einem Partiturverfolger (Pitch Tracker) gekoppelt sind, beispielsweise die IRCAM Signal Processing Workstation (ISPW), erlauben es, das digital abgespeicherte „Tonband" in Echtzeit abzurufen: Das System verfolgt die aktuelle Geschwindigkeit des Ensembles und richtet sich danach. Das Beispiel zeigt auch, daß hier ein Echtzeitsystem keine weiteren ästhetischen Auswirkungen hat, im Gegensatz zu der früheren Live-Elektronik, bei der sich die Interaktion auf die Technik reduziert. Für die gleiche Aufgabenstellung werden auch andere Techniken verwendet: Statt des Partiturverfolgers kann beispielsweise auch die Bewegung des Dirigenten verfolgt und in Echtzeit analysiert werden.[99]

Anders wirkt eine solche Konstellation dann, wenn nicht oder nicht nur digitalisiertes Material entsprechend der Partitur automatisch abgerufen wird, sondern wegen der algorithmischen Prozesse jede Aufführung anders ausfällt, das Echtzeitsystem mit dem Spieler oder dem Ensemble in eine Interaktion tritt. Anders ausgedrückt bringen solche Systeme die Idee des interaktiven Komponierens in Echtzeit zum Tragen, die nicht nach dem eins-zu-eins-System WYPIWYG (what you play is what you get) arbeiten und die von daher auch „intelligent instruments" genannt werden:

"An instrument is a device that makes sound in response to a performer's control – an intelligent instrument generates information of its own devising while it responds

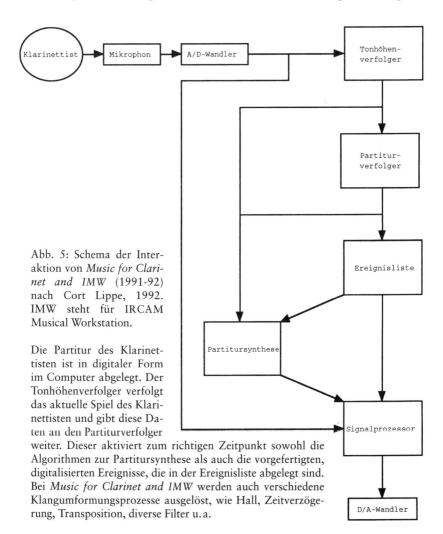

Abb. 5: Schema der Interaktion von *Music for Clarinet and IMW* (1991-92) nach Cort Lippe, 1992. IMW steht für IRCAM Musical Workstation.

Die Partitur des Klarinettisten ist in digitaler Form im Computer abgelegt. Der Tonhöhenverfolger verfolgt das aktuelle Spiel des Klarinettisten und gibt diese Daten an den Partiturverfolger weiter. Dieser aktiviert zum richtigen Zeitpunkt sowohl die Algorithmen zur Partitursynthese als auch die vorgefertigten, digitalisierten Ereignisse, die in der Ereignisliste abgelegt sind. Bei *Music for Clarinet and IMW* werden auch verschiedene Klangumformungsprozesse ausgelöst, wie Hall, Zeitverzögerung, Transposition, diverse Filter u.a.

to a performer's control. Consequently, an intelligent instrument shares control of the music with the performer/composer."[100]

Kompositorische Beispiele für interaktive Systeme sind *Swim Swan* (1993) von dem japanischen Komponisten Kiyoshi Furukawa[101] und *Music for Clarinet and IMW* (1991-92)[102] von dem amerikanischen Komponisten Cort Lippe. Bei *Music for Clarinet and IMW* werden nicht nur vorgefertigte, digitalisierte Ereignisse aufgerufen, sondern auch Algorithmen aktiviert, die verschiedene Klangumformungsprozesse auslösen, wie Hall, Zeitverzögerung, Transposition, diverse Filter u. a.

Wie bereits erwähnt, kann die Interaktion zwischen Mensch und Maschine an Hand eines Computerschachprogrammes veranschaulicht werden. Doch ebenso, wie bei der Formalisierung eines Schachspiels nicht die augenblickliche Disposition eines Spielers formalisiert werden kann, wird bei einem interaktiven Computermusik-System nicht ein lebender Spieler formalisiert, sondern lediglich ein komplexes Regelsystem, mit dem der Musiker innerhalb der Konzertsituation in Interaktion tritt.

Die meisten computergestützten interaktiven Systeme wurden von den Komponisten, die sie einsetzten, selbst entwickelt. Durch die Einführung von selbstspielenden, über MIDI steuerbaren Konzertflügel der Firmen Bösendorfer und Yamaha können nicht nur, ähnlich dem Welte-Mignon-Reproduktions-Piano, Werke reproduziert werden. Durch entsprechende Kompositionsalgorithmen kann ein Pianist mit einem oder mehreren selbstspielenden Klavieren improvisieren bzw. die selbstspielenden Klaviere folgen dem Pianisten entsprechend ihren jeweiligen Algorithmen. Führende Vertreter dieser interaktiven Möglichkeit sind Richard Teitelbaum[103], Clarence Barlow[104] und Jean-Claude Risset[105]. Teitelbaum beschreibt seine Anwendungen aus der Sicht des Komponisten:

„Durch die digitale, elektronische Hardware, wie sie vom Marantz Pianocorder System benutzt wird, kann man eine oder mehrere Klaviere mit Computern steuern, um ein echtzeitliches, interaktives, mehrklavieriges Aufführungssystem zu schaffen. Dieses System unterscheidet sich deutlich von früheren Musikautomaten dadurch, daß es gleichzeitig sowohl unter menschlicher wie unter nichtmenschlicher Kontrolle steht. Der Computer dient hier zur Erweiterung und Überhöhung der Fähigkeiten des Pianisten/Komponisten. Es gibt ihm z. B. die direkte Kontrolle über 80 Finger pro Klavier und die Fähigkeit, eine unendliche Vielzahl von musikalischen Augenblicksreaktionen und Veränderungen zu programmieren, während er spielt. Die heutige Ausführung der Digital Piano Music benutzt erstmals eine neue Patch Control Language [...]; sie besteht aus über 30 ‚Modulen‘, die beliebig miteinander verknüpfbar sind. Die ‚Module‘ bilden einerseits musikalisch-traditionelle Operationen wie Anschlagart, Transport- und Richtungssteuerung (z. B. Rückwärtsspiel), andererseits aber auch unübliche Manipulationen wie Zufallsfunktionen, die auf beliebige Parameter angewendet werden."[106]

Von Komponisten entwickelte Kompositionsalgorithmen für interaktive Systeme wurden seit den 1980er Jahren von Softwarefirmen kommerzialisiert und somit der Allgemeinheit leicht zugänglich. Bekannt gewordene Programme sind u.a. Music Mouse, M[107], Jam Factory[108], Kyma[109], MODE[110] und MAX[111]. Es ist in diesem Rahmen nicht möglich, umfassend auf die einzelnen Programme einzugehen. Gute Übersichten über die Prinzipien interaktiver Musiksysteme geben Stephen Travis Pope[112], Chistopher Yavelow[113], Jeff Pressing[114], Leonello Tarabella[115] und Curtis Roads[116].

Music Mouse wurde von der amerikanischen Komponistin Laurie Spiegel entwickelt und ist das erste kommerzielle, interaktive Programm. Es basiert auf logischen Regeln, die vom Anwender aufgestellt werden können. "Logic, the computer's ability to learn and to stimulate aspects of your own human intelligence, lets the computer grow into an actively participating extension of a musical person, rather than just another tape recorder or piece of erasable paper."[117]

Im Gegensatz zum Logik-orientierten Programm von Spiegel arbeitet das von David Zicarelli entwickelte Programm Jam Factory nach dem Prinzip der Markov-Kette (siehe „Algorithmisches Komponieren mit Elementen des Zufalls"). Jam Factory simuliert vier Spieler, die auf die Eingabe des lebenden Spielers reagieren. Die Improvisation geschieht mittels der vom Benutzer definierten Markov-Ketten, die die Tonhöhen und Dauern der vier zu simulierenden Spieler organisieren. Über MIDI geschieht sowohl die Eingabe des Musikers als auch die Verbindung der vier „Spieler" mit der „Außenwelt" (Synthesizer, Sampler, etc.). Das Programm Jam Factory wurde für die Firma Intelligent Music entwickelt. Diese wurde 1984 von dem Komponisten Joel Chadabe mit dem Ziel gegründet, interaktive Kompositionssoftware und intelligente Instrumente zu entwickeln und zu vertreiben.

Programmierbare, interaktive Systeme werden inzwischen in fast jedem größeren Studio entwickelt und eingesetzt. Zu einer Art Standardsprache zur Programmierung wurde dabei die von 1986 an von Miller Puckette am IRCAM entwickelte Sprache MAX[118]. MAX arbeitet mit graphischen Objekten, die einander Botschaften übermitteln. Mit der „Außenwelt" kommuniziert MAX durch Entgegennahme und Senden von Informationen im MIDI-Format. Welche Funktion die Objekte übernehmen sollen und wie sie miteinander kommunizieren, wird vom Komponisten festgelegt. Die Architektur von MAX ist derart offen, daß damit nahezu sämtliche interaktiven Aufgabenstellungen programmiert werden können und viele bereits vor der Einführung von MAX existierende Programme durch einen entsprechenden

Einsatz von MAX ersetzt werden können. Die Realisation von Pierre Boulez' *Dialogue de l'Ombre Double* (1985) geschah damit ebenso[119] wie die komplette Simulation des Trautoniums[120], des ersten, seit 1930 serienmäßig hergestellten elektroakustischen Musikinstruments.[121]

Einzelne Studios legen ihren Schwerpunkt auf die Entwicklung verschiedener Mensch-Maschine-Schnittstellen[122], beispielsweise das 1971 gegründete Studio STEIM (Studio voor electro-instrumentale muziek) in Amsterdam[123].

"[...] to make the 'best physical link between man and maschine' by 'developing various instruments which, via extrasensive sensors, keys and electronic measuring systems, can translate more accurately then ever the movements of fingers, hands, and arms into playing informations for music computers. In the future, it will be extremly interesting to develop programs that perform this 'translation' automatically, according to a personal compositional method. These instruments will make it possible to compose 'live'. Touching a key won't lead to sounding of a single tone, rather then touching of a key will make choices and direct the composer computer."[124]

Der ehemalige Leiter von STEIM, Michel Waisvisz, wurde insbesondere bekannt durch seine Performance *Archaic Symphony* (1986). Die Schnittstelle zwischen dem Performer und den klangbildenden Maschinen sind hierbei die bei STEIM entwickelten Handschuhe, The Hands, die je nach Bewegung der Arme, Hände und Finger des Performers von einem Computer in entsprechende MIDI-Daten transformiert werden und so das "orchestra of synthesizers" aktivieren.

"The composer who can handle these extremities [The Hands] is bound to create a real lively piece of music. I believe that in 'live', contemporary, music, the first condition to be met in attempting to amalgamate the formal structure and its physical appearance is to have the composer perform the music him/herself. [...] Conducting with The Hands and the associated software can extend into composing on stage. In summary, this enables me to be a composer and conductor of an extended electronic orchestra, and simultaneously to be its soloist."[125]

Versuch einer Bewertung interaktiver Systeme

[...] the machine can only do
what we tell it to do.[126]

Die offene Architektur von Software, die auf interaktive Musiksysteme bezogen ist, wie beispielsweise MAX, und die Verschiedenheit intelligenter interaktiver Systeme lassen nur schwer oder überhaupt nicht eine ästhetische Auswirkung der Systeme auf die innerhalb des interaktiven Prozesses entstehende Musik zu. Gegenüber den klassischen Anwendungen eines Computers bei der Partitursynthese, der computergestützten Erstellung einer Komposition, gibt es jedoch beim interaktiven Komponieren in Echtzeit den gravierenden Unterschied, daß das, was der Rechner zu einem gegebenen Zeitpunkt errechnet hat, vom Komponisten nicht verworfen werden kann. Das Eingreifen in den kompositorischen Prozeß und das Nachdenken über bestimmte Resultate sind bei einem interaktiven Echtzeitsystem in diesem Sinne nicht möglich: Der Musiker/Komponist muß in der Konzertsituation „weitermachen", auch dann, wenn ihm eine gegenwärtige Aktion des Systems nicht zusagt. Es sei hier noch einmal der Vergleich mit einem Computerschachsystem erlaubt: In der „Konzertsituation" muß der Schachspieler den errechneten Zug akzeptieren und weiterspielen. In einer häuslichen Situation muß er den errechneten Zug nicht annehmen. Er kann sich einen anderen errechnen lassen oder sich einen eigenen Zug ausdenken etc.

Das Wesentliche eines interaktiven Kompositionsprozesses in Echtzeit läßt sich vermutlich nur mit einer systemtheoretischen Sichtweise begreifen. Der Mathematiker Heinz von Foerster teilt verschiedene Systeme in triviale und nicht-triviale Maschinen ein[127], wobei sich der Begriff Maschine auf „wohldefinierte funktionale Eigenschaften einer abstrakten Größe und nicht [...] auf ein System von Zahnrädern, Knöpfen und Hebeln [bezieht], obwohl solche Systeme jene abstrakten funktionalen Systeme verwirklichen können." Triviale Maschinen wären bei dieser Betrachtungsweise solche, die eineindeutig reagieren, beispielsweise ein Auto, eine Waschmaschine oder auch ein Computer. Nun mag der Kritiker einwenden, daß die Ergebnisse eines bestimmten intelligenten interaktiven Musiksystems bei jeder Aufführung anders ausfallen können. Dies ist jedoch nur bedingt richtig. Der Musiker agiert nicht interaktiv mit einem anderen Musiker, sondern mit einer komplexen Maschine. Über einen nicht vorhersehbaren Umweg wird der Musiker stets auf das zurückverwiesen, was er zuvor der Maschine, dem Computer, in Form seiner Algorithmen beibrachte.

Gegenüber traditionellen Konzerten entsteht durch die interaktiven Systeme ein neues Moment: Der Musiker konzentriert sich derart auf den Dialog mit seinem System, daß er das Publikum nur noch wenig wahrnimmt. Die Faszination, die interaktive Systeme ganz offensichtlich auslösen können, konzentriert sich auf den oder die Akteure, weniger oder gar nicht auf das Publikum. Deutlich zeigt sich dies bei der aus der League of Automatic Composers hervorgegangenen amerikanischen Gruppe The HUB (John Bischoff, Tim Perkins, Chris Brown, Scot Gresham-Lancaster, Mark Trayle, Phil Stone)[128], einem Live-Elektronischen Ensemble, das mit computergestützter Interaktion arbeitet. Jeder Spieler sitzt auf der Bühne vor einem Computerterminal und betätigt ab und zu die Tastatur. Die entstehende Musik erklingt aus dem Lautsprecher. Das Publikum erkennt in keiner Weise, was eigentlich auf der Bühne gemacht wird und beginnt sich sehr bald zu langweilen und unruhig zu werden.[129] Ein anderes Empfinden haben anscheinend die Akteure. Die Interaktion zwischen ihnen findet nicht direkt, sondern gewissermaßen auf einer Metaebene zwischen den jeweiligen interaktiven Systemen statt. Jeder Spieler von The HUB hat ein eigenes von ihm entwickeltes Computermusik-System, mit dem er versucht, auf den aktuellen Zustand der anderen Programme zu reagieren. Die Situation auf der Bühne ist ein geschlossenes System, der Zuhörer/Zuschauer bleibt außen vor. Dies dokumentiert sich teilweise auch in einem Text, den das The HUB-Mitglied Tim Perkins für das Begleitheft der entsprechenden Compact Disc schrieb:

"I see aesthetic informing this work as perhaps counter to other trends in computer music: instead of attempting to gain more complete control over every aspect of the music, we seek more surprise through the lively and unpredictable response of these systems, and hope to encourage an active response to surprise in the playing. And instead of trying to eliminate the imperfect human performer, we try to use the electronic tools available to enhance the social aspect of music making."[130]

Das Projekt, *Renga I-VII* (1993-94) des Komponisten Franz Martin Olbrisch, das er in Berlin mit seinen Studenten durchführte, zeigt, wie das Publikum in eine quasi interaktive Situation einbezogen werden kann. Jeder der Studenten erstellte ein Stück, das auf jeweils eine Spur eines mehrspurigen Magnettonbandes überspielt wurde. Für alle Stücke war der Klang eines Kontrabasses das Ausgangsmaterial. Die einzelnen Abschnitte jeder Kompositionsarbeit nahmen während des Erstellungsprozesses nach einer vorgegebenen Regel Bezug aufeinander. Bei der Aufführung wird lediglich das mehrspurige Magnettonband in den Konzertsaal eingespielt, wobei über eine Matrix maximal sieben der vierzehn Spuren des Magnettonbandes mit den Lautsprechern verbunden werden können. D.h., ein Teil ist nicht zu hören. Das Publikum kann nun einzelne Kabelverbindungen an der Matrix wechseln, so daß immer wieder andere Teile zu hören sind bzw. andere musikalische Ergebnisse zustandekommen.

Interaktive Systeme zeigen deutlicher, was auch für die konventionelle computergestützte Partitursynthese gilt: die Komplexität einzelner Systeme imaginiert unendliche Möglichkeiten. Doch es ist wie bei einem intelligenten Schachprogramm: Nach einigen Partien durchschaut der Spieler die Eigenheiten des Systems und verhält sich – zumindest unbewußt – dementsprechend.

Der seit 1964 zur Urbana School gehörende Mathematiker und Philosoph John Myhill stellte 1952 die These auf, daß das gesamte musikalische Denken wissenschaftlich „kristallklar" formalisiert werden kann, jedoch nicht alle Aspekte dieses Denkens berechenbar sind. Mit anderen Worten: Nach Myhill kann auf endlichen Automaten, also auch auf einem Computer, nicht alles simuliert werden, was sich außerhalb ihrer befindet.[131]

Diese These konnte bisher nicht widerlegt werden. Neuere Forschungen auf dem Gebiet der künstlichen Intelligenz lassen die Frage nach dem, was Bewußtsein ist – und Bewußtsein gehört sicherlich zu einem kompositorischen Prozeß – weiterhin ungeklärt. Die verschiedenen Schulen vertreten äußerst unterschiedliche Standpunkte, die auch in der neuesten Literatur als offene Fragen behandelt werden. (Siehe dazu „Künstliche Intelligenz").

Aufhebung der Linearität und Hierarchische Prozesse

Linguistik, Hierarchien und Musiktheorie

> „[...] aus eins wird zwei, aus zwei wird vier... Die binäre Logik ist die geistige Realität des Wurzel-Baumes. Sogar eine so ‚fortgeschrittene' Disziplin wie die Linguistik behält das grundlegende Bild des Wurzel-Baumes bei und bleibt damit dem klassischen Denken verhaftet (Chomsky's syntagmatischer Baum beginnt an einem Punkt S und wird durch Dichotomien erweitert). Mit anderen Worten, dieses Denken hat die Mannigfaltigkeit nie begriffen [...]".[132]

Die Ideen des amerikanischen Linguisten Noam Chomsky beeinflußten stark die amerikanische Musikwissenschaft. Chomsky ist davon überzeugt, daß es eine universelle, allgemeingültige Grammatik gibt, von der sämtliche Grammatiken der natürlichen Sprachen jeweils Teilmengen sind. Darüber hinaus postuliert er, daß diese universelle Grammatik bereits eine angeborene Struktur im menschlichen Gehirn hat, d.h., Kinder von Geburt an Sprachkompetenz besitzen. Das bedeutet für Chomsky, daß die Sprachfähigkeit dem Menschen angeboren sein muß und nicht nach dem Modell der Behaviouristen durch Reiz und Reaktion erklärt werden kann. Gesprochene oder geschriebene Sätze zeigen nur die Oberflächenstruktur (surface structure) einer Sprache, welche nach Chomsky das wesentliche Element einer Sprachbeschreibung verdecken. Dieses ist die „Sprachkompetenz", die Fähigkeit, Sätze zu generieren, auch Sätze, die bisher noch nie gesprochen wurden und dennoch grammatikalisch korrekt sind. Diese Kompetenz der Sprachgenerierung ist nach Chomsky nur möglich durch die (unbewußte) Kenntnis einer endlichen Anzahl von satzgenerierenden Regeln, der „Erzeugungsgrammatik". In der deutschsprachigen Fachliteratur wurde dies unter dem Namen „Generative Transformationsgrammatik" bekannt. Dieses Modell der Sprachkompetenz ist auch das, was als die Tiefenstruktur (deep structure) einer Sprache gilt. Nach diesem Modell liefert ein „Lexikon" die Worte zu den zu generierenden Sätzen, die Bedeutung der Wörter wird durch die Semantik bestimmt, die Aussprache erfolgt nach den Regeln der Phonologie. Dieses Standardsystem (Standard Theory) nach Chomsky, 1965 ausführlich beschrieben in den *Aspects of the Theory of Syntax*[133], ist ein rein syntaktisches Regelsystem, unabhängig von der Semantik. Da nach Chomsky Kinder von Geburt an Sprachkompetenz besitzen, die Sprache demnach angeboren ist (the innateness hypothesis), lernen sie mit ihrer Muttersprache und dem sprachlichen Milieu nur noch die Transformationsregeln, um die Oberflächenstruktur – die Sätze – zu generieren.

Die cartesianische Lehre von den eingeborenen Ideen und angeborenen Prinzipien des 17. Jahrhunderts scheint mit Chomsky wieder aktuell geworden zu sein: „Die cartesianische Konzeption [...] wurde in späteren Jahren allgemein aufgegeben, aber es ist wichtig zu sehen, daß es nicht die Theorie des Geistes war, die widerlegt wurde [...]."[134] Die von Chomsky beschriebenen und nach ihm benannten Grammatiktypen werden auch „Erzeugungsgrammatiken" oder „(generative) Transformationsgrammatiken"[135] genannt, da sie Sätze erzeugen bzw. generieren. Die generative Kapazität reicht bei den Chomsky-Grammatiken nicht aus, die Menge aller Sätze einer natürlichen Sprache zu erzeugen. Künstliche Sprachen, wie beispielsweise Programmiersprachen, können jedoch mit Chomsky-Grammatiken vollständig beschrieben bzw. generiert werden[136]. Generative Grammatiken dieser Art sind vorhersehbar, da sie die Grammatizität nicht nur vorliegender, sondern auch zukünftiger Sätze festlegt.

Werden in den Disziplinen der Theoretischen Informatik und der Formalen Sprachen neue Grammatiktypen oder neue Sprachkonzepte entwickelt, so wird versucht, die hierdurch generierte Sprachklasse innerhalb des Chomsky-Systems einzuordnen. Auf diese Weise kann man herausfinden, wie mächtig das neue Konzept ist und mit welchen Methoden die syntaktische Analyse algorithmisiert werden kann. Die Wurzel-Baum-Struktur der Chomsky-Grammatiken ist inzwischen Bestandteil eines jeden Schulbuches. Der aus einem Ableitungsbaum generierte Satz S wird von Chomsky „Oberflächenstruktur" genannt, der Ableitungsbaum selbst „Tiefenstruktur".

In der deutschsprachigen Literatur gab es oftmals Konfusionen, da es den Begriff Tiefenstruktur (deep structure) bereits bei Wittgenstein gab. Chomsky gab später den Begriff auf und verwendet nur noch die Begriffe „Oberflächenstruktur" und „Anfangs-P-Marker" (P steht für Phrase)[137]. Ein wesentliches Element von satzgenerierenden Grammatiken ist, daß das Regelsystem endlich ist, die Anzahl der Sätze die produziert werden können, jedoch unendlich ist. Die hierarchische Anordnung der Erzeugungsregeln kann auf folgende Weise dargestellt werden: Ein Satz S kann aus einer Nominalphrase NP, gefolgt von einer Verbalphrase VP, bestehen. Die Nominalphrase NP aus dem Artikel Art, gefolgt von dem Nomen N, die Verbalphrase VP aus dem Verbum V, gefolgt von einer Nominalphrase NP etc. Ein sehr einfaches Beispiel der deutschen Sprache für ein hierarchisch grammatikalisches Konzept wäre:

Regel 1:	[S	→	NP + VP]
Regel 2:	[NP	→	Art + N]
Regel 3:	[VP	→	V + NP]
Regel 4:	[V	→	rennt, belacht, ...]
Regel 5:	[Art	→	der, das, ein, ...]
Regel 6:	[N	→	Hebamme, Hund, ...]

Eine Übertragung dieses Konzeptes auf eine musikalische Struktur wäre:[138]

Rule 1:	[SONATA	→	A, B, A]
Rule 2:	[A	→	THEME 1, THEME 2]
Rule 3:	[B	→	DEVELOPMENTS OF THEMES]

Die Popularität der Person Chomsky und seiner Theorien verstärkte die zahlreichen Versuche, eine Analogie zwischen Musik und Sprache aufzuzeigen. Der Dirigent und Komponist Leonard Bernstein begann 1973 seine *Charles Eliot Norton Lectures* an der Harvard University[139] mit einer „Reise ins Chomsky-Land"[140]. Bernstein hatte bei seinen Studien Chomskys *Language and Mind*[141] gelesen und versucht, dessen Ideen auf Musik zu übertragen. So wie Chomsky eine universelle Grammatik für alle natürlichen Sprachen postuliert, versucht Bernstein, durch Analogiebildung eine universelle Grammatik für Musik aufzuzeigen. Die Besonderheit dieser Vorlesungen war, daß Bernstein die üblicherweise getrennten Bereiche Akustik, Melodiebildung, Harmonielehre, Kontrapunkt und Formenlehre simultan behandelte. Allerdings blieb er es schuldig, eine universelle Grammatik für die Musik aller Kulturen aufzuzeigen.

Analogien bei Bernstein:[142]

Musik   Sprache
Note = Phonem
Motiv, Thema = Morphem
Phrase = Wort
Satzteil = Nebensatz
Satz = Satz
Musikstück = Prosastück

Note = Buchstabe
Tonleiter = Alphabet

Bernsteins Vortrag hatte weitreichende Folgen:

"In the fall of 1973, Leonard Bernstein delivered the Charles Eliot Norton Lectures at Harvard University. Inspired by the insights of transformational-generative ('Chomskian') linguistics into the structure of language, he advocated a search for 'musical grammar' that would explicate human musical capacity. As a result of these lectures, many people in the Boston area had a fresh interest in the idea of an alliance between music theory and linguistics, and Irving Singer and David Epstein formed a faculty seminar on music, linguistics, and aesthetics at the Massachusetts Institut of Technology in the fall of 1974."[143]

Der Komponist Fred Lerdahl und der Linguist Ray Jackendoff entwickelten innerhalb dieses neuen Seminars am MIT (Massachuetts Institut of Technology, Cambridge, Mass.) ihre Theorien. Die wesentlichste Idee, die sie von Chomsky übernahmen, ist die Idee der Erzeugungsgrammatik, eines endlichen Regelsystems, das ebenfalls eine Oberfläche generiert, in diesem Falle jedoch nicht Sätze einer Sprache, sondern Musik. War Bernstein bei seinen *Charles Eliot Norton Lectures* eher spielerisch im Umgang mit dem Vergleich von Sprache und Musik, so bekommt dieser Vergleich bei Lerdahl und Jackendoff dogmatische Züge.

"In advocating these goals for inquiry about music, we are adopting a stace analogous to that taken in the study of language by the school of generative-transformational grammar, most widely known through the work of Noam Chomsky [...] This approach has resulted in a depth of understanding about the nature of language unparalled in previous approaches."[144]

Lerdahl und Jackendoff orientieren sich nicht wie Bernstein an linguistischen Strukturen wie Adjektiven, Präpositionen, Verbalphrasen etc., sondern an den „fundamentalen Konzepten der musikalischen Struktur", u. a.

Rhythmus und Tonhöhenorganisation, Dynamik und Klangfarbenunterschiede (timbral differentiation), motivisch-thematische Prozesse.

"We propose four such components, allwhich enter into a structural description of a piece. As an initial overview we may say that *grouping structure* expresses a hierarchical segmentation of the piece into motives, phrases, and sections. *Metrical structure* expresses the intuition that the events of the piece are related to a regular alternation of strong and weak beats at a number of hierarchical levels. *Time-span reduction* assigns to the pitches of the piece a hierarchy of 'structural importance' with respect to their position in grouping and metrical structure, *Prolongational reduction* assigns to the pitches a hierarchy that expresses harmonic and melodic tension and relaxation, continuity and progression."[145]

Die Unterscheidung bei Chomsky zwischen Oberflächenstruktur und Tiefenstruktur gibt es demnach auch beim generativen Konzept von Lerdahl und Jackendoff. Inbesondere die Musiktheorie von Heinrich Schenker (1868-1935) diente ihnen dazu, ein Konzept zu erstellen, das zwischen Oberflächenstruktur und Tiefenstruktur unterscheidet. Was bei Chomsky die Tiefenstruktur, die Erzeugungsgrammatik ist, das wäre bei Schenker der „Ursatz", der verborgene Gerüstsatz, auf den sich nach Schenker jedes „Meisterwerk"[146] der Musik, von Bach bis Brahms, reduzieren läßt. Die Analogie zur Oberflächenstruktur bei Chomsky wäre bei Schenker der „Vordergrund".[147] "He [Schenker] demonstrated, that musical structure can be understood on three levels: [...] Vordergrund – Mittelgrund – Hintergrund; [...]."[148]

Es ist in diesem Rahmen unmöglich, auf die Modelle von Chomsky und Schenker ausführlicher einzugehen, zumal es bereits unterschiedliche Schenker- und Chomsky-Schulen gibt. Dennoch war die bisherige kurze Darstellung notwendig, da das Konzept von Lerdahl und Jackendoff in den USA inzwischen als eine der wichtigsten neuen Musiktheorien gilt. Ohne weiter auf die Details des generativen Konzeptes von Lerdahl und Jackendoff einzugehen, sollen zwei Punkte herausgestellt werden, die das Konzept als fragwürdig erscheinen lassen:

1. Die Idee einer Erzeugungsgrammatik nach Chomsky ist zweifelsohne faszinierend. Wenn man sich auf Chomsky beruft, wird jedoch meist vergessen, daß es sich um ein Modell handelt und nicht darum, was man umgangssprachlich die Wirklichkeit nennt. Bisher konnte nicht bewiesen werden, daß eine Erzeugungsgrammatik verbunden mit der Idee einer angeborenen Sprachkompetenz existiert. Musiktheoretische Schriften über generative Konzepte beziehen sich ausschließlich auf die 1965 erschienenen *Aspects of The Theory of Syntax* und/oder die 1957 erschienenen *Syntactic Structures*[149] und ignorieren, daß Chomskys Ideen eine Theorie in statu nascendi sind, sich nach dem Erscheinen der *Aspects of The Theory of*

Syntax ständig änderten und möglicherweise nie eine endgültige Fassung bekommen werden.[150] Chomskys Konzepte beziehen sich ausschließlich auf den Erwerb der Sprache, nicht auf die Fähigkeit des Schwimmens oder das Erlernen eines Musikinstrumentes. Im Lehrgebäude der Linguistik entfernt man sich teilweise wieder von den Ideen von Chomsky und kehrt zu transformationslosen Grammatikmodellen zurück.

2. Die Übertragung des linguistischen Modells von Chomsky auf musikalische Theorien ist eine Analogie. Diese Tatsache wird oftmals vergessen und dadurch Musik und Sprache gleichgesetzt. Musik kann allenfalls „Sprachcharakter" (Adorno) haben, sie ist jedoch keine Sprache.

Es ist festzustellen, daß in allen Bereichen der Musik, also auch der Elektroakustischen Musik und der Computermusik, mehr und mehr auf Chomsky und Schenker bzw. Lerdahl und Jackendoff verwiesen wird. Die Gründe dafür werden nicht (direkt) genannt. Bei genauerem Hinsehen scheint jedoch das ähnliche Phänomen vorzuliegen, das es bei der musikbezogenen Anwendung der Informationstheorie gab: Die Suche nach etwas Absolutem. Bei der Anwendung der Informationstheorie war es die Theorie eines ästhetischen Maßes nach George D. Birkhoff (siehe „Algorithmisches Komponieren mit Elementen des Zufalls") und dies wurde auch explizit gesagt. Die Hinweise auf Lerdahl und Jackendoff zeigen nicht nur den Wunsch nach absoluten Werten, sie werden in Texten zur Musiktheorie und ähnlichem mittlerweile als eine Selbstverständlichkeit dargelegt. Ebenso wird teilweise ignoriert, daß die Gegenüberstellung Chomsky – Schenker / Sprache – Musik eine Analogie und nicht dasselbe sind. Folgende Zitate mögen dies belegen:

"The currently dominant theorie of tonal music is that of Heinrich Schenker (1868-1935), who defined a transformational system for music analysis long before Noam Chomsky did the same for linguistics [...]."[151]

"[...] communication between human beings [...] is performed through acoustic signals in speech, and those are meant to convey emotional messages. [...] Indeed, the analogy between music and linguistics was demonstrated in numerous studies (Jackendoff and Lerdahl 1982)."[152]

"The combination [...] of digital technologies with linguistic theory holds significant potential for understanding musical style and creating music.
Interestingly, one of the most eloquent proponents of linguistic analysis of music and musical style was Leonard Bernstein (1976)."[153]

Eine dogmatische Komponente bekommt die Anwendung der generativen Theorien insbesondere dann, wenn versucht wird, über existierende Musikstücke zu urteilen. Lerdahl versucht am Beispiel von Pierre Boulez' *Le Marteau sans Maître* (1953-55, revidiert 1957) nachzuweisen, daß der

Hörer des Stückes eine andere Grammatik konstruiert als die Grammatik, die Boulez beim Komponieren verwendete.[154]

"I could have illustrated just as well with works by Babbitt, Carter, Nono, Stockhausen, or Xenakis. This gap is a fundamental problem of contemporary music. It divorces method from intuition. Composers are faced with the unpleasant alternative of working with private codes or with no compositional grammar at all."[155]

Meine Vermutung, daß eine absolute Größe gesucht wird, verdichtet sich insbesondere dann, wenn Lerdahl von „Natural and artificial compositional grammars"[156] spricht. Was unter einer natürlichen Grammatik für Musik zu verstehen ist, kann auch Lerdahl nicht definieren. Indirekt verweist er auf die cartesianischen angeborenen Strukturen, wenn er schreibt, "a natural grammar arises spontaneously in a musical culture. [...] The gap between compositional and listening grammars arises only when the compositional grammar is 'artificial' [...]."[157] Die Untersuchungen von Irène Deliège, *Grouping Conditions in Listening Music: An Approach to Lerdahl & Jackendoff's Grouping Reference Rules* (1987) mit musikalischen Laien zeigen, daß die Idee einer natürlichen Hörergrammatik, einer angeborenen Grammatik für Musik, nicht haltbar ist.[158]

Lerdahl legt dogmatisch fest, daß beim Hören eines Musikstückes dieselbe Grammatik beim Hörer erzeugt werden muß, wie diejenige Grammatik, nach der das Stück komponiert wurde. Demgegenüber wäre einzuwenden: Warum sollte dies der Fall sein? Als die für den Hörer bis dahin unbekannte Grammatik des Seriellen eingeführt wurde, schrieb Rudolf Stephan über die Hörprobleme:

„Der Hörer aber, der Musik zu hören und nicht musikalische Zeitgeschichte zu studieren wünscht, hat das Recht, den Dokumentcharakter der Komposition zu ignorieren und sich an das Werkhafte zu halten. Es ist ihm ganz gleichgültig, ob alle diese seriellen Werke geschichtlich notwendig sind oder nicht; beweisen läßt sich in diesem Bereich sowieso gar nichts. Er will nur wissen, ob diese Musik, um mit KRENEK zu reden, des Anhörens wert ist. Gerade diese Frage aber läßt sich nicht generell beantworten."[159]

Auch im Sinne des Radikalen Konstruktivismus' (siehe „Wahrnehmung von Klangfarben") läßt sich Lerdahls Forderung nicht einsehen. Erzeugungsgrammatiken wurden bei der Kunstmusik von jeher von Komponisten konstruiert und sind teilweise Allgemeingut für eine nachfolgende Komponistengeneration geworden. Welche Kriterien es sind, die eine einmal erfundene kompositorische Regel Allgemeingut werden lassen und im Sinne Lerdahls vermutlich dann als eine „natural grammar" gelten, dürfte kaum zu beantworten sein. Marvin Minsky, einer der Väter der Künstlichen Intelligenz, konnte im Anschluß seines Vortrages *La musique, les structures mentales et le sens*[160] keinerlei Antwort auf die Frage von Boulez geben, wie der Entwicklungsprozeß funktioniert, der die neu eingeführten Regeln von Beethoven, Bartók oder Debussy zu allgemeinen Regeln werden läßt.[161] Minsky interessiert diese Überlegung nicht, ihn interessiert nur das Jetzt. Auch glaubt er nicht an die Chomsky-Grammatiken, sondern geht davon aus, daß vielerlei memorierte Erfahrungen miteinander korrespondieren.[162]

Die Idee einer generativen Theorie für Musik hatte Anfang der 1970er Jahre auch Otto E. Laske. Gegenüber Lerdahl und Jackendoff sind seine Veröffentlichungen eher philosophischer Natur. Sie kristallisieren unbeantwortete oder nichtbeantwortbare Fragen heraus, insbesondere die einer „musikalischen Kompetenz".[163] Analogien zwischen Sprache und Musik versucht Laske aufzuzeigen durch Gegenüberstellung der Modelle von Chomsky und Pierre Schaeffer. Was bei Chomsky competence versus performance ist, vergleicht Laske mit Schaeffers „muscalité" versus „sonorité".[164]

Unabhängig von den generativen Ideen gibt Benjamin Boretz in seinem Aufsatz *Linguistic Models as Musical Models* (1972)[165] eine gute Darstellung der Problematik, linguistische Modelle auf Musik zu übertragen.

Zu den frühen Versuchen, Chomsky-Grammatiken für die Generierung von Musik zu verwenden, gehören die Arbeiten von Steven R. Holtzman. In der von ihm entwickelten Generative Grammar Definition Language (GGDL)[166] werden die vier bekannten Chomsky-Grammatiken repräsentiert. Die Idee dabei ist, daß das GGDL-System existierende Musik analysiert, daraus die Grammatik, d. h. die Kompositionsregeln extrahiert und mit dem gewonnenen Regelwerk ein neues Stück komponiert werden kann. Es ist eine Methode, die auch als model-based composition[167] bezeichnet wird. Für die Analyse der Tonhöhenstruktur von Schönbergs Trio aus der *Suite für Klavier* Op. 25 (1921) erstellte Holtzman mit GGDL einen Grammatiktyp, der so aussieht:[168]

[CANON → VOICE1, STRUCTURE, VOICE2, STRUCTURE]
[STRUCTURE → # 4 # TRANSFORMATION (GROUP)]
[TRANSFORMATION → ! - . @R . @I . @RI . @06 . @R6 . @RI6]
"GROUP → # 12# ! OBJ1 . OBJ2 . OBJ3 . [...] . OBJ12"

Dabei gelten: O = orginal
                  I = inversion (Umkehrung)
                  R = retrograde (Krebs)
                  RI = retrogate inversion
                  6 = Transposition um 6 Halbtöne

Die Schreibweise dieses Grammatiktyps zeigt einen hierarchischen Aufbau, eine sogenannte „Baumstruktur". CANON ist die Bezeichnung für den musikalischen Abschnitt und liegt an oberster Stelle der Hierarchie. CANON wird unterteilt in VOICE 1, STRUCTURE etc. Diese Teile wiederum werden solange weiter zerlegt, bis schließlich eine einzelne Note erreicht bzw. erzeugt wird, was dann die unterste Ebene der Hierarchie wäre. Werden Transformationen im Sinne der Zwölftonmusik innerhalb der Hierarchie durchgeführt, so werden diese mit einem @ gekennzeichnet. Dazu Holtzman:

"@ indicates a transformational change marker. Enclosed rules in double quotations marks rather than square brackets indicate that the rule is a meta-production rule; where a meta-production rule is used, one production of the LHS [left-hand side] is substituted for all occurences of the LHS string."[169]

Neben der grammatikalischen Analyse der Tonhöhenstruktur analysiert Holtzman mit GGDL auch die Dauern-Struktur des Trios. Aus den gewonnen Regeln generiert der Computer bzw. Holtzmans GGDL ein neues Stück. "A structure generated from grammar that includes in the language it defines the Schönberg Trio of Fig. 1: After Schönberg"[170].

Nach dieser Methode lassen sich viele andere Kompositionen generieren. Bereits nach der Erhebung der Tonhöhenstrukturen kann das System "[...] generate, among a large number of other compositions, the pitch structure of Schoenberg's Trio (Fig. 1) from the *Suite für Klavier* Op. 25 (1925) [1921]."[171]
Vergleicht man das Trio von Schönberg mit den danach errechneten Kompositionen, so ist folgendes festzustellen: Schönbergs Trio basiert zwar auf einer Zwölftonreihe, doch beim genaueren Hinsehen scheint dies nebensächlich zu sein. Das Wesentliche an dem Trio ist, daß es gewissermaßen eine Komposition der Gesten ist und durch die Dynamik lebt. Einer Aufwärtsbewegung folgt unmittelbar eine Abwärtsbewegung, was durch Schönbergs Dynamikeintragungen noch unterstützt wird. Diese Bewegungen der traditionellen Gesten sind das Wesentliche, was ein Hörer wahrnimmt. Die darunter gelegten Töne müßten keineswegs reihenorientiert sein, um diesen Charakter beizuhalten. Schönberg verwendet in op. 25 zum ersten Mal seine neue Kompositionsmethode „mit zwölf nur aufeinander bezogenen Tönen".
Holtzmans Analyse/Synthese-Verfahren nach Chomsky erkennt diesen Sachverhalt nicht. Beim Generieren eines neuen Stückes mit Hilfe eines Computers bleibt die Gestik von Schönberg unberücksichtigt. Holtzman scheint dies durchaus auch zu sehen: "But it is a much greater problem to

formalize other aspects of Schönberg's style. For though he used serial rules to generate notes, rather than late-romantic harmony, Schoenberg's *Suite für Klavier* can be said, nonetheless, to be written in a Brahms-like piano idiom."[172]

Da die neu errechneten Strukturen nach Schönbergs Trio das Wesentliche des Trios nicht mehr beinhalten, bleibt die Frage, was Holtzman dazu bewegt, mit dem beschriebenen Verfahren zu arbeiten. Vermutlich ist ein Grund der, daß Holtzman wiederum Sprache und Musik gleichsetzt oder zumindest eine starke Analogie aufzuzeigen versucht und daher auf Chomsky zurückgreift. Holtzman verwendet in seinem GGDL Report nicht den Begriff „Musik" sondern „musical languages"[173] und an anderer Stelle: "Like natural language, music is system that consists of a hierarchy of systems."[174]

Generative Algorithmen, die sich an Chomsky-Hierarchien orientieren, sind vielfältig und müßten im einzelnen genauer untersucht werden. Bekannte Arbeiten dazu liegen vor von Stephen Smoliar[175], Kevin Jones[176], Curtis Roads[177], David Cope[178], Bernard Bell und Jim Kippen[179]. Dem Autor sind neben den theoretischen Arbeiten nur kürzere musikalische Versuche bekannt, jedoch keine größeren Kompositionen.

> "People are always asking what music expresses. They do not so often ask what language expresses."[180]

Hierarchien, die losgelöst von Sprache und generativer Grammatik sind, entwickelte der amerikanische Komponist James Tenney[181]. Tenney orientierte sich an der Gestaltpsychologie bzw. Gestalttheorie, wobei die Veröffentlichungen von Max Wertheimer (*Laws on Organization in Perceptual Form*, 1923), Kurt Koffka (*Principles of Gestaltpsychology*, 1962) und Wolfgang Köhler (*Introduction to Gestalt Psychology*, 1959)[182] für ihn wesentlich waren. Tenney unterscheidet zwischen verschiedenen Ebenen der Wahrnehmung, wobei die unterste Ebene der Hierarchie Einheiten sind, die nicht mehr weiter zerlegt werden können: "CLANG. A sound or sound-configuration which is perceived as a primary musical unit [...]"[183]. Mehrere „clangs" ergeben eine Sequenz etc. Auf jeder Ebene der Hierarchie befinden sich zeitliche Gestalteinheiten: "PERCEPTUAL LEVEL. This term has been used synonymously with TEMPORAL SCALE, to refer to distinctions between the gestaltorganisation and perception of the order of a few second or less (for the clang), and those that span longer [...]«[184]. Bei den ersten computergenerierten Kompositionen, die Tenney an den Bell Telephone Laboratories realisierte – *Analog No. 1: Noise Study* (1961) und *Dialogue*

(1963) – wendet Tenney das Zufallsprinzip nur auf der untersten Ebene an, jener der klanglichen Einheiten. Die höheren Ebenen werden von ihm festgelegt. In seinen späteren Arbeiten werden stochastische Prozesse auch auf den höheren Ebenen der Tenney-Hierarchie angewendet. Jean-Claude Risset geht davon aus, daß Tenneys *Four Stochastic Studies* (1962) die erste umfassende Realisation stochastischer Musik auf dem Computer darstellten[185].

Angeregt durch Tenneys Veröffentlichungen entwickelte der amerikanische Wissenschaftler und Komponist Charles Ames eine computergestützte Erzeugungsgrammatik, mit der er seine Komposition *Crystals for string orchestra* (1980)[186] schuf. Ames versuchte auch in der Komposition *Bridge for two retuned pianos, eight hands* (1983-84) von Tenney eine „Gestalt hierarchy" aufzuzeigen.[187]

L-Systeme

Eine erweiterte Form der beschriebenen Chomsky-Grammatiken bieten die sogenannten „Lindenmayer-Systeme" oder „L-Systeme", benannt nach dem Biologen Aristid Lindenmayer. Chomsky-Grammatiken generieren Sätze einer Sprache. D.h., daß der Ableitungsbaum aus einer endlichen Folge von Ableitungen besteht. Mathematisch ausgedrückt, der Ableitungsbaum terminiert. Die sogenannten „terminalen Symbole" sind die Worte und Buchstaben, die einen Satz bilden. Lindenmayer ergänzte die Chomsky-Grammatiken um einen weiteren Grammatiktyp zur Beschreibung von Wachstumsprozessen bei Pflanzen[188]. Wesentlich ist dabei zum einen, daß das Lindenmayer-System nicht terminiert, d.h., daß der Prozeß des Wachsens kontinuierlich weiter geht. Zum anderen, daß Lindenmayer für einen speziellen Wachstumsprozeß lediglich eine minimale Folge von Ableitungsregeln formuliert. Ein einfaches Beispiel sind die folgenden Ersetzungsregeln:

$$a \rightarrow b$$
$$b \rightarrow ab$$

Bei diesem Beispiel wird a durch b ersetzt und b durch ab. Das Symbol, mit dem die Ableitung beginnt wird Axiom genannt. Wenn wir mit a beginnen, entsteht folgende Symbolfolge:

a
b
ab
bab

abbab
bababbab
abbabbababbab
bababbababbabbababbab
etc.

Die Länge der Symbolketten wächst sehr schnell und läßt sich bei diesem Beispiel als eine Fibonacci-Folge berechnen: die jeweilige Länge ist die Summe der beiden davor liegenden Symbolketten, hier also 1, 1, 2, 3, 5, 8, 13, 21, 34, ...

Die meisten Typen von L-Systemen werden für biologische Beispiele verwendet.[189] Im Bereich der Informatik bieten sich L-Systeme dort an, wo parallele Verarbeitung anliegt. Für musikalische Anwendungen werden L-Systeme gerne als Kompositionsalgorithmen eingesetzt, da sich dabei selbstähnliche Strukturen bilden, sich Ähnlichkeiten im Mikrobereich und Makrobereich einer möglichen Komposition ergeben. Bereits optisch zeigen sich die Ähnlichkeiten bei dem folgenden komplexeren Beispiel mit zehn verschiedenen Ersetzungsregeln:

$$0 \rightarrow 10$$
$$1 \rightarrow 32$$
$$2 \rightarrow 3(4)$$
$$3 \rightarrow 3$$
$$4 \rightarrow 56$$
$$5 \rightarrow 37$$
$$6 \rightarrow 58$$
$$7 \rightarrow 3(9)$$
$$8 \rightarrow 50$$
$$9 \rightarrow 39$$
$$) \rightarrow)$$
$$(\rightarrow ($$

Beginnen wir mit dem Axiom 4, so entstehen folgende Symbolketten:

1. 4
2. 56
3. 3758
4. 33(9)3750
5. 33(39)33(9)3710
6. 33(339)33(39)33(9)3210
...
10. 33(3⁶9)33(3⁵9)33(3⁴9)33(33(9)3750)33(3758)33(56)33(4)3210

Interpretiert man jede Ziffer als Zelle und jede Klammer „(" als Beginn

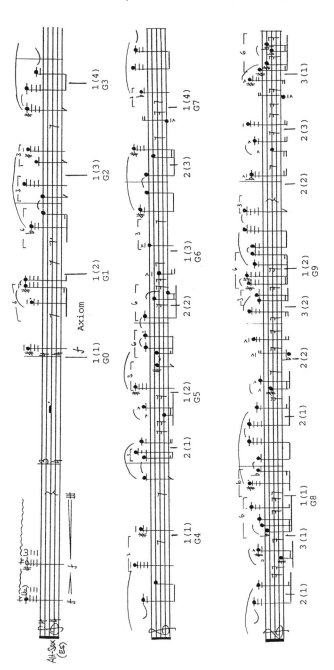

Abbildung 6

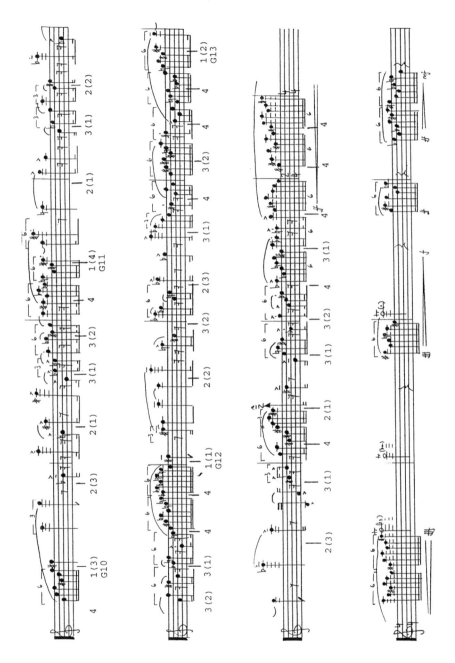

Abb. 6: Hanspeter Kyburz: *Cells* für Saxophon und Ensemble (1993-94), 3. Satz, Abschnitt 4, Alt-Saxophon-Stimme. (© 1995 Breitkopf & Härtel, Wiesbaden)

Kyburz komponierte zunächst kleine musikalische Objekte, kleine Motive, die unabhängig voneinander im Rechner gespeichert sind und gewissermaßen als Variable für die Anwendung der L-Systeme dienen. Wann welches musikalische Objekt, also welche Variable aufgerufen wird, das bestimmt der Ableitungsbaum. Die Regeln zur Erzeugung des Baumes sind die folgenden:

Axiom	Regel
1(1)	1(a) if (< a 4) → 1(+ a 1)
	1(a) if (= a 4) → 1(1) 2(1)
	2(a) if (< a 3) → 2(+ a 1)
	2(a) if (= a 3) → 2(1) 3(1)
	3(a) if (< a 2) → 3(+ a 1)
	3(a) if (= a 2) → 3(1) 4
	4 → 4

a ist eine Variable, die durch die Zahlen 1, 2, 3 oder 4 ersetzt wird. Der Baum teilt sich u. a., wenn bei 1(a) die Variable a durch 4 ersetzt wird oder wenn bei 2(a) die Variable a die Größe 3 erhält. Der aus diesem Regelwerk enstehende Baum hat folgende Struktur:

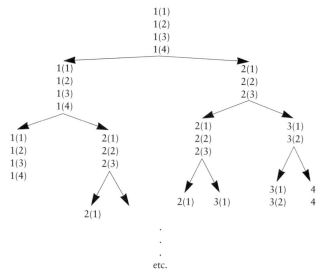

Kyburz verwendet die ersten 13 Generationen. Sie sind in der Partitur mit G1, G2 ... G13 gekennzeichnet. Ebenso wurden vom Autor die Bezeichnungen der aktuellen Ableitung eingetragen, wie beispielsweise 1(2) oder 3(1). Diese Bezeichnung haben eine direkte Referenz zu den erwähnten musikalischen Objekten.

und „)" als Ende einer Verzweigung, so erhält man die einzelnen Entwicklungsstufen des Wachstums einer Alge.

Ohne die entstandenen Symbolketten mathematisch zu interpretieren, kann ein Nichtmathematiker ein wesentliches Merkmal erkennen: Das, was in der Chaosforschung und verwandten Theorien „Selbstähnlickeit" genannt wird, ist Ähnlichkeit zwischen kleinsten, kleinen, größeren und großen Formen. Diese Selbstähnlichkeit von Strukturen hat ab den 1980er Jahren Künstler und Musiker beeinflußt. L-Systeme werden dazu verwendet, musikalische Strukturen zu bilden, wobei es selbstverständlich völlig frei bleibt, welche musikalischen Parameter die einzelnen Symbole repräsentieren sollen. Am einfachsten sind solche Versuche, bei denen die Symbole durch die musikalischen Parameter Tonhöhe und Tondauer ersetzt werden.[190] Versuche, mit L-Systemen existierende Kompositionen zu analysieren, um Selbstähnlichkeiten innerhalb der musikalischen Strukturen aufzuzeigen, beschreiben die Mathematikerin Stephanie Mason und der Musikwissenschaftler Michael Saffle an Kompositionen von Resphigi, Debussy, Bach u. a.[191]

Dieser Bezug zur Selbstähnlichkeit bei Untersuchungen von vorhandener Musik wird teilweise als ein wesentliches Moment von Musik überhaupt gesehen, so von dem amerikanischen Komponisten und Leiter des Center for Computer Music at Brooklyn College, City University of New York, Charles Dodge: „Das Bewußtsein der Selbstähnlichkeit durchzieht alle Untersuchungen musikalischer Struktur"[192], oder von dem Wissenschaftler Vladimir Karbusicky:

„Wir haben indes auch a k u s t i s c h e Fraktale; die Darstellung der selbstproduzierenden Schlingen [...] anhand tönender Parameter könnte bisher ungeahnte Welten entdecken! Nach latenten ‚akustischen Fraktalen' muß man suchen, und zwar nicht nur im musikethnologischen Material (= ‚in der NATUR'), sondern auch in ‚klassischen' Kompositionen (= ‚in der KULTUR'), besonders wenn sie (quasi nach einem Algorithmus) k o n s t r u i e r t ist. Die vorhandenen Musikstrukturen von der Folklore bis zu den Universen der Symphonien Mahlers oder Šostakovičs entfalten sprechende Muster für Geburt und Metamorphosen der auditiv agierenden Gestalten, die der Kraft der Urformen nachgeben. Die Urformen können als Schattenalgorithmus wirken, der sich, wenn auch auf eine abgeschlossene Zeitstrecke, mit anderen, im Schaffensprozeß zielgerichtet eingesetzten ‚Algorithmen' verflicht. Der Entstehungsprozeß fraktaler akustischer Gebilde läßt sich anhand des bestehenden Strukturreichtums der Musik r e k o n s t r u i e r e n . Noch ergiebiger ist es aber, ihn anhand kreativer Aufgaben als lebendiges Geschehen zu a n a l y s i e r e n ."[193]

Angeregt durch einen 1989 in Graz stattgefundenen Kongreß zur Chaos-Theorie beschäftigt sich der in Berlin lebende Komponist Hanspeter Kyburz mit der Anwendung von L-Systemen für kompositorische Prozesse. Kyburz war auf der Suche nach einer prozeßorientierten Syntax, da ihn das

Denken in Abschnitten, Schichten, Stimmen, Gesten etc. nicht interessierte. Das Stück *Cells* für Saxophon und Ensemble (1993-94) gehört dabei zu den ersten Resultaten. Kyburz zu den Arbeiten an *Cells*:

> „Erst die Systemforschung innerhalb des Paradigmas der Selbstorganisation bot einen Theorierahmen, der es ermöglichte, die Entwicklung geeigneter kompositorischer Verfahren reflexiv zu beobachten. Der eingehenden Beschäftigung mit chaotischen, instabilen, lebenden, komplexen Systemen, mit fraktalem Wachstum, Netzwerken und ihrer soziologisch-wissenschaftstheoretischen Reflexion in Niklas Luhmanns Theorie der sozialen Systeme verdanke ich Einblicke in Prozeßtheorien, die die Differenzierung rhythmischer, dynamischer, tonräumlicher, instrumentatorischer und raumklanglicher Techniken wenn nicht ästhetisch legitimieren, so doch motivieren konnten."[194]

Zelluläre Automaten

Unter einem Automaten versteht man umgangssprachlich ein Gerät, das zu einer Eingabe ein bestimmtes Ergebnis liefert: Ein Fahrkartenautomat liefert nach dem Münzeinwurf das erwünschte Billett, ein Rechenautomat sollte für den Befehl Multipliziere! zwei Zahlen, die eingegeben wurden, multiplizieren und ein entsprechendes Ergebnis liefern. In der Disziplin der theoretischen Informatik sind Automaten mathematische Modelle, der dazugehörige Forschungszweig nennt sich „Automatentheorie". Man unterscheidet in der Automatentheorie erkennende und übersetzende Automaten. Ein erkennender Automat (Akzeptor) ist ein Automat, der für eine Sprache L überprüft, ob ein eingegebenes Wort w Teil dieser Sprache ist. Ein übersetzender Automat (Transduktor) berechnet zu einem eingegebenen Wort w ein Ausgabewort v. Beim Übersetzen nimmt der Automat verschiedene innere Zustände an. Erkennende Automaten tun gewissermaßen das Umgekehrte wie die beschriebenen Erzeugungsgrammatiken. Die Grammatiken erzeugen als letzten Schritt ein Wort. Die Automatentheorie und die „Theorie der formalen Sprachen" sind eng miteinander verwoben.[195]

Zelluläre Automaten sind eine Vielzahl von Automaten, die miteinander in Aktion treten. Geistiger Vater der zellulären Automaten ist John von Neumann, der in seinem 1951 erschienen Artikel *The General and Logical Theory of Automata* Theorien darüber aufstellte, ob ein Automat sich selbst reproduzieren kann:

> „Der Gedanke, einen Automaten zum Rechnen zu verwenden, ist verhältnismäßig neu. Sind Rechenautomaten, gemessen an den Ergebnissen, die sie am Ende erbringen, auch die kompliziertesten Automaten, so sind sie am Ende doch so komplex, als sie die längsten Ketten von Vorgängen liefern, in denen jeder nachfolgende Vorgang durch vorangegangene festgelegt ist.

[...]
In der Natur fällt ein Merkmal auf – eine Art ‚circulus vitiosus' –, das seinen einfachsten Ausdruck darin findet, daß komplizierte Organismen sich selbst fortpflanzen können. Wir neigen alle dazu, etwas vage zu vermuten, daß es den Begriff der ‚Kompliziertheit' gibt. Dieser Begriff und seine mutmaßlichen Eigenschaften sind niemals klar formuliert worden. Wir sind jedoch immer versucht anzunehmen, daß sie sich in folgender Weise auswirken. Wenn ein Automat bestimmte Tätigkeiten ausführt, muß man damit rechnen, daß sie weniger kompliziert sind als der Automat selbst. Ist ein Automat fähig, einen anderen zu bauen, dann muß die Kompliziertheit auf dem Weg vom Vater zum Sohn abnehmen. Wenn A einen Automaten B hervorbringen kann, muß A in irgendeiner Weise eine vollständige Beschreibung von B enthalten. [...] In diesem Sinne würde man wohl mit einer gewissen Degenerationstendenz rechnen, nämlich damit, daß ein Automat, den ein anderer erzeugt, weniger kompliziert ist als dieser.
Obwohl diese Überlegungen irgendwie glaubwürdig klingen, stehen sie doch in offenem Widerspruch zu den augenfälligen Vorgängen, die sich in der Natur abspielen. Organismen pflanzen sich selbst fort, d.h. sie produzieren neue Organismen, die ebenso kompliziert sind wie sie selbst. Überdies gibt es lange Evolutionsperioden, in denen die Kompliziertheit sogar gestiegen ist.“[196]

Neumann gelangt schließlich zu einem „Entwurf der Ableitung eines Satzes, der die Selbst-Fortpflanzung betrifft“[197].

Durch die Anordnung der einzelnen Automaten, besser der Zellanordnung, werden bestimmte Eigenschaften aktiviert. Am häufigsten ist eine zweidimensionale Anordnung anzutreffen. Diese läßt sich am besten als ein unendliches Schachbrettmuster vorstellen: Jedes Quadrat wäre ein autonomer Automat, der über die Kanten mit den benachbarten Automaten in Kontakt tritt. Populär geworden ist bei dieser Anordnung das 1968 von dem Mathematiker John Horton Conway erfundene (Computer-)Spiel *Life*, das *Spiel des Lebens*. *Life* besteht nur aus zwei Regeln:
1. Eine lebende Zelle überlebt zur nächsten Generation, wenn zwei oder drei benachbarte Felder besetzt sind; ist dies nicht der Fall, so stirbt sie.
2. Eine Zelle wird geboren, wenn sie genau drei lebende Nachbarn hat.

Das *Spiel des Lebens* ist höchst determiniert: Startet man mit demselben Ausgangsmuster, so entstehen immer dieselben Gebilde. Das Faszinierende dabei ist jedoch, daß es keine Möglichkeit gibt, das Endergebnis einer Konfiguration vorherzusagen.

Zelluläre Automaten werden gerne zur Simulation dynamischer Systeme eingesetzt, wie beispielsweise der Bewegung von Flüssigkeiten. Jede Zelle wäre ein Teilchen der Flüssigkeit, die einzelnen Teilchen beeinflussen sich gegenseitig durch Anstoßen, Austauschen etc. und definieren durch diese

```
1    - + - - - - - - - -
     - - + - - - - - - -
     + + + - - - - - - -
     - - - - - - - - - -
     - - - - - - - - - -
     - - - - - - - - - -
     - - - - - - - - - -
     - - - - - - - - - -
     - - - - - - - - - -
     - - - - - - - - - -

2    - - - - - - - - - -
     + - + - - - - - - -
     - + + - - - - - - -
     - + - - - - - - - -
     - - - - - - - - - -
     - - - - - - - - - -
     - - - - - - - - - -
     - - - - - - - - - -
     - - - - - - - - - -
     - - - - - - - - - -

3    - - - - - - - - - -
     - - + - - - - - - -
     + - + - - - - - - -
     - + + - - - - - - -
     - - - - - - - - - -
     - - - - - - - - - -
     - - - - - - - - - -
     - - - - - - - - - -
     - - - - - - - - - -
     - - - - - - - - - -

4    - - - - - - - - - -
     - + - - - - - - - -
     - - + + - - - - - -
     - + + - - - - - - -
     - - - - - - - - - -
     - - - - - - - - - -
     - - - - - - - - - -
     - - - - - - - - - -
     - - - - - - - - - -
     - - - - - - - - - -

5    - - - - - - - - - -
     - - + - - - - - - -
     - - - + - - - - - -
     - + + + - - - - - -
     - - - - - - - - - -
     - - - - - - - - - -
     - - - - - - - - - -
     - - - - - - - - - -
     - - - - - - - - - -
     - - - - - - - - - -

6    - - - - - - - - - -
     - - - - - - - - - -
     - + - + - - - - - -
     - - + + - - - - - -
     - - + - - - - - - -
     - - - - - - - - - -
     - - - - - - - - - -
     - - - - - - - - - -
     - - - - - - - - - -
     - - - - - - - - - -

7    - - - - - - - - - -
     - - - - - - - - - -
     - - + - - - - - - -
     + - + - - - - - - -
     - + + - - - - - - -
     - - - - - - - - - -
     - - - - - - - - - -
     - - - - - - - - - -
     - - - - - - - - - -
     - - - - - - - - - -

8    - - - - - - - - - -
     - - - - - - - - - -
     - - + - - - - - - -
     - - - + + - - - - -
     - - + + - - - - - -
     - - - - - - - - - -
     - - - - - - - - - -
     - - - - - - - - - -
     - - - - - - - - - -
     - - - - - - - - - -

9    - - - - - - - - - -
     - - - - - - - - - -
     - - - + - - - - - -
     - - - - + - - - - -
     - - + + + - - - - -
     - - - - - - - - - -
     - - - - - - - - - -
     - - - - - - - - - -
     - - - - - - - - - -
     - - - - - - - - - -

10   - - - - - - - - - -
     - - - - - - - - - -
     - - - - - - - - - -
     - - + - + - - - - -
     - - - + + - - - - -
     - - - + - - - - - -
     - - - - - - - - - -
     - - - - - - - - - -
     - - - - - - - - - -
     - - - - - - - - - -
```

Aktionen das Gesamtverhalten der Flüssigkeit. Dadurch, daß jede Zelle gleichzeitig auf mehrere Nachbarn wirken kann und auch gleichzeitig von mehreren Nachbarn beeinflußt werden kann, können sich die überschaubaren, elementaren Wirkungen in der Nachbarschaft einer Zelle unvorhersehbar auf das gesamte System auswirken. Seit Beginn der 1980er Jahre wird das Verhalten von dynamischen Systemen durch zelluläre Automaten beschrieben.[198] Die Vorstellung, mentale Aktivitäten durch eine endliche Anzahl von miteinander agierenden, einfachen Automaten zu beschreiben und damit menschliche Intelligenz zu modellieren, äußert Marvin Minsky.[199]

Zelluläre Automaten können n-dimensional sein. Der einfachste Fall wäre eine eindimensionale Anordnung der Elemente: eine einfache Kette. Eine ausführliche Studie über derartige eindimensionale zelluläre Automaten fertigte der in verschiedenen amerikanischen Instituten arbeitende englische Physiker Stephen Wolfram an[200]. Danach gibt es vier verschiedene Möglichkeiten des Wachsens:
1. Das Anfangsmuster verschwindet allmählich.
2. Es wächst mit einer bestimmten Geschwindigkeit unbegrenzt weiter, wobei oftmals selbstähnliche Muster entstehen.
3. Ein Muster wächst auf unregelmäßige Weise oder schrumpft auf unregelmäßige Weise.
4. Ein Muster wächst und stabilisiert sich bei einer endlichen Größe.

Wolfram fand periodische Strukturen, chaotisches nichtperiodisches Verhalten und komplizierte lokale Strukturen. Auch beobachtete er in einzelnen Fällen Selbstreproduktion. Die im Falle des *Spiel des Lebens* gezeigte Determination ist in dem Moment nicht mehr vorhanden, wenn bei den Aktivitäten der einzelnen Automaten Zufallsprozesse eingebaut werden. Das *Spiel des Lebens* ist reversibel. Wachstumsprozesse mit Elementen des Zufalls sind nicht mehr reversibel und lassen sich auch nicht wiederholen: Bei identischem Ausgangsmuster wird der Wachstumsprozeß jedesmal anders ausfallen.

Die Idee der zellulären Automaten hat verschiedene Musiker angeregt, kompositorische Prozesse damit zu modellieren. "As a composer I am interested in models of evolution and growth rather than in theories for structural design."[201] Den zeitlichen Verlauf einer Komposition mit Hilfe von

---

Abb. 7: Beispiel für das *Spiel des Lebens*. Eine Zelle wird hier durch das Zeichen + repräsentiert. Figur 1 zeigt ein mögliches Ausgangsmuster, das vom Anwender festgelegt wird. Die folgenden Generationen entwickeln sich aus den beiden angegebenen Regeln.

zellulären Automaten zu berechnen, kann sich sowohl auf die Komposition des Klanges als auch auf einen größeren Formverlauf beziehen. Das Interessanteste dabei ist sicherlich, daß nicht vorhergesagt werden kann, wie sich ein zunächst festgelegtes musikalisches Muster entwickeln wird. Iannis Xenakis: „Wie kann man komplexe Strukturen, die sehr streng und mächtig sind im ästhetischen Sinne, mit einem Minimum von Mitteln konstruieren?. Vielleicht ist das eine Idee, die für mich immer gilt."[202] Peter Bowcott vom Music Department der School of Modern Studies in Nottingham versucht mit Hilfe einer dreidimensionalen Version vom *Spiel des Lebens*, einzelne akustische Partikel der Granularsynthese (siehe „Klangfarbe und Klangsynthese") zu generieren. Ein akustisches Atom (grain) wird hierbei durch eine Zelle repräsentiert: "[...] if this configurations and their evolution can be perceived as sound objects, the process could be a useful asset to the composer. [...] In the simplest case cells can be thought of as discrete frequency / amplitude pairs."[203]

Ebenfalls vom *Spiel des Lebens* angeregt entwickelte der brasilianische Musiker und Wissenschaftler Eduardo Reck Miranda von der Faculty of Music & Department of Artificial Intelligence, University of Edinburgh, die Kompositionssprache CAMUS (Cellular Automata MUSic)[204]. CAMUS benutzt simultan zwei verschiedene Algorithmen: Der eine Algorithmus organisiert die Tonhöhen, der andere die Orchestrierung.[205]

"The user can specify different articulations to be performed throught the piece. Articulation in this case is a group of configurations sharing certain common characteristics. Each articulation is specified in terms of:
i) length => how long it will be in terms of cellular automata time steps (in other words, number of configurations);
ii) speed => how fast its elements will evolve;
iii) dynamics => how loud its object should sound;
iv) functional pitches => sequences of pitches to be used as the basis of cells."

Zelluläre Automaten sind für Xenakis ein Werkzeug, seine Idee zu verwirklichen, komplexe Strukturen mit einem Minimum von Mitteln zu konstruieren. Dazu Xenakis in einem 1989 stattgefundenem Gespräch mit Bálint András Varga:

„Angenommen wir haben ein Gitternetz auf dem Bildschirm, mit vertikalen und horizontalen Linien, die zusammen kleine Quadrate, das heißt Zellen, bilden. Diese sind zu Beginn leer. Es ist die Aufgabe des Komponisten – ob er nun mit Bildern oder Klängen arbeitet – sie auszufüllen. Auf welche Weise? In Übereinstimmung mit der Regel, die man aufgestellt hat, erweckt die ausgefüllte Zelle, sagen wir, eine oder zwei angrenzende Zellen zum Leben. Im nächsten Schritt wird jede Zelle wiederum einen oder zwei Töne erzeugen. Die Regel hilft, das ganze Gitter auszufüllen. Das

sind die zellulären Automaten. Es sind sehr einfache Regeln, mit denen sehr große
Flächen strukturiert werden können. Das Verhalten von Flüssigkeiten gehorcht beispielsweise ähnlichen Regeln. Nun ist Klang für mich aber immer im zeitlichen Fluß
begriffen, und das hat mich auf die Idee gebracht, hier ein Gebiet auf das andere zu
übertragen. Ich war auch fasziniert von der Einfachheit des Verfahrens: ein iterati-
ver, dynamischer Prozeß, der zu sehr reichhaltigen Ergebnissen führt."[206]

Die Entwicklungsprozesse von zellulären Automaten bestimmen den
dynamischen Verlauf von Orchester-Clustern in *Horos* (1986) von Xenakis.[207]

Künstliche Intelligenz und Kognitionswissenschaft

„Der große Vorzug der mathematischen
Wissenschaften gegenüber den
Geisteswissenschaften besteht darin, daß ihre
Vorstellung – weil anschaulich – klar und
bestimmt ist, daß der kleinste Unterschied
zwischen ihnen sofort zu bemerken ist und
dieselben Termini immer dieselben
Vorstellungen meinen, ohne Vieldeutigkeit
oder Abweichung".[1]

Künstliche Intelligenz (KI; engl. Artificial Intelligence: AI) ist ursprünglich eine Disziplin der Informatik. Heute beschäftigen sich auch Philosophen, Linguisten, Neurowissenschaftler und Anthropologen mit diesem
Forschungszweig und benennen das Forschungsgebiet „Cognitive Science",
„Kognitionswissenschaft" oder „kognitive Wissenschaft". Die Übersetzung
künstlich für artificial ist etwas unglücklich, da artificial auch unecht und
gekünstelt bedeutet. Auch der englische Begriff Intelligence hat eine umfas-
sendere Bedeutung als das deutsche Intelligenz: denkbezogene Information
und Verständnis. Im Rahmen der Künstlichen-Intelligenz-Forschung wird
Intelligenz, zumindest bei den früheren Forschungen, über den sogenannten
Turing-Test definiert. Dieser wurde 1950 von dem englischen Mathematiker Alan Mathison Turing entwickelt: Eine Testperson soll innerhalb eines
festgelegten Zeitraumes herausfinden, welches von zwei ihm zur Verfügung
stehenden Datenendgeräten mit einem Menschen und welches mit einem
Computer verbunden ist. Wenn von 100 Testpersonen mindestens 30%
nicht feststellen können, welches Gerät mit einem Computer und welches
mit einem Menschen verbunden ist, dann hat der Computer den Turing-
Test bestanden und kann als intelligent bezeichnet werden. Das Kommuni-
kationsgebiet wird in solchen Versuchssituationen festgelegt: beispielsweise
durch eine Schachpartie oder eine Unterhaltung mit einem Psychiater.

Die Anwendungen der Künstlichen Intelligenz im Bereich der Musik sind
vielfältig und betreffen Gebiete wie Komposition, Interpretation, Musikalische Analyse, Modelle des Hörens u.a. Sie spiegeln auch die Tatsache
wider, daß es nicht *die* Künstliche Intelligenz gibt, daß Künstliche Intelligenz kein definiertes, abgeschlossenes System ist, sondern ein Forschungsbereich mit den verschiedensten Verzweigungen. Daher zum besseren Verständnis einige Bemerkungen zum Forschungsgebiet Künstliche Intelligenz
und ihren wesentlichen Richtungen.

1956 gilt als das Entstehungsjahr der Künstlichen Intelligenz. Einem Forschungsprogramm am Dartmouth College, USA, gab John McCarthy den Namen Artificial Intelligence. Geistiger Vater der Künstlichen Intelligenz ist Turing, der 1936 die nach ihm benannte „Turingmaschine" entwarf.[2]

Es gibt zwei, teilweise kontroverse Richtungen der kognitionswissenschaftlich ausgerichteten Künstlichen Intelligenz: „Symbolverarbeitung" und „Konnektionismus".

Der Symbolverarbeitungsansatz ist der bisher verbreitetste Ansatz der Künstlichen Intelligenz und manifestiert sich insbesondere bei den sogenannten „Expertensystemen" bzw. „wissensbasierten Systemen" (knowledge based systems). Die beiden Hauptvertreter dieses Ansatzes sind Allen Newell[3] und Herbert A. Simon[4]. Kognitive Prozesse gelten bei diesem Ansatz als die Manipulierung von Symbolketten. Deren einzelne Symbole stellen elementare Repräsentanten eines bestimmten Wissensgebietes dar. Abweichende Möglichkeiten, Teilgebiete der Welt durch Symbole zu repräsentieren, entwickelte der amerikanische Mathematiker Marvin Minsky.[5] Simon geht davon aus, daß ein symbolverarbeitendes System – das wäre beispielsweise ein Computer – notwendige und hinreichende Voraussetzungen für ein intelligentes Verhalten bietet. Ein praktisches Beispiel dazu wäre ein schachspielender Computer: Neben den festgeschriebenen Regeln des Schachspieles gilt es, Strategien bzw. Gedächtnisleistungen zu simulieren. Für einen guten Schachspieler besteht eine bestimmte Stellung nicht aus 25 einzelnen Figuren, sondern aus fünf oder sechs Blöcken. Jeder Block ist eine für ihn vertraute Konfiguration. Die mögliche Anzahl von Blöcken läßt sich abschätzen, da die Anzahl der Stellungen bei gut gespielten Partien ungefähr festliegt. Sehr gute Spieler haben etwa 50 000 Blöcke in ihrem Gedächtnis gespeichert.

Die Modellierung von Denkprozessen und die Wissensakquisition für Expertensysteme ist bis heute nicht ausgereift und vermutlich auch nicht vollständig lösbar.[6] Kritiker dieses Ansatzes gibt es schon lange, beispielsweise die amerikanischen Philosophen Hubert L. Dreyfus[7], John Rogers Searle[8] mit seinen Thesen zur Theorie des Sprechaktes seit den 1960er Jahren und Hilary Putnam[9]; später auch Wissenschaftler aus den eigenen Reihen der Künstlichen-Intelligenz-Forschung, wie Terry Winograd[10].

Wie am Beispiel des schachspielenden Computers gezeigt, geht man bei der Entwicklung von Expertensystemen davon aus, daß kognitive Prozesse durch ein System von Symbolen repräsentiert werden können. Entsprechend werden in der Kognitiven Musikwissenschaft[11] musikalische Aktivitäten formalisiert. Otto E. Laske geht davon aus, daß eine globale Datenbank und ein System von Regeln eine musikalische Aufgabe abbilden können.[12]

Die Kritik von Dreyfus, Searle, Putnam und Winograd ist – im Gegensatz zu der von Joseph Weizenbaum[13] – nicht ethischer Natur, sondern sie geht von reinen Gedankenexperimenten aus, bei denen insbesondere das, was Bewußtsein und Intuition genannt wird, diskutiert wird. Searles Gedankenexperimente werden durch das berühmt gewordene ELIZA-Programm von Joseph Weizenbaum[14] faßbar: Bei dem Dialog mit dem programmierten Psychotherapeuten ELIZA sind es die Anwender von ELIZA, die Ergebnisse des Programmes mit Sinn und Bedeutung versehen und daher ELIZA eine Handlungsfähigkeit unterstellen.

Durch die unzureichende Entwicklung des symbolverarbeitenden Ansatzes und der damit verbundenen Expertensysteme verlagerten sich seit den 1980er Jahren die Forschungen auf dem Gebiet der Künstlichen Intelligenz auf die Bereiche Konnektionismus und Neuronale Netze. Bei diesem Forschungszweig wird versucht, die Struktur des menschlichen Gehirnes auf einen Computer zu übertragen. Bereits 1943 zeigten der Mathematiker und Neurophysiologe Warren McCulloch und der Logiker Walter Pitts in ihrem Artikel *A logical calculus of the ideas immanent in nervous activities*[15], daß das Verständnis der Funktion des menschlichen Gehirnes auch auf einem hohen Abstraktionsgrad erreicht werden kann, d.h., die Aktivitäten eines neuronalen Netzes formalisiert werden können.

Auf dem Gebiet des Konnektionismus und der Neuronalen Netze geht es um Organisation von Verhalten. Im Gegensatz zur herkömmlichen Informationsverarbeitung werden bei den künstlichen Neuronalen Netzen nicht Algorithmen programmiert, die eine Aufgabe linear abarbeiten. Programmiert wird Lernfähigkeit, so daß sich das System in Abhängigkeit von der jeweiligen Aufgabenstellung selbst organisiert. Im KI-Zweig des Konnektionismus und der Neuronalen Netze wird die Informationsverarbeitung als Interaktion einer großen Anzahl parallel arbeitender Elemente (Zellen, Neuronen) angesehen, die Informationen an andere Elemente senden oder von ihnen empfangen. Informationen werden nicht, wie bei herkömmlichen Computerarchitekturen, physikalisch adressiert, sondern assoziativ gespeichert. Symbole werden nur implizit über verteilte Wissensrepräsentation dargestellt.

Schon lange vor der Entdeckung der Neuronen (1908) und der Simulation von Denkprozessen mit Hilfe der Künstlichen Intelligenz gab es die Idee eines Rechenmodelles des Denkens: Bei Leibniz in der analytischen Philosophie, im *Leviathan* (1651) von Thomas Hobbes, wonach Vernunft „nichts anderes als Rechnen" sei oder in der 1879 erschienenen *Formelsprache des reinen Denkens*[16] des Logikers Gottlob Frege. Diese grundsätzlichen Überlegungen zu Denkprozessen führten bei dem amerikanischen Linguisten und Schüler von Noam Chomsky, Jerrold A. Fodor, 1975 zu der Vorstellung einer „Sprache des Geistes"[17], der Existenz atomarer Bedeutungsträger. Aus dieser Sicht ist das Denken nichts anderes als eine Folge syntaktischer Operationen auf atomarer Ebene der Gehirnstruktur. Fodor gehört im Bereich der Kognitionswissenschaften zu den Hauptvertretern, die sich auf René Descartes berufen, und unterstützt die Annahme von den angeborenen bzw. eingeborenen Ideen (siehe „Linguistik, Hierarchien und Musiktheorie").[18]

Bei Musikanwendungen werden beide Richtungen der Künstlichen Intelligenz einbezogen: der symbolorientierte Ansatz und der neuronale Ansatz. Im Forschungsbereich Konnektionismus und Neuronale Netze befassen sich die Untersuchungen fast ausschließlich mit existierender, meist tonaler Musik. Schwerpunkt dieses Forschungsbereiches ist die Perzeption und Repräsentation existierender Musik in einem künstlichen Neuronalen Netz.[19] Ansätze, mit künstlichen Neuronalen Netzen zu komponieren, kamen bisher über das Versuchsstadium nicht hinaus. In diesem Falle müßte das Neuronale Netz zunächst selbständig Kompositionsregeln aufstellen, die es durch oftmaliges „Hören" existierender Musik erstellt (model-based composition). Der Stil des neuen Stückes entspräche dann den „Trainingsstücken".[20] Im Gegensatz dazu werden im KI-Zweig der wissensbasierten Systeme die Symbole direkt manipuliert. Vom Komponisten können neue Regeln definiert werden (rule-based composition).

Eine ausführlichere, exemplarische Darstellung einer musikbezogenen Anwendung der Künstlichen Intelligenz ist in diesem Rahmen nicht sinnvoll, da auf diesem Gebiet die Forschung rasant fortschreitet und daher angenommen werden kann, daß bei Drucklegung dieses Buches die derzeit aktuellen Entwicklungen, insbesondere das Gebiet der Künstlichen Neuronalen Netze, bereits durch neue Forschungsergebnisse veraltet sein werden.
Neben den Kompositionsversuchen mit Hilfe der Künstlichen Intelligenz[21] sind häufige Anwendungen die Musikalische Analyse[22] sowie die Erstellung von Modellen des Hörens[23].

Aktuelle Forschungen der Naturwissenschaften, der Mathematik, der Linguistik, der Psychologie etc. haben von jeher Künstler und Musiker angeregt und beeinflußt. Beim Studium der Forschungsberichte zur Künstlichen Intelligenz und Musik entsteht teilweise jedoch ein ähnlicher Eindruck wie bei der beschriebenen Anwendung von Grammatiken (siehe

„Linguistik, Hierarchien und Musiktheorie"): nicht eine geistige Anregung durch eine andere Disziplin, sondern die Suche nach einer Wahrheit. Der Dogmatismus, der teilweise die Künstliche-Intelligenz-Forschung beherrscht, hat offensichtlich Auswirkungen auf Künstler und Musiker. Kompositorische Modelle der Computermusik, die sich nicht an der Künstlichen-Intelligenz-Forschung orientieren, insbesondere nicht an dem Zweig des Konnektionismus und der Neuronalen Netze, werden in den letzten Jahren zunehmend abgelehnt. Haltungen wie die folgende sind häufig anzutreffen:

"Early work in computer music, such as Steven Holtzman's non-standard synthesis (1978), SSP and ASP (Berg 1975, 1980), and Iannis Xenakis's stochastic sounds (1963, 1971, 1992), has demonstrated the inadequacy of abstract mathematical models that generate musical sounds without accounting for ears' cultural conditioning."[24]

Ganz offensichtlich wird hier ignoriert, daß gerade solche Werke der Elektroakustischen Musik und der Computermusik sich zu Klassikern entwickelt haben, deren Klangsynthesekonzept losgelöst ist von der analytischen Betrachtung existierenden Klangmaterials (siehe „Horizontale Klangsynthese").

Musik und Raum

„In meiner Dissertation *Der Raum* (1921)
versuchte ich zu zeigen, daß die einander
widersprechenden Theorien über das Wesen
des Raumes, die von Mathematikern,
Philosophen und Physikern vertreten wurden, daher rührten, daß diese Autoren über
völlig verschiedene Dinge sprachen, dabei
aber denselben Terminus ‚Raum'
verwendeten."[1]

Wenn im folgenden von Raum gesprochen wird, so ist primär der architektonische Raum gemeint.[2]

Auf die Verschiedenartigkeit architektonischer Räume wurde im Laufe
der Musikgeschichte unterschiedlich reagiert. Die in der Venezianischen
Schule (ca. 1530-1620) entwickelte Ensemble-kanzone nahm dabei besonderen Bezug auf die architektonischen und akustischen Gegebenheiten der
Kathedrale von San Marco. Sie gilt als Auslöser zur kompositorischen
Einbeziehung der mehrfachen Emporen von San Marco für mehrstimmige
und mehrchörige Werke.

Für den Bau heutiger Konzertsäle hat sich eine für Architekten gültige
Norm herauskristallisiert, die für Konzertdarbietungen Neuer Musik nur
wenig geeignet ist. Moderne Konzertsäle haben akustische Eigenschaften,
die vorwiegend für die Musik des 19. Jahrhunderts geeignet sind. Dies gilt
zum einen für die Nachhallzeit des Raumes, zum anderen für die Anordnung von Orchesterpodium und Bestuhlung für die Zuhörer: Das Publikum
sitzt wie in einem Theaterraum und blickt bzw. hört in *eine* Richtung. In
fast allen bekannten Konzertsälen wäre es daher nicht möglich, ein Werk
wie Karlheinz Stockhausens *Carré* für vier Orchester und vier Chöre
(1958/59), die im Quadrat angeordnet sind, aufzuführen.

Die Akustik eines Raumes wird primär durch die Nachhallzeit bestimmt.
So hat beispielsweise das Ulmer Münster eine Nachhallzeit von ca. 12
Sekunden. Der Raum bestimmt jedoch auch, welche Frequenzanteile eines
Klanges verstärkt oder abgeschwächt werden.

Die Auseinandersetzung mit Elektroakustischer Musik und Computermusik und den damit verbundenen Medien führte zu einer (Rück-)Besinn-
nung dahingehend, den Raum wieder in das kompositorische Konzept ein-
zubeziehen.

Der Autor versucht aufzuzeigen, daß durch die Einbeziehung elektroakustischer Technologien der architektonische Raum auf drei verschiedene
Arten verwendet werden kann:

– Der Raum als Instrument
– Der virtuelle und der simulierte Raum
– Die Bewegung des Klanges im Raum

Die so vorgenommene Unterteilung soll im folgenden präzisiert werden.

Raum als Instrument

Der New Yorker Komponist Alvin Lucier hat mit seiner kompositorischen Arbeit *I am sitting in a room* für Stimme und Tonband (1969) den architektonischen Raum zum Instrument werden lassen. Das Stück zeigt wie kein anderes Werk, wie eine Klangfarbe durch die akustischen Gegebenheiten des Raumes transformiert werden kann. Die Verbalpartitur gibt dabei den Prozeß vor, wie das Stück zu realisieren ist. Außer einem gegebenen Raum sind ein Mikrophon, zwei Tonbandgeräte, ein Verstärker und ein Lautsprecher für die Realisation notwendig. Ein Sprecher spricht zunächst den Text auf Tonband. Der aufgenommene Text wird über Lautsprecher in denselben Raum eingespielt und mit Hilfe des Mikrophones auf ein zweites Magnettonbandgerät aufgenommen. Dieser Kopiervorgang mittels Mikrophon, Lautsprecher und Magnettonbandgerät wird ständig wiederholt. Bei jedem neuen Kopiervorgang werden nun die akustischen Eigenschaften des Raumes und die der verwendeten Geräte mehr und mehr dazu addiert. Die zunächst klare Sprachaufnahme verwandelt sich dabei sukzessive. Nach diesen Kopiervorgängen werden die aufgenommenen Tonbänder chronologisch hintereinander geklebt.

Der Text ist in der Partitur vorgegeben und demonstriert gleichzeitig für den Hörer den Entstehungsprozeß:

„Ich sitze hier in einem Raum, und es ist nicht der Raum, in dem Sie sich gerade befinden.
Ich nehme meine Sprechstimme auf Tonband auf und werde die Aufnahme immer wieder in den Raum zurückspielen, bis die Resonanzschwingungen des Raums sich selbst verstärken, so daß jede Sprachähnlichkeit, vielleicht mit Ausnahme des Rhythmus, ausgelöscht wird.
Was Sie dann hören, sind die natürlichen, durch die Sprache gegliederten Resonanzschwingungen des Raums.
Ich betrachte diese Aktivität weniger als Demonstration eines physikalischen Sachverhalts, sondern eher als ein Mittel, jede Art von Unregelmäßigkeit zu glätten, die meine Sprache aufweisen mag."[3]

Die erste Aufführung[4] fand 1970 im Guggenheim-Museum in New York statt. *I am sitting in a room* war dabei eine akustische Analogie zu der im Museum gezeigten *Polaroid Image Series* von Mary Lucier bzw. diese eine

visuelle Analogie nach dem Tonbandstück: Nach einem ersten Schnapp-
schuß mit der Kamera wurde ein Foto von einem Foto von einem Foto und
so weiter erstellt.

Die Idee eines materialgerechten Komponierens wird bei Luciers Komposition konsequent erfüllt: Die Einbeziehung des Raumes mit seinen akustischen Gegebenheiten und ebenso die der anderen Instrumente – Mikrophon, Magnettonbandgeräte, Magnettonbänder, Verstärker, Lautsprecher –
mit ihren jeweiligen elektroakustischen Eigenschaften. Für den Realisa-
tionsprozeß der Komposition sind diese Instrumente einerseits notwendig,
andererseits werden die akustischen Transformationen ausschließlich von
diesen Instrumenten bestimmt. Insbesondere kristallisieren sich durch die
Kopiervorgänge die Resonanzeigenschaften eines Raumes heraus. Lucier:
„Jeder Raum hat eine Melodie, die solange verborgen bleibt, bis sie zum
Klingen gebracht wird."[5]

Jede Realisation von I am sitting in a room wird anders ausfallen, da
jeder Raum ein anderer ist. Seit Luciers erster Realisation sind mehrere
Versionen erstellt worden, beispielsweise eine schwedischsprachige, die der
Komponist Lars-Gunnar Bodin erstellte, und eine deutschsprachige „Berliner Version" (1986), die Lucier mit dem Autor realisierte.[6]

Lucier ist vermutlich der erste Komponist, der die akustischen Gegebenheiten des Realraumes zur Transformation des primären Klangmaterials verwendet. La Monte Young und Marian Zazeela sind bei ihrem
Klang-Licht-Environment Dreamhouse (ab 1962) zwar auf die Eigenschaften des Realraumes angewiesen, doch kann das Prinzip der stehenden
Wellen jedem Raum derart angepaßt werden, daß in verschiedenen Auf-
führungsräumen klanglich nur ein unwesentlicher Unterschied entsteht
(siehe „Vertikale Klangsynthese: Additive Synthese").

Nach der Partituranweisung kann I am sitting in a room auch innerhalb
eines Live-Konzertes realisiert werden, d.h., Zuhörer und Performer befinden sich in demselben Raum, in dem die Klangtransformationen geschehen.
Wird das Stück wie im eingangs beschriebenen Falle zuerst auf Magnettonband realisiert und in einer Konzertsituation wiedergegeben, dann gilt
der erste Satz des Textes: "I am sitting in a room different from the one you
are in now." Diese Situation, die akustische Übertragung eines Raumes in
einen anderen Raum, wird im folgenden Abschnitt thematisiert.

Virtueller und simulierter Raum

Die akustischen Eigenschaften eines Raumes in einen anderen Raum zu transportieren ist so selbstverständlich, daß nur wenig darüber nachgedacht wird. Dieser Vorgang geschieht bei jedem Hören einer Schallplattenaufnahme und bei jeder Rundfunkübertragung. Die Sprecher und/ oder die Instrumentalisten befinden sich in einem (Aufnahme-)Raum, der Hörer in einem anderen Raum. Bei der elektroakustischen Aufnahme oder Übertragung werden naturgemäß nicht nur die Stimmen und Instrumente von den Mikrophonen registriert, sondern auch die akustischen Eigenschaften des Raumes. Jeder Radiohörer wird bei einer Rundfunkübertragung aus dem Kölner Dom sofort eine Kathedrale assoziieren. Die akustische Eigenschaft des Domes wird gleich einer Fotografie in das Wohnzimmer des Radiohörers transportiert.[7] Dieser selbstverständliche Vorgang wird für den amerikanischen Künstler Bill Fontana zum wesentlichen Aspekt seiner Arbeiten. Fontana transportiert die Akustik existierender Räume in andere Räume. Soll jedoch bei einer perfekt aufgenommenen Schallplatte die Illusion erzeugt werden, einem Konzert beizuwohnen (High Fidelity), so verwendet Fontana die Aufnahme- und Übertragungstechnik als eigenständiges Medium. Bei seiner 1984 gezeigten Klangskulptur *Entfernte Züge* wurde der Berliner Anhalter Bahnhof wieder zum Leben erweckt: Fontana nahm zunächst mit einem achtspurigen Magnetophongerät die Klänge des Kölner Hauptbahnhofes auf: abfahrende und einfahrende Züge mit ihren Bremsgeräuschen, Lautsprecheransagen, Stimmengemurmel etc. Am ehemaligen Anhalter Bahnhof – er besteht nur noch aus einem Brachgelände und der Ruine des Eingangsportals – wurden über das ganze Gelände verteilt Lautsprecher versteckt und über diese der Klang des Kölner Hauptbahnhofes wiedergegeben.[8] Der Wanderer auf dem Brachgelände konstruiert sich einen „lebenden" Bahnhof. Andere Arbeiten von Fontana funktionieren in Echtzeit. Bei *Oscillating Steel Grids along the Brooklyn Bridge* (1983) werden die Klänge der Brücke von dort angebrachten Mikrophonen nicht wie in Köln auf Magnetband aufgenommen, sondern direkt zum Vorplatz des New Yorker World Trade Center übertragen und dort über Lautsprecher zum Hören gebracht. Der Rezipient wird mehr noch als bei Fontanas Projekt *Entfernte Züge* irritiert, da der übermittelte akustische Raum, die Brooklyn Bridge, mit dem Realraum des Zuhörers in keiner Weise übereinstimmen.[9]

Bei Fontanas Arbeiten werden vom Rezipienten sowohl virtuelle als auch simulierte Räume konstruiert, wobei dies akustische und visuelle Räume sein können.[10] Virtuelle akustische Räume zu gestalten ist durch elektronische Hallgeräte möglich. Digitale Hallgeräte erlauben einerseits die Simulation bekannter Realräume, wie Kirchen, Keller, Badezimmer etc., und genau in dieser Funktion werden sie bei Hörspielproduktionen und zum großen Teil bei Musikproduktionen eingesetzt. Mit diesen Geräten ist es jedoch auch möglich, akustische Räume zu komponieren, die architektonisch nicht gebaut werden können. Ein extremes Beispiel wäre ein unendlicher Nachhall oder die Inversion eines Nachhalles.

Bei der Projektion eines akustischen Raumes in den Realraum des Zuhörers und auch bei der elektroakustischen Konstruktion eines Raumes gibt es ein grundsätzliches Problem: Die Raumwahrnehmung geschieht nicht nur mit den Ohren, sondern auch mit den Augen und dem Tastsinn. Jede elektroakustische Übertragung eines anderen Raumes in den Realraum bleibt daher eine akustische Photografie. Der Rezipient hört zwar den anderen Raum, die Raumempfindung bleibt jedoch überwiegend bei der des Realraumes.

Bewegung des Klanges im Raum

„In der Komposition ‚Gesang der Jünglinge' habe ich versucht, die Schallrichtung und die Bewegung der Klänge im Raum zu gestalten und als eine neue Dimension für das musikalische Erlebnis zu erschließen. [...] Von welcher Seite, mit wievielen Lautsprechern zugleich, ob mit Links- oder Rechtsdrehung, teilweise starr und teilweise beweglich die Klänge und Klanggruppen in den Raum gestrahlt werden: das alles ist für das Verständnis dieses Werkes maßgeblich."[11]

Durch die Einführung der Stereophonie wurde die elektroakustische Bewegung eines Klanges im Raum, in diesem Falle zwischen den beiden Lautsprechern, möglich. Daß durch mehr als einen Lautsprecher gewissermaßen ein akustischer Raum im Realraum gebaut werden kann und darüber hinaus beliebige Bewegungen des klanglichen Geschehens zwischen den Lautsprechern möglich sind, wurde bei der Elektroakustischen Musik sehr früh erkannt.

Stockhausens bekanntes Werk *Gesang der Jünglinge* (1955/56) ist weit mehr als eine Komposition für Lautsprecher. Es ist die erste Komposition elektronischer Raummusik, ein reines Tonbandstück für fünf um die Zuhörer im Raum verteilte Lautsprechergruppen. Durch Einbeziehung mehrerer Lautsprecher, die im Konzertsaal verteilt sind, wird die konventionelle, nach vorne ausgerichtete Architektur des Konzertsaales aufgehoben. Innerhalb der Neuen Musik war Stockhausen der erste Komponist, der den Raum als zusätzlichen Parameter in die Komposition einfließen ließ. In den

Gruppen für drei Orchester (1955/57) wird der Begriff „Raum-Melodie" entscheidend.[12] Live-elektronisch auskomponiert wird der Raum bei Stockhausens *Kontakte* in der Version für elektronische Klänge, Klavier und Schlagzeug (1959-60). Mit Hilfe eines Rotationstisches wurden die fünf räumlichen Bewegungsformen der elektronischen Klänge umgesetzt.[13]

In dem 1971 gegründeten Experimentalstudio der Heinrich-Strobel-Stiftung des Südwestfunks, Freiburg, wurde die Einbeziehung des Raumes in die Live-Elektronik von Anfang an verfolgt. Der dort entwickelte Raumklang-Verteiler Halaphon ist nach seinen Erfindern, dem langjährigen Leiter des Studios, Hans Peter Haller, und seinem Mitarbeiter Peter Lawo benannt.[14] Die meisten live-elektronischen Werke von Luigi Nono, darunter *Das atmende Klarsein* (1981) und *Prometeo* (1984/85), wurden unter Hallers Leitung realisiert. Cristóbal Halffters *Variationen über das Echo eines Schreis* (1977) und die *2 Studien* (1988) für Klavier und Live-Elektronik von Dieter Schnebel entstanden ebenfalls im Freiburger Studio.

Pierre Boulez' *Répons* für sechs Solisten, Kammerensemble, Computerklänge und Live-Elektronik (1981/1988) verwendet nicht nur die Einbeziehung des Raumes, sondern nahezu alle technischen Möglichkeiten der Elektroakustischen Musik und der Computermusik. Der Name *Répons* nimmt bereits Bezug auf den Raum: Im französischen Mittelalter wurde damit eine Kompositionsform bezeichnet, in der auf den Gesang eines Solisten ein Chor antwortet. Bei *Répons* ist das Instrumentalensemble in der Mitte des Aufführungsraumes plaziert, um dieses herum sitzt das Publikum und hinter diesem, im Oval verteilt, die sechs Solisten. Versetzt dazu, ebenfalls im Oval, sind die sechs Lautsprecher angeordnet. In *Répons* gibt es Dialoge zwischen den Solisten und dem Ensemble, zwischen den Solisten sowie zwischen transformierten und nichttransformierten Abschnitten. Jedes Soloinstrument ist mit einem Mikrophon versehen, damit sein Klang in Echtzeit transformiert und über die Lautsprecher wiedergegeben werden kann.[15] *Répons* ist gewissermaßen eine Dokumentation der Forschungsergebnisse des IRCAM, des Institut de recherche et de coordination acoustique/musique, Boulez' „Max-Plank-Institut" für musikalische Forschungen in Paris.[16]

Anmerkungen

Einleitung

1 Ferruccio Busoni, Entwurf einer neuen Ästhetik der Tonkunst, Leipzig: Insel, 2. erweiterte Auflage, 1916.

2 Besser bekannt als Leon Theremin, wie er sich nannte, nachdem er seinen Wohnort nach Frankreich verlegte.

3 Das Theremin wurde nie ganz vergessen. Die Beach Boys verwendeten es in ihrem Song *Good Vibrations*, Alfred Hitchcock verwendet es für seinen Film I*ch kämpfe um dich*. Robert Moog bietet das Instrument inzwischen als Bausatz an.

4 Umfassende Literatur dazu ist: Hugh Davies, Electronic instruments, in: The New GROVE Dictionary of Musical Instruments, hrsg. v. Stanley Sadie, Band 3, London: Macmillian Press Limited, 1984, S. 657-690. Thomas LaMar Rhea, The Evolution of Electronic Musical Instruments in the United States, Ph.D., George Peabody College for Teachers, Nashville/Tenn., 1972. Joachim Stange. Die Bedeutung der elektroakustischen Medien für die Musik im 20. Jahrhundert, (= Musikwissenschaftliche Studien 10), hrsg. v. Hans Heinrich Eggebrecht, Pfaffenweiler: Centaurus, 1989. Elena Ungeheuer, Elektroakustische Musik. Elektrische Klangerzeugung bis 1950, in: MGG, hrsg. v. Ludwig Finscher, Band 2, zweite, neubearbeitete Ausgabe, Kassel/Stuttgart: Bärenreiter/Metzler, 1995, S. 1717-1749.

5 Carlos Chavez, Towards a New Music. Music and Electricity, Reprint of the 1937 ed. published by Norton, New York, hrsg. v. Roland Jackson, New York: Da Capo Press, 1975.

6 Robert Beyer, Das Problem der ‚kommenden Musik', in: Die Musik 20 (12 1928), S. 861-866.

7 John Cage, Cartridge Music [1962], in: John Cage. An Anthology, hrsg. v. Richard Kostelanetz, An unabridged republication of the edition published in New York 1970, supplemented with a new chronology and catalogs, New York: Da Capo Press, 1991, S. 144-145, hier S. 145. „Live-Elektronik" ist im deutschsprachigen Raum inzwischen ein selbstverständlicher Terminus. In der deutschen Übertragung von Hans Rudolf Zeller wurde noch aus „to make electronic music live", „die elektronische Musik zu verlebendigen": John Cage, Cartridge Music [1962], in: John Cage, hrsg. v. Richard Kostelanetz, Köln: DuMont, 1973. S. 200-201, hier S. 201.

8 Siehe dazu: Albrecht von Massov, Live-elektronische Musik, Live-Elektronik, in: Handwörterbuch der musikalischen Terminologie, hrsg. v. Hans Heinrich Eggebrecht, Stuttgart: Franz Steiner Verlag, 1990.

9 Siehe dazu: Frank Gertich, Zur Betrachtung der Tonbandeinschübe in den *Déserts*, in: Edgard Varèse: Die Befreiung des Klangs. Symposium *Edgard Varèse* Hamburg 1991, hrsg. v. Helga de la Motte-Haber, Hofheim: Wolke, 1991, S. 56-63.

10 Dieter Schnebel, Mauricio Kagel. Musik Theater Film, Köln: DuMont, 1970, S. 32 u. 34.

11 Gordon Mumma, Live-Electronic Music, in: The Development and Practice of

Electronic Music, hrsg. v. Jon H. Appleton und Ronald C. Perera, New Jersey: Prentice-Hall, 1975, S. 286-335, hier 294.

[12] Teilweise bedingt durch den technischen Stand der Live-Elektronik, wurde die Version von 1972/1974 mehrfach revidiert und später zurückgezogen. 1991 enstand eine endgültige Lösung mit der elektroakustischen Technik des IRCAM: ...*explosante-fixe*... für MIDI-Flöte, 2 Soloflöten, Ensemble und Live-Elektronik (1991/1993). Die MIDI-Flöte ist eine IRCAM-Erfindung von Michel Starkier. Die aus den Klappenpositionen der Flöte und dem am Mundstück angebrachten Mikrophon herrührenden Informationen werden in MIDI-Daten transformiert. Siehe dazu: Andrew Gerzso, Paradigms and Computer Music, in: Leonardo Music Journal 2 (1 1992), S. 73-79, hier S. 76.

[13] Pierre Boulez im Gespräch mit Josef Häusler, zitiert nach: Hans Peter Haller, Das Experimentalstudio der Heinrich-Strobel- Stiftung des Südwestfunks Freiburg 1971-1989. Die Erforschung der Elektronischen Klangumformung und ihre Geschichte; Band 2, (= Südwestfunk-Schriftenreihe: Rundfunkgeschichte; Band 6), Baden-Baden: Nomos, 1995, S. 61-62.

[14] Siehe dazu: Gianmario Borio, Klang als Prozeß. Die Komponisten um *Nuova Consonanza*, in: Giacinto Scelsi. Im Innern des Tons, hrsg. v. Klaus Angermann, Hofheim/Ts.: Wolke, 1992, S. 11-25.

[15] Richard Kostelanetz, John Cage im Gespräch. Zu Musik, Kunst und geistigen Fragen unserer Zeit, Köln: DuMont, 1989, S. 116.

[16] John Cage, Über frühe Stücke [1958], in: John Cage, hrsg. v. Richard Kostelanetz, Köln: DuMont, 1973, S. 178-185, hier S. 182.

[17] Hans Rudolf Zeller, Medienkomposition nach Cage, in: Musik-Konzepte: Sonderband John Cage, (1978), S. 107-131, hier S. 112 u. 113.

[18] Zitiert nach: Peter Manning, Electronic and Computer Music, Second Edition, ¹1985, Oxford: Clarendon Press, 1993, S. 89.

[19] Text auf dem Cover der Langspielplatte TAPE MUSIC AN HISTORIC CONCERT, Classics of Electronic Music, Vladimir Ussachevksy, Otto Luening, Museum of Modern Art, October 28, 1952, Desto, DC6466.

[20] Siehe dazu: Michel Chion, Guide des objets sonores. Pierre Schaeffer et la recherche musicale, Paris: Buchet/Chastel/INA, 1983.

[21] Pierre Schaeffer und Guy Reibel, Solfège de l'objet sonore, Paris: Éditions du Seuil, 1967, Abschnitt 73.0, dritter Gedanke, [Begleitheft zu den drei Musik-Kassetten gleichen Titels].

[22] Pierre Schaeffer, Traité des Objets Musicaux – Essai Interdisciplines, Paris: Éditions du Seuil, 1966, S. 91.

[23] Pierre Schaeffer, Musique concrète, [Orginal: La Musique Concrète, (= Que sais-je? 1287), ¹1967, Paris: Presses Universitaires de France, 1973], übersetzt von Josef Häusler, durchgesehen und erweitert von Michel Chion, Stuttgart: Klett, 1974, S. 24-26.

[24] Pierre Schaeffer, Vers une Musique Expérimentale, in: La Revue Musicale. Sonderausgabe, (236 1957), wiederveröffentlicht in ders., De la Musique Concrète a la Musique Même, in: La Revue Musicale. Sonderausgabe, (Triple Numero 303–304–305 1977), S. 115-126.

[25] Vgl. Anmerkung 23, S. 30-31.

26 Neben seinem umfangreichen musikalischen Œuvre gibt es von Bayle auch neuere Schriften zur musique concrète: François Bayle, musique acousmatique – propositions... ...positions, (= Bibliothèque de Recherche Musicale), Paris: Buchet/ Chastel, 1993. Ders., Image-of-sound, or i-sound: Metaphor/metaform, in: Contemporary Music Review. Music and the Cognitive Sciences, 4 (1989), S. 165-170.

27 Werner Meyer-Eppler, Elektrische Klangerzeugung. Elektronische Musik und synthetische Sprache, Bonn, 1949.

28 Siehe dazu: Wolfgang Martin Stroh, Elektronische Musik, in: Handwörterbuch der musikalischen Terminologie, hrsg. v. Hans Heinrich Eggebrecht, Stuttgart: Franz Steiner Verlag, 1972, S. 5.

29 Siehe dazu: Marietta Morawska-Büngeler, Schwingende Elektronen, Köln-Rodenkirchen: Tonger, 1988, S. 8. Elena Ungeheuer, Wie die elektronische Musik „erfunden" wurde. Quellenstudien zu Werner Meyer-Epplers Entwurf zwischen 1949 und 1953, (= Kölner Schriften zur Neuen Musik 2), hrsg. v. Johannes Fritsch und Dietrich Kämper, Mainz: Schott, 1992, S. 123 u. 124. Das oft zitierte Protokoll des NWDR ist eigentlich nur ein Empfehlungsschreiben, in dem es heißt: „[...] Es wird empfohlen, das Problem in Köln in Angriff zu nehmen, weil die wissenschaftlichen und technischen Voraussetzungen hier durch die leichte Greifbarkeit der Herren Prof. Trautwein (Düsseldorf) und Dr. Meyer-Eppler (Bonn) besonders günstig sind und ausserdem geeignete Räume im Funkhaus zur Verfügung stehen."

30 Interview mit dem Autor, Berlin, 1993.

31 Karlheinz Stockhausen, Texte zur elektronischen und instrumentalen Musik, Band 1: Aufsätze 1952-1962 zur Theorie des Komponierens, hrsg. und mit einem Nachwort versehen v. Dieter Schnebel, Köln: DuMont, 1963, S. 140.

32 Fred K. Prieberg, EM – Versuch einer Bilanz der elektronischen Musik, Rohrdorf: Rohrdorfer Musikverlag, 1980, S. 37-39. Prieberg ist der Meinung, daß eine Geschichte der elektronischen Musik nicht geschrieben werden kann, da „längst die Fälscher mit Erfolg am Werk gewesen [sind]."

33 Harald Bode, Das Melochord des Studios für elektronische Musik im Funkhaus Köln, in: Technische Hausmitteilungen des Nordwestdeutschen Rundfunks, Jahrgang 6 (1/2 – Sonderheft Elektronische Musik 1954), S. 27-29.

34 Friedrich Trautwein, Das elektronische Monochord, ebenda, S. 24-27.

35 Siehe dazu: Fritz Enkel, Die technische Einrichtung des ‚Studios für elektronische Musik', in: Technische Hausmitteilungen des Nordwestdeutschen Rundfunks, Jahrgang 6 (1/2 1954), S. 8-15. Ebenda: Fritz Enkel und Heinz Schütz, Zur Technik des Magnettonbandes, S. 16-18.

36 Siehe dazu: Karlheinz Stockhausen, Elektronische Musik und Automatik [1965], in: Texte zur Musik 1963-1970, Band 3, hrsg. v. Dieter Schnebel, Köln: DuMont, 1965, S. 232-241.

37 Marietta Morawska-Büngeler, Schwingende Elektronen, Köln-Rodenkirchen: Tonger, 1988.

38 Siehe dazu: Norbert Dreßen, Sprache und Musik bei Luciano Berio. Untersuchungen zu seinen Vokalkompositionen, (= Kölner Beiträge zur Musikforschung 124), hrsg. v. Heinrich Hüschen, Regensburg: Bosse, 1982. Bernd Riede, Luigi

Nonos Kompositionen mit Tonband. Ästhetik des musikalischen Materials – Werkanalysen – Werkverzeichnis, (= Berliner musikwissenschaftliche Arbeiten 28), hrsg. v. Carl Dahlhaus und Rudolf Stephan, München-Salzburg: Katzbichler, 1986. Friedrich Spangemacher, Luigi Nono: Die elektronische Musik, Historischer Kontext – Entwicklung – Kompositionstechnik, (= Forschungsbeiträge zur Musikwissenschaft), Regensburg: Bosse, 1983.

39 Siehe dazu: Frank Gertich, Julia Gerlach und Golo Föllmer (Hrsg.), Musik..., verwandelt. Das Elektronische Studio der TU Berlin 1953-1995, Hofheim/Ts.: Wolke, 1996.

Klangfarbe und Klansynthese

1 Arnold Schönberg, Harmonielehre, 7. Auflage, Wien: Universal Edition, 1986 ([1]1911), S. 503-504.

2 Walter Gieseler, Luca Lombardi und Rolf-Dieter Weyer, Instrumentation in der Musik des 20. Jahrhunderts, Celle: Moeck, 1985, S. 29-39.

3 Pierre Boulez, An der Grenze des Fruchtlandes (Paul Klee) [1955], in: ders., Werkstatt-Texte, Berlin: Ullstein, 1972, S. 76-91, hier S. 77.

4 Rainer Schmuch, Klangfarbenmelodie, in: Handwörterbuch der musikalischen Terminologie, hrsg. v. Hans Heinrich Eggebrecht, Stuttgart: Franz Steiner Verlag, 1993, S. 14.

5 Marshall McLuhan, zitiert nach Glenn Gould, Die Zukunftsaussichten der Tonaufzeichnung, in: Glenn Gould, Vom Konzertsaal zum Tonstudio, hrsg. v. Tim Page, München: Piper, 1987, S. 129-160, hier S. 149.

6 Karlheinz Essl, Klangkomposition und Systemtheorie, in: Ästhetik und Komposition, hrsg. v. Internationales Musikinstitut Darmstadt, Gianmario Borio und Ulrich Mosch, Mainz: Schott, 1994, S. 66-70, hier S. 66.

7 Pierre Schaeffer, Traité des Objets Musicaux – Essai Interdisciplines, Paris: Éditions du Seuil, 1966.

8 Robert Erickson, Sound Structure in Music, Berkeley: University of California Press, 1975.

9 Robert Cogan und Pozzi Escot, Sonic Design. The Nature of Sound and Music, Englewood Cliffs, N.J.: Prentice-Hall, 1976.

10 James C. Tenney, Die physikalischen Korrelate der Klangfarbe, in: Gravesaner Blätter 7 (26 1965), S. 103-105, hier S. 105.

11 Michel Chion, Guide des objets sonores. Pierre Schaeffer et la recherche musicale, Paris: Buchet/Chastel/INA, 1983.

12 Trevor Wishart, Sound, Symbols and Landcapes, in: The Language of Electroacoustic Music, hrsg. v. Simon Emmerson. London: Macmillan Press, 1990, S. 41-60.

13 Rudolf Frisius, Unsichtbare Musik. Aspekte der Lautsprechermusik, in: Festival des Hörens, Erlangen, 1990, S. 67-71.

14 Gerhard Roth, Autopoiese und Kognition: Die Theorie H.R. Maturanas und die Notwendigkeit ihrer Weiterentwicklung, in: Der Diskurs des Radikalen Konstruktivismus, hrsg. v. Siegfried J. Schmidt, Frankfurt am Main: Suhrkamp, 1994 ([1]1987), S. 256-286.

15 Platon, Theaitetos, in: Platon Werke VI, hrsg. v. Gunther Eigler, Darmstadt: Wissenschaftliche Buchgesellschaft, 1990, S. 59, Abschnitte 159e, 160a und 160e.

16 Heinz von Foerster, Kybernetik einer Erkenntnistheorie, in: ders., Wissen und Gewissen. Versuch einer Brücke, hrsg. v. Siegfried J. Schmidt, Frankfurt am Main: Suhrkamp, 1993, S. 50-72, hier S. 53-55.

17 Pierre Schaeffer und Guy Reibel, Solfège de l'objet sonore, Paris: Éditions du Seuil, 1967, Abschnitt 73.0, dritter Gedanke.

18 Siehe dazu: Joachim Stange, Die Bedeutung der elektroakustischen Medien für die Musik im 20. Jahrhundert, (= Musikwissenschaftliche Studien 10) hrsg. v. Hans Heinrich Eggebrecht, Pfaffenweiler: Centaurus, 1989, S. 190-192, [„Die Bemühungen um eine orginale Schallplattenmusik"]. Douglas Kahn und Gregory Whitehead (Hrsg.), Wireless Imagination. Sound, Radio, and the Avant-Garde, Cambridge, Mass.: MIT, 1992.

19 Pierre Schaeffer, Traité des Objets Musicaux – Essai Interdisciplines, Paris: Éditions du Seuil, 1966, S. 91.

20 Wiederveröffentlicht im Begleitheft zur Compact Disc: Montaigne Auvidis / WDR, MO 782058, (= Iannis Xenakis 2), 1995.

21 Benoît B. Mandelbrot, Die fraktale Geometrie der Natur, Basel: Birkhäuser, 1987, S. 37-45.

22 Max V. Mathews und John R. Pierce, Der Computer als Musikinstrument, in: Die Physik der Musikinstrumente, Heidelberg: Spektrum der Wissenschaft, 1988, S. 170-177, hier S. 171-172.

23 Dennis Gábor, Acoustical quanta and the theory of hearing, in: Nature (159 [4044] 1947), S. 591-594.

24 Albert Einstein und Leopold Infeld, Die Evolution der Physik, Wien: Paul Zsolnay, 1950, S. 296.

25 Hans Breuer, dtv-Atlas zur Physik. Elektritzität, Magnetismus, Festkörper, Moderne Physik, Band 2., München: dtv, 1993 (^{1}1988), S. 339.

26 Norbert Wiener, Ich und die Kybernetik. Der Lebensweg eines Genies, Taschenbuchausgabe von „Mathematik – Mein Leben", Düsseldorf 1962, München: Goldmann, 1971, S. 91.

27 Fritz Winckel vertritt eine derartige Anschaung: Ders., Ton, in: MGG, hrsg. v. Friedrich Blume, Band 13, Kassel: Bärenreiter, 1966, S. 487-499, hier S. 491.

28 Steven R. Holtzman, A Description of an Automated Digital Sound Synthesis Instrument, University of Edinburgh, D.A.I. Research Report 59, 1978.

29 Julius O. Smith III, Viewpoints on the history of digital synthesis, in: International Computer Music Conference (ICMC), McGill University, Montreal, International Computer Music Association, San Francisco, 1991, S. 1-10.

30 Horacio Vaggione, Articulating Microtime, in: Computer Music Journal 20 (2 1996), S. 33-38, hier S. 33.

31 Herman Sabbe, Karel Goeyvaerts, in: Komponisten der Gegenwart, hrsg. v. Hanns-Werner Heister und Walter Sparrer, München: edition text+kritik, 1992, S. 5-8.

32 Karlheinz Stockhausen, Komposition 1953 Nr. 2, in: Technische Hausmitteilungen des Nordwestdeutschen Rundfunks, Jahrgang 6 (1/2 1954), S. 46-51.

33 Briefauschnitte von Stockhausen an Karel Goeyvaerts, zitiert nach Herman
    Sabbe (Hrsg.), in: Karlheinz Stockhausen, ...wie die Zeit verging..., Musik-
    Konzepte 19, München: edition text+kritik, 1981, S. 44-45.
34 La Monte Young und Marian Zazeela, Kontinuierliche Klang-Licht-Environ-
    ments, in: INVENTIONEN '92, Berlin, 1992, S. 45-69.
35 La Monte Young zitiert nach: Wim Mertens, American minimal music. La
    Monte Young, Terry Riley, Steve Reich, Philip Glass, London: Kahn & Averill,
    1983, S. 30.
36 Bernd Alois Zimmermann, Intervall und Zeit. Aufsätze und Schriften zum Werk,
    hrsg. v. Christoph Bitter, Mainz: B. Schott's Söhne, 1974, S. 57-58.
37 Klaus Ebbeke, Bernd Alois Zimmermann. Dokumente zu Leben und Werk,
    zusammengestellt und kommentiert von Klaus Ebbeke, (= Akademie-Katalog
    152), Berlin: Akademie der Künste Berlin, 1989, Abbildung 41: Kat.-Nr. 90.
38 Jean Claude Risset, Timbre et synthèse des sons, in: Le Timbre. Métaphore pour
    la composition, hrsg. v. Jean-Baptiste Barrière, Paris: IRCAM et Christian Bour-
    gois, 1991, S. 239-260, hier S. 247.
39 Wayne Slawson, Sound Color, Berkeley: University of California Press, 1985,
    S. 22 ff.
40 John R. Pierce, The Science of Musical Sound, Revised Edition, New York:
    Freeman, 1992, S. 182.
41 John M. Chowning, The Synthesis of Complex Audio Spectra by Means of Fre-
    quency Modulation, in: Journal of the Audio Engineering Society 21 (7 1973),
    S. 526-534.
42 Barry Truax, Organizational Techniques for c:m Ratios in Frequency Modula-
    tion, in: Computer Music Journal 1 (4 1977a), S. 39-45.
43 Richard F. Moore, Elements of Computer Music, Englewood Cliffs, N.J.:
    Prentice Hall, 1990, S. 316 ff.
44 John Chowning und David Bristow, FM Theory & Applications – by Musicians
    for Musicians, Tokyo: Yamaha, 1986.
45 Barry D. Truax, The Computer Composition – Sound Synthesis Programs
    POD4, POD5 & POD6, (= Sonological Report 2), Institute of Sonology,
    University of Utrecht, 1973. Ders., The POD System of Interactive Composition
    Programs, in: Computer Music Journal 1 (3 1977b), S. 30-39.
46 Dirk Reith, Zur Situation elektronischen Komponierens heute, in: Reflexionen
    über Musik heute. Texte und Analysen, hrsg. v. Wilfried Gruhn, Mainz: Schott,
    1981, S. 99-146, hier 124ff.
47 Jimmy Pratt, Symphony in Chip Minor, in: Anglo American Spotlight (3 1982),
    S. 61.
48 Heinz Josef Herbort, Schöne Linzer Klang-Retorte. Erdenklang von Bogner-
    mayr/Zuschrader und dem „Fairlight CMI", in: Die Zeit, 5.2.1982.
49 Peter Bickel, Musik aus der Maschine. Computervermittelte Musik zwischen
    synthetischer Produktion und Reproduktion, (= Sigma-Medienwissenschaft 14),
    Berlin: Edition Sigma Bohn, 1992, S. 89.
50 Siehe dazu: NWDR, Elektronische Musik, Jahrgang 6, Technische Hausmit-
    teilungen des Nordwestdeutschen Rundfunks (Sonderheft), 1954.: Fritz En-
    kel, Die technischen Einrichtungen des „Studios für elektroakustische Musik",

S. 8-15. Fritz Enkel und Heinz Schütz, Zur Technik des Magnetbandes, S. 16-18.

51 Concrète PH entstand für den von Xenakis entworfenen, meist Le Corbusier zugeschriebenen Philips-Pavillon zur Weltausstellung in Brüssel 1958. Die Komposition war eine kurze Zwischenmusik, die zwischen den Aufführungen von Edgard Varèses Poéme Electronique (1957-58) erklang. Der Titel Concrète PH ist doppeldeutig. Zum einen, da Philips befürchtete, Varèse würde eine Musique concrète komponieren. Zum anderen für die englische Bezeichnung für Beton: concrete. PH verweist auf den Namen Philips und auf die Form der Betonelemente des Pavillons: Paraboloïdes ou Hyperboliques. Siehe dazu: Bart Lootsma, Poème Electronique: Le Corbusier, Xenakis, Varèse, in: Le Corbusier Synthèse des Arts. Aspekte des Spätwerks 1945-1965, hrsg. v. Badischen Kunstverein, Andreas Vorwinkel und Thomas Kesseler, Berlin: Ernst & Sohn, 1986, S. 111-147.

52 Grundlagen einer stochastischen Musik 1 (1960-1961), wiederveröffentlicht in Iannis Xenakis, Formalized Music. Thought and Mathematics in Music, Revised Edition, Additional material compiled and edited by Sharon Kanach, (= Harmonologia Series 6), Stuyvesant, N.Y.: Pendragon Press, 1992, S. 43-109.

53 Bálint András Varga, Gespräche mit Iannis Xenakis, übersetzt von Peter Hoffmann unter Mitarbeit von C. L. Sandor, Zürich: Atlantis, 1995, S. 184.

54 Iannis Xenakis, Wanderungen der musikalischen Komposition, in: Ars Electronica 1990 Band I. Digitale Träume, hrsg. v. Gottfried Hattinger und Peter Weibel, Linz: Ars Electronica, 1990, S. 59-77, hier S. 66.

55 Iannis Xenakis, Arts/Science: Alloys – The Thesis Defense of Iannis Xenakis, (= Pendragon Press aesthetics in music series 2), New York: Pendragon Press, 1985, zitiert nach der Übersetzung von Peter Hoffmann in: ders., Amalgam aus Kunst und Wissenschaft, Naturwissenschaftliches Denken im Werk von Iannis Xenakis, (= Europäische Hochschulschriften 36, Musikwissenschaft 110), Frankfurt am Main: Peter Lang, 1994, S. 102.

56 Rudolf Frisius, Stochastische Musik, in: Das große Lexikon der Musik, hrsg. v. Marc Honegger und Günther Massenkeil, Band 8, Freiburg: Herder, 1987, S. 12-13.

57 Marie-Hélène Serra, Stochastic Composition and Stochastic Timbre: Gendy3 by Iannis Xenakis, in: Perspectives of New Music 31 ([1]1993), S. 236-257.

58 Henning Lohner, Das UPIC: eine Erfindung von Iannis Xenakis, in: Musik-Konzepte (54/55 1987), S. 71-82.

59 Curtis Roads und John Strawn (Hrsg.), Foundations of Computer Music, Cambridge, Mass.: MIT, 1987 ([1]1985), S. 145-159. Barry Truax, Real-Time Granular Synthesis with a Digital Processor, in: Computer Music Journal 18 (2 1988), S. 14-26. Ders., Discovering Inner Complexity: Time Shifting and Transposition with a Real-time Granulation Technique, in: Computer Music Journal 18 (2 1994), S. 38-48. Giovanni De Poli, Aldo Picialli und Curtis Roads (Hrsg.), Representation of Musical Signals, Cambridge, Mass.: 1991.

60 Paul-Heinrich Mertens, Die Schumannschen Klangfarbengesetze und ihre Bedeutung für die Übertragung von Sprache und Musik, Frankfurt am Main.: Bochinsky, 1975.

61 Werner Kaegi und Stan Tempelaars., VOSIM – A New Sound Synthesis System, in: Journal of the Audio Engineering Society 26 (6 1978): S. 418-425. Werner Kaegi, A Minimum Description of the Linguistic Sign Repertoire (First Part), in: Interface (2 1974a), S. 141-156. Ders., A Minimum Description of the Lingustic Sign Repertoire (Part Two), in: Interface (3 1974b), S. 137-158.

62 Werner Kaegi, Controlling the VOSIM Sound Synthesis System, in: Interface 15 (2-4 1986a), S. 71-82. Ders., The MIDIM Language and its VOSIM Interpretation, in: Interface 15 (2-4 1986b), S. 83-161.

63 Werner Kaegi, Was ist elektronische Musik, Zürich: Orell Füssli, 1967.

64 William E. A. Buxton, Guy Fedorkow Fogels, Lawrence Sasaki und K.C. Smith, An Introduction to the SSSP Digital Synthesizer, in: Foundations of Computer Music, hrsg. v. Curtis Roads und John Strawn, Cambridge, Mass.: MIT, 1987, S. 206-224.

65 Charles Dodge und Thomas A. Jerse, Computer Music. Synthesis, Composition, and Performance, New York: Schirmer, 1985.

66 Johan Sundberg, Synthesis of Singing by Rule, in: Current Directions in Computer Music, hrsg. v. Max V. Mathews und John R. Pierce, Cambridge, Mass.: MIT, 1989, S. 45-55.

67 Joshua Cody, An Interview with Paul Lansky, in: Computer Music Journal 20 (1 1996), S. 19-24, hier S. 21.

68 Zitiert nach dem Begleitheft der Compact Disc: Paul Lansky, Smalltalk, New Albian Records, NA030CD, San Fransisco, 1990.

69 Ebenda.

70 Zitiert nach: Alicyn Warren, Talk about Smalltalk, in: news of music (13 1992), S. 109-120, hier S. 109, Paul Lansky, from an [radio] interview with Charles Amirkhanian and Steven Stein; at LaMaMa, New Music, Fall 1989.

71 Joshua Cody, An Interview with Paul Lansky, in: Computer Music Journal 20 (1 1996), S. 19-24, hier S. 21.

72 Paul Lansky, Linear Prediction: The Hard, but Interesting Way to do Things, in: AES 5th : Music and Digital Technology in Los Angeles, hrsg. v. John Strawn, Audio Engineering Society, 1987, S. 77-82.
Ders., Composing Application of Linear Predictive Coding, in: Current Directions in Computer Music, hrsg. v. Max V. Mathews und John R. Pierce, Cambridge, Mass.: MIT, 1989, S. 5-8.

73 Siehe dazu: Philipp Ackermann, Computer und Musik. Eine Einführung in die Klang- und Musikverarbeitung, hrsg. v. Helmut Schauer, Wien: Springer, 1991, S. 124. Werner A. Deutsch, Musik und Computer, in: Musikpsychologie. Ein Handbuch in Schlüsselbegriffen, hrsg. v. Herbert Bruhn, Rolf Oerter und Helmut Rösing, München: Urban & Schwarzenberg, 1985, S. 107-119, hier S. 116 u. 117.

74 Charles Dodge und Thomas A. Jerse, Computer Music, Synthesis, Composition, and Performance, New York: Schirmer, 1985, S. 219 ff.

75 Charles Dodge, On Speech Songs, in: Current Directions in Computer Music, hrsg. v. Max V. Mathews und John R. Pierce, Cambridge, Mass.: MIT, 1989, S. 9-17.

76 Gianpaolo Borin, Giovanni De Poli und Augusto Sarti, Algorithms and Struc-

tures for Synthesis Using Physical Models, in: Computer Music Journal 16
(4 1992), S. 30-42.

77 Kevin Karplus und Alex Strong, Digital Synthesis of Plucked-String and Drum
Timbre, in: Computer Music Journal 7 (2 1983), S. 43-55. James Woodhouse,
Physical Modeling of Bowed Strings, in: Computer Music Journal 16 (4 1992),
S. 43-56.

78 Xavier Rodet, Yves Potard und Jean-Baptiste Barrière, Chant. De la Synthèse de
la Voix Chantée a la Synthèse en Général, (= Rapports IRCAM 35), Paris:
IRCAM, 1985.

79 Jean-Baptiste Barrière, Chréode – Ein Weg zu einer neuen Musik mit dem
Computer [1984], in: SprachTonArt. Festival für Sprache und Musik, Berlin:
BGNM (Berliner Gesellschaft für Neue Musik), 1992, S. 143-154.

80 Roger N. Shepard, Circularity of Judgements of Relative Pitch, in: Journal of the
Acoustical Society of America 36 (1964), S. 2246-53.

81 Ders., Einsichten & Anblicke. Illusion und Wahrnehmungskonflikte in: Zeichnungen, Heidelberg: Spektrum der Wissenschaft, 1991, S. 159, [Orginal: Mind
sights: Original visual illusions, ambiguities, and other anomalies, with a com-
mentary on the play of mind in perception and art, 1990].

82 Jean-Claude Risset, Die musikalischen Möglichkeiten des Computers, theoretisch und praktisch: Über die Möglichkeiten der Klangerzeugung durch Computer, in: Teilton, (= Schriftenreihe der Heinrich-Strobel-Stiftung des Südwestfunks 3) hrsg. v. Otto Tomek, 1980, S. 16-25, hier S. 21.

83 Siehe dazu: Juan G. Roederer, Physikalische und psychoakustische Grundlagen
der Musik, zweite korrigierte Auflage von 1973, Heidelberg: Springer, 1993,
S. 37-41.

84 Karlheinz Stockhausen, Nr. 3 Elektronische Studien. Studie II, Wien: Universal
Edition, 1956.

85 Heinz Silberhorn, Die Reihentechnik in Stockhausens Studie II, Rohrdorf:
Rohrdorfer Musikverlag, 1980. Winfried Burow, Stockhausens Studie II, hrsg. v.
Richard Jakoby, Frankfurt am Main: Diesterweg, 1973.

86 Wolfgang Martin Stroh, Zur Soziologie der elektronischen Musik, Zürich:
Amadeus, 1975, S. 92ff.

87 Siehe dazu: Herman Sabbe, Karel Goeyvaerts, in: Komponisten der Gegenwart,
hrsg. v. Hanns-Werner Heister und Walter Sparrer, München: edition text+kri-
tik, 1992, S. 6.

88 Curtis Roads (Hrsg.), Composers and the Computer, (= The Computer Music
and Digital Audio Series 2), Los Altos, California: William Kaufmann, 1985,
S. 20.

89 Die Begriffe „Klangkontinuum" oder „Klangfarbenkontinuum" – die Interpolation zwischen zwei unterschiedlichen Klängen – werden neuerdings durch den
Terminus „Morphing" verdrängt. Morphing ist ursprünglich eine Videotechnik,
mittels der – bespielsweise in einem Videoclip – ein abgebildetes Gesicht sich stu-
fenlos in ein anderes Gesicht verwandelt. Die vermutlich erste Interpolation zwischen zwei unterschiedlichen, akustischen Instrumenten gelang 1975 John M.
Grey. Er errechnete ein Klangfarbenkontinuum zwischen Oboe und Violine
sowie zwischen Saxophon und Violine: John M. Grey, Exploration of Musical

Timbre Using Computer-Based Techniques for Analysis, Synthesis and Perceptual Scaling, Ph.D.diss., Stanford University, 1975. Siehe dazu: Edwin Tellmann, Lippold Haken und Bryan Holloway, Timbre Morphing of Sounds with Unequal Numbers of Features, in: Journal of the Audio Engineering Society 43 (9 1995), S. 678-689.

[90] Karlheinz Stockhausen, Vier Kriterien der Elektronischen Musik, in: Künstler über sich, hrsg. v. Wulf Herzogenrath. Düsseldorf: Droste, 1973. Wiederveröffentlicht in Karlheinz Stockhausen, Texte zur Musik 1970-1977, Band 4, hrsg. v. Christoph von Blumröder, Köln: DuMont, 1978, S. 360.

[91] Ebenda. S. 368.

[92] J.D. Banks, P. Berg, R. Rowe und D. Theriault, SSP. A BI-PARAMETRIC APPROACH TO SOUND SYNTHESIS, Institute of Sonology University of Utrecht, (= Sonological Report 5), 1979. Gottfried Michael Koenig, Kompositionsprozesse [Deutsche Fassung eines Vortrags im Rahmen des UNESCO-Workshops on Computer Music at Aarhus, 1978], in: ders., Ästhetische Praxis – Texte zur Musik (1968-1991), hrsg. v. Wolf Frobenius, Sigrid Konrad, Roger Pfau und Stefan Fricke, (= Quellentexte zur Musik des 20. Jahrhunderts 1.3), Saarbrücken: Pfau, 1978, S. 191-210.

[93] Paul Berg, PILE – A Language for Sound Synthesis, in: Foundations of Computer-Music, hrsg. v. Curtis Roads und John Strawn, Cambridge, Mass.: MIT, 1985, S. 160-187.

[94] John R. Pierce, The Science of Musical Sound, Revised Edition, New York: Freeman, 1992.

[95] Phillipe Depalle und Xavier Rodet, A Physical Model of Lips and Trumpet, in: ICMC 92 (International Computer Music Conference) in San Jose, California, International Computer Music Association, San Fransisco and Department of Music, College of Humanities and the Arts, San Jose State University, 1992, S. 132-135.

[96] Michel Serres, Der Parasit, Frankfurt am Main: Suhrkamp, 1984, S. 53-54.

[97] Andrej Tarkowski über die Elektroakustische Musik von Eduard Artemiev zu seinem Film *Spiegel*, in: ders., Die versiegelte Zeit. Gedanken zur Kunst, zur Ästhetik und Poetik des Films, 3., erweiterte Neuauflage, Leipzig: Kiepenheuer, 1989, S. 182.

Partitursynthese

[1] Abraham A. Moles, „Das neue Verhältnis zwischen Musik und Mathematik, in: Gravesaner Blätter 6 (23/24 1962), S. 99.

[2] Siehe dazu: Heinz Zemanek, Al Chorezmi (783-850) – Der Namensgeber des Algorithmus, in: ders., Das geistige Umfeld in der Informationstechnik, (= Edition SEL-Stiftung) hrsg. v. Gerhard Zeidler, Berlin: Springer, 1992, S. 51-64.

[3] Siehe dazu: Hermann Maurer, Theoretische Grundlagen der Programmiersprachen. Theorie der Syntax, (= Reihe Informatik 1), hrsg. v. Karl Heinz Böhling, Ulrich Kulisch und Hermann Maurer, Mannheim: B.I.-Wissenschaftsverlag, 1977.

4 Siehe dazu: Hans Hermes, Aufzählbarkeit Entscheidbarkeit Berechenbarkeit. Einführung in die Theorie der rekursiven Funktionen, revidierte Auflage der ersten Auflage von 1961, die als Band 109 der Grundlehren der mathematischen Wissenschaften erschien, (= Heidelberger Taschenbücher 87), Berlin: Springer, 1971.

5 Jan Brauers, Von der Äolsharfe zum Digitalspieler. 2000 Jahre mechanische Musik – 100 Jahre Schallplatte, München: Klinkhardt & Biermann, 1984, S. 68.

6 Siehe dazu: Eberhardt Knobloch, Musik, in: Maß, Zahl und Gewicht. Mathematik als Schlüssel zu Weltverständnis und Weltbeherrschung, hrsg. v. Menso Folkerts, Eberhardt Knobloch und Karin Reich, Wolfenbüttel: Herzog August Bibliothek, 1989, S 249-264.

7 Zitiert nach: Mechanische Musik, in: Riemann Musik-Lexikon (Sachteil), hrsg. v. Hans Heinrich Eggebrecht, Mainz: Schott, 1967, S. 550.

8 William Braid White, Piano Playing Mechanisms. A Treasure on the Design and Construction of Pneumatic Action of the Player Piano and of the Reproduction Piano, Second Edition, (¹1925), Boston: Tuners Supply Company, 1953.

9 Der Begriff Synthesizer wurde erstmalig im Zusammenhang des 1955 eingeführten RCA Electronic Music Synthesizer verwendet (siehe „Hybride Systeme"). Im Sinne eines spannungskontrollierten Synthesizers verwendet Moog zum ersten Mal den Terminus 1967 in einem Firmenprospekt.

10 Vermutlich wurde das Prinzip des spannungsgesteuerten Synthesizers von dem kanadischen Ingenieur Hugh Le Caine (1914-1977) erfunden. Er wurde bisher in Europa wenig beachtet. Das von ihm zwischen 1945 und 1948 entwickelte, elektroakustische Tasten-Instrument „Sackbut" hatte bereits spannungskontrollierte Oszillatoren, Verstärker und Filter. Siehe dazu: Gayle Young, The Sackbut Blues: Hugh Le Caine, Pioneer in Electronic Music, Ottawa: National Museum of Science and Technology, 1989, S. 40.

11 Gottfried Michael Koenig, zitiert nach: Herbert Eimert und Hans Ulrich Humpert, Das Lexikon der elektronischen Musik, (= bosse musik paperback 2), Regensburg: Bosse, 1973, S. 319.

12 Stan Tempelaars, A Double Variable Function Generator, in: Electronic Music Reports (2 1970), S. 13-31. Ders., Voltage Control at the Utrecht State University, in: Electronic Music Reports (1 1969), S. 68-77. Der Entwurf zu dem Funktionsgenerator, dem Vorgänger des in den Electronic Music Reports beschriebenen Modelles, geschah als Teil des Abschlusses von Stan Tempelaars Physikstudiums, das im Februar 1964 beendet war. Das Gerät wurde im Sommer desselben Jahres im Studio in Betrieb genommen und zwar als Hüllkurvengenerator, also gekoppelt mit einem Amplitudenmodulator. Bei diesen Anwendungen wurde schnell deutlich, daß der Funktionsgenerator auch andere Anwendungsmöglichkeiten der Spannungskontrolle bot. Robert A. Moog veröffentlichte während dieser Zeit einen Artikel über spannungskontrollierbare Oszillatoren, Verstärker und Filter, sprach jedoch nicht über das Prinzip des spannungsgesteuerten Sequenzers. Der Komponist Luctor Ponse benutzte im Sinne eines Sequenzers die Spannungssteuerung von Tempelaars' Generator, um Tonreihen zu generieren. Gottfried Michael Koenigs *Funktionen* (1968-69) sind die ersten wichtigen „Spannungssteuerungskompositionen" mit dem Funktions-

generator. Als erste vollwertige Komposition, die damit realisiert wurde, gilt *Aspekt* (1965/66) von Konrad Boehmer, allerdings setzte er das Gerät ohne Verwendung der Spannungssteuerung ein, sondern nutzte es als modifizierbaren Pulsgenerator. Koenig verwendete für seine *Funktionen* bereits das zweite Modell des Funktionsgenerators, das in den Electronic Music Reports beschrieben ist. (Diese Informationen bekam ich freundlicherweise von Stan Tempelaars in einem Schreiben vom 9. Mai 1996).
1966 wurde von Hugh Le Caine und Gustav Ciamaga ein spannungsgesteuerter Sequenzer mit der Bezeichnung „Serial Sound Structure Generator" entwickelt. Siehe dazu: Gayle Young, The Sackbut Blues: Hugh Le Caine, Pioneer in Electronic Music, Ottawa: National Museum of Science and Technology, 1989, S. 140.

13   Das Studio hatte zunächst die Bezeichnung Studio voor Elektronische Muziek van de Rijksuniversiteit Utrecht und bekam später den Namen Instituut voor Sonologie.

14   Eigentlich Gleichspannungsniveaus.

15   Gottfried Michael Koenig, Die Entwicklung von Computerprogrammen für musikalisch-kreative Zwecke [Deutsche Fassung eines Vortrages, gehalten im Rahmen eines Unesco-Kongresses in Stockholm, 1970], in: ders., Ästhetische Praxis. Texte zur Musik (1968-1991, hrsg. v. Wolf Frobenius, Stefan Fricke, Sigrid Konrad und Roger Pfau, (= Quellentexte zur Musik des 20. Jahrhunderts 1.3), Saarbrücken: Pfau, 1993, S. 57-76, hier S. 73.

16   Stan Tempelaars in: F.C. Weiland und ders., Elektronische Muziek, Utrecht: Bohm, Scheltma & Holkema, 1982, S. 176.

17   Harry F. Olson, Music, Physics and Engineering, New York: Dover, 1967, S. 415-426. Ders., Acoustical Engineering, Pennsylvania: Professional Audio Journals, 1991, S. 613-619. Hugh Davies, RCA Electronic Music Synthesizer, in: The New GROVE Dictionary of Musical Instruments, Band 3, hrsg. v. Stanley Sadie, London: Macmillian Press Limited, 1984, S. 199-200.

18   Siehe dazu: Begleitheft der Langspielplatte „Columbia-Princeton Electronic Music Center Tenth Anniversary Celebration", CRI SD 268.

19   Milton Babbitt, An Introduction to the R.C.A. Synthesizer, in: Journal of music theory 8 (2 1964), S. 251-265.

20   Pierre Boulez, Erinnerung, in: Siemens-Studio für elektronische Musik, hrsg. v. Siemens Kulturprogramm, München: Siemens AG, 1994, S. 9.

21   Peter Zinovieff, A Computerized Electronic Studio, in: Electronic Music Reports (1 1969), S. 5-22, hier S. 7-10, zitiert nach der gekürzten Übersetzung von Michael Harenberg, in: ders., Neue Musik durch neue Technik?, Kassel: Bärenreiter, 1989, S. 53-54.

22   Max. V. Mathews und F. Richard Moore, GROOVE – A Program to Compose, Store, and Edit Functions of Time, in: Communications of the ACM 13 (12 1970), S. 715-721.

23   Max V. Mathews zitiert nach: Peter Manning, Electronic and Computer Music, Oxford: Clarendon Press, 1993, S. 236-237.

24   Zitiert nach: David Cope, Computers and Musical Style, (= The Computer Music and Digital Audio Series 6), hrsg. v. John Strawn, Madison, Wisconsin:

A-R Editions, 1991, S. 11, [Laurie Spiegel. Liner notes to *The Expanding Universe*. Philo Records, No. 9003, 1980].

25 Zitiert nach: Charles Ames, Automated Composition in Retrospect: 1956-1986, in: Leonardo 20 (2 1987), S. 169-185, hier Seite 179, [Laurie Spiegel, Program Notes for *Music for Dance*, New York Philharmonic Horizons '84 concert, 3 June 1984].

26 Peter Zinovieff, A Computerized Electronic Studio, in: Electronic Music Reports (1 1969), S. 5-22.

27 Edward Kobrin, Computer in Performance, Berlin: Berliner Künstlerprogramm des DAAD, 1977.

28 Knut Wiggen, The Electronic Studio at Stockholm: Its Development and Construction, in: Interface 1 (2 1972), S. 127-136.

29 Dirk Reith, Algorithmische Komposition, in: Computer in der Musik. Über den Einsatz in Wissenschaft, Komposition und Pädagogik, hrsg. v. Helmut Schaffrath, Stuttgart: Metzler, 1991 S. 66-79. Matthias Becker, Synlab Modular-System, in: Keyboards (7 1994), S. 36-42.

30 Pierre Simon Laplace, Recherches sur l'intégration des équations différentielles aux différences finies et sur leur usage dans la théorie des hasards [1773], in: Ivo Schneider (Hrsg.), Die Entwicklung der Wahrscheinlichkeitstheorie von den Anfängen bis 1933. Einführungen und Texte, Darmstadt: Wissenschaftliche Buchgesellschaft, 1988, S. 69-70, hier S. 70.

31 Joel Chadabe, The Voltage-controlled Synthesizer, in: The Development and Practice of Electronic Music, hrsg. v. Jon H. Appleton und Ronald C. Perera, New Jersey: Prentice-Hall, 1975, S. 138-188, hier S. 168.

32 Ebenda, S. 173.

33 Lejaren A. Hiller und Leonard M. Isaacson, Experimental Music – Composing with an Electronic Computer, New York: McGraw-Hill, 1959, S. 82-151.

34 Ebenda, S. 84.

35 Ebenda.

36 Die in nahezu allen Schriften über Hiller erwähnte „Monte-Carlo-Methode" führt leicht zu dem Irrtum, als wäre dies eine stilbildende Methode, Musik zu generieren. Die „Monte-Carlo-Methode" ist lediglich ein Verfahren, um mit Hilfe eines Rechners Zufallszahlen zu erzeugen, die voneinander unabhängig sind, jedoch eine statistische Gleichverteilung aufweisen, ähnlich wie beim Werfen einer Münze oder beim Generieren von Zufallszahlen beim Roulette.

37 Lejaren A. Hiller, Informationstheorie und Computermusik, (= Darmstädter Beiträge zur Neuen Musik VIII), Mainz: Schott, 1963, S. 39.

38 Ebenda, S. 44.

39 Ebenda, S. 50-62. Ders. und Robert Baker. Computer Cantata: A Study of Compositional Method, in: Perspectives of New Music 3 (1 1964), S. 62-90.

40 Lejaren A. Hiller, Informationstheorie und Computermusik, (= Darmstädter Beiträge zur Neuen Musik VIII), Mainz: Schott, 1963, S. 53.

41 Lejaren A. Hiller, Some Compositional Techniques Involving the Use of Computers, in: Music by Computers, hrsg. v. Heinz von Foerster und James W. Beauchamp, New York: John Wiley & Sons, 1969, S. 71-83.

42 Claude E. Shannon und W. Weaver, A Mathematical Theory of Communication,

Urbana, Illinois: University of Illinois Press, 1949; vorher veröffentlicht in: Bell System Tech. Journal (27 1948), S. 379 und 623. Siehe dazu auch: Colin Cherry, On Human Communication. A Review, a Survey, and a Criticism, Third Paperback Printing, (= Studies in Comunication), Cambridge, Mass.: MIT, 1971 (1957).

43 Norbert Wiener, Kybernetik. Regelung und Nachrichtenübertragung in Lebewesen und Maschine, ¹1963, Düsseldorf: ECON, 1992; sowie als rowohlts deutsche enzyklopädie 294, Hamburg: Rowohlt, 1968.

44 Werner Meyer-Eppler, Grundlagen und Anwendungen der Informationstheorie. 2. Auflage, neubearbeitet und erweitert von G. Heike und K. Löhn, ¹1959, (= Kommunikation und Kybernetik in Einzeldarstellungen 1), hrsg. v. H. Wolter und W.D. Keidel, Berlin: Springer, 1969. Ders., Informationstheoretische Probleme der musikalischen Kommunikation, in: Gravesaner Blätter 7 (26 1965), S. 93-102.

45 Karl Steinbuch, Automat und Mensch. Auf dem Weg zu einer kybernetischen Anthropologie, 4. neubearbeitete Auflage, ¹1961, (= Heidelberger Taschenbücher 81), Berlin: Springer, 1971.

46 Georg Klaus, Kybernetik – eine neue Universalphilosophie der Gesellschaft?, (= Zur Kritik der bürgerlichen Ideologie 27), hrsg. v. Manfred Buhr, Berlin: Akademie Verlag, 1973. Ders. und Heinz Liebscher, Wörterbuch der Kybernetik, Lizenzausgabe nach der 4. völlig überarbeiteten Auflage 1976 des Dietz Verlages, Berlin, Frankfurt am Main: Fischer, 1979.

47 Max Bense, Einführung in die informationstheoretische Ästhetik. Grundlegung und Anwendung in der Texttheorie, Hamburg: Rowohlt, 1969.

48 Abraham Moles, Informationstheorie und ästhetische Wahrnehmung, Köln: DuMont, 1971. Ausschnittweise wiederveröffentlicht: Ders., Informationelle Poetik – Strukturen der poetischen Nachricht – Empfindungsebenen, in: Theorien der Kunst, hrsg. v. Dieter Heinrich und Wolfgang Iser, Frankfurt am Main: Suhrkamp, 1992, S. 429-446. Ders., Kunst und Computer, Köln: DuMont, 1973.

49 Siehe dazu: Hans Ronge (Hrsg.), Kunst und Kybernetik, Köln: DuMont, 1968.

50 Rul Gunzenhäuser, Das ästhetische Maß Birkhoffs in informationstheoretischer Sicht, in: Kunst und Kybernetik, hrsg. v. Hans Ronge. Köln: DuMont, 1968, S. 193-206.

51 Wilhelm Fucks, Mathematische Musikanalyse und Randomfolgen. Musik und Zufall, in: Gravesaner Blätter 6 (23/24 1962), S. 132-145. Ders., Über formale Struktureigenschaften musikalischer Partituren, in: Experimentelle Musik. Raum Musik, Visuelle Musik, Medien Musik, Wort Musik, Elektronik Musik, Computer Musik, (= Schriftenreihe der Akademie der Künste 7), hrsg. v. Fritz Winckel, Berlin: Gebr. Mann-Verlag, 1970, S. 33-58.

52 Karlheinz Stockhausen, Struktur und Erlebniszeit, in: ders., Texte zur elektronischen und instrumentalen Musik, Band 1. Aufsätze 1952-1962 zur Theorie des Komponierens, hrsg. v. Dieter Schnebel, Köln: DuMont, 1963, S. 86-98. Erstveröffentlichung in: die Reihe, Wien, Juni 1955.

53 Jonathan Cott, Stockhausen. Conversations with the Composer, London: Picador, 1974, S. 65.

54 Joel E. Cohen, Information Theory and Music, in: Behavioral Science 7 (2 1962), S. 137-163.

55 Herbert W. Franke, Informationstheorie und Ästhetik, in: Kunstforum (124 1993), S. 229-235, (teilweise identisch mit: Ders., Kybernetische Ästhetik. Phänomen Kunst, 3., erw. u. verb. Aufl., München: Reinhardt, 1979.).

56 Hubert Kupper, Computer und Musik. Mathematische Grundlagen und technische Möglichkeiten, Mannheim: B.I.-Wissenschaftsverlag, 1994. Kupper übernimmt in das die Partitursynthese betreffende Kapitel „...und komponieren können Computer auch?" weitestgehend die Texte und Zeichnungen seines früheren Buches: Ders., Computer und musikalische Komposition, Braunschweig: Vieweg, 1970. Die musikalischen Analysen und Synthesen beziehen sich dabei ausschließlich auf statistische Methoden, die bereits von Hillers früheren Arbeiten bekannt sind. Bemerkenswert, daß Hillers Name nur in der 1970 erschienenen Veröffentlichung erwähnt wird.

57 Emmanuelle Loubet, Interférences entre la théorie de l'information et le geste musical contemporain, Doctorat de Musicologie, Université de Paris IV - Sorbonne, 1985.

58 Lejaren Hiller und Raveesh Kumra, Composing Algorithm II by means of Change-Ringing, in: Interface 8 (3 1979), S. 129-168.

59 Lejaren Hiller, Music Composed with Computers – A Historical Survey, in: The Computer and Music, hrsg. v. Harry B. Lincoln, Ithaka, N.Y.: Cornell University, 1970, S. 42-96.

60 Pierre Barbaud, Initiation à la composition musicale automatique, Paris: Dunod, 1966.

61 Herbert Brün, From Musical Ideas to Computer and Back, in: The Computer and Music, hrsg. v. Harry B. Lincoln, Ithaka, N.Y.: Cornell University, 1970, S. 23-36.

62 Larry Austin, An Interview with John Cage and Lejaren Hiller, in: Computer Music Journal 16 (4 1992), Nachdruck von 1968, S. 15-29.

63 Pierre Barbaud, Initiation à la composition musicale automatique, Paris: Dunod, 1966.

64 Gottfried Michael Koenig, [Mitschnitt eines Vortrages am 7. Juli 1987 in Stuttgart], in: Michael Harenberg, Neue Musik durch neue Technik? Musikcomputer als qualitative Herausforderung für ein neues Denken in der Musik, Kassel: Bärenreiter, 1989, S. 88.

65 Gottfried Michael Koenig, Über meine Projekte 1 und 2 [Aufsatz 1990], in: ders., Ästhetische Praxis. Texte zur Musik (1968-1991), hrsg. v. Wolf Frobenius, Sigrid Konrad, Roger Pfau und Stefan Fricke, (= Quellentexte zur Musik des 20. Jahrhunderts 1.3), Saarbrücken: Pfau, 1990, S. 350-357, hier S. 355.

66 Gottfried Michael Koenig, Interview mit Curtis Roads [Deutsche Übesetzung eines Gesprächs mit Curtis Roads, 1978], in: ders., Ästhetische Praxis. Texte zur Musik (1968-1991), hrsg. v. Wolf Frobenius, Stefan Fricke, Sigrid Konrad und Roger Pfau, (= Quellentexte zur Musik des 20. Jahrhunderts 1.3), Saarbrücken: Pfau, 1993, S. 211-222, hier S. 212, [Orginal: Curtis Roads, An Interview with Gottfried Michael Koenig, in: Computer Music Journal 2 (3 1978), S. 11-15 u. 29].

67 Gottfried Michael Koenig, Project 2. A programme for musical composition, in: Electronic Music Reports (3 1970), Reprinted by Swets & Zeitlinger, Amsterdam, 1977, S. 4.

68 Ebenda: Ders., Die Entwicklung von Computerprogrammen für musikalisch-kreative Zwecke [Deutsche Fassung eines Vortrages, gehalten im Rahmen eines UNESCO-Kongresses in Stockholm, 1970], S. 57-76, hier S. 67-68. Die Fragen-Tabelle ist demselben Aufsatz entnommen.

69 Ebenda: Ders., Zu Übung für Klavier (1969/70), Programmnotizen, S. 84.

70 Dirk Reith, Zur Situation elektronischen Komponierens heute, in: Reflexionen über Musik heute. Texte und Analysen, hrsg. v. Wilfried Gruhn. Mainz: Schott, 1981, S. 99-146, hier S. 110.

71 Otto E. Laske, Composition Theory in Koenig's Project One and Project Two, in: Computer Music Journal 5 (4 1981), S. 54-65. Wiederveröffentlicht in: Curtis Roads (Hrsg.), The Music Machine. Selected Readings from Computer Music Journal, Cambridge, Mass.: MIT, 1989, S. 119-130.

72 Dirk Reith, Algorithmische Komposition, in: Computer in der Musik. Über den Einsatz in Wissenschaft, Komposition und Pädagogik, hrsg. v. Helmut Schaffrath. Stuttgart: Metzler, 1991, S. 66-79, hier S. 76ff.

73 Karlheinz Essl, Strukturgeneratoren. Algorithmische Komposition in Echtzeit, in: Beiträge zur Elektronischen Musik 5, Institut für Elektronische Musik der Hochschule für Musik und darstellende Kunst in Graz, 1996.

74 Michel Serres, Musik und Grundrauschen [1972], in: ders., Hermes II. – Interferenz, übersetzt von Michael Bischoff, hrsg. v. Günther Rösch, Berlin: Merve, 1992, S. 241-271, hier, 260-261.

75 Siehe dazu: Iannis Xenakis, Formalized Music. Thought and Mathematics in Music, Revised Edition, Additional material compiled and edited by Sharon Kanach, (= Harmonologia Series 6), Stuyvesant, N.Y.: Pendragon Press, 1992, S. 28ff. Die Auflagen von 1972 und 1992 sind bis einschl. Seite 254 identisch.

76 Eine gesamte Darstellung des algorithmischen Komponierens und der entsprechenden mathematischen Anwendungen von Xenakis würde diesen Rahmen sprengen. Es sei daher auf die umfassende, kompetente und verständliche Studie von André Baltensperger verwiesen: Ders., Iannis Xenakis und die stochastische Musik. Komposition im Spannungsfeld von Architektur und Mathematik, (= Publikationen der Schweizerischen Musikforschenden Gesellschaft, Serie II Vol. 36), Bern: Haupt, 1996.

77 Aktuelle und gute Darstellungen der mathematischen Anwendungen von Xenakis geben neben André Baltensperger: Randolph Eichert, Iannis Xenakis und die mathematische Grundlagenforschung, (= Fragmen. Beiträge, Meinungen und Analysen zur neuen Musik 5) hrsg. v. Stefan Fricke und Axel Fuhrmann, Saarbrücken: Pfau, 1994. Peter Hoffmann, Amalgam aus Kunst und Wissenschaft. Naturwissenschaftliches Denken im Werk von Iannis Xenakis, (= Europäische Hochschulschriften. Reihe 36, Musikwissenschaft 110), Frankfurt am Main: Peter Lang, 1994.

78 Zitiert nach: Dieter Kühn, Xenakis und sein Publikum, in: ders., Löwenmusik, Frankfurt am Main: Suhrkamp, 1979, S. 93-121, hier S. 104.

79 Wolfgang Stockmeier, Aleatorik, in: MGG, Band 15, hrsg. v. Friedrich Blume, Kassel: Bärenreiter, 1973, S. 126-130, hier S. 128.

80 In diesem Sinne wurde der Begriff zum erstenmal als „Kunst des Mutmaßens" von dem Mathematiker Jacques Bernoulli (1654-1705) verwendet.

81 Wolf Frobenius, Aleatorisch, Aleatorik [1976], in: Handwörterbuch der musikalischen Terminologie, hrsg. v. Hans Heinrich Eggebrecht, Stuttgart: Franz Steiner Verlag, 1994.

82 Iannis Xenakis, Stochastische Musik, in: Gravesaner Blätter 6 (23/24 1962), S. 161.

83 Yannis Xénakis [Iannis Xenakis], La crise de la musique serielle, in: Gravesaner Blätter 1 (1 1955), S. 3. Zitiert nach der Übesetzung von Michael Harenberg in: Ders., Neue Musik durch neue Technik?, Musikcomputer als qualitative Herausforderung für ein neues Denken in der Musik, Kassel: Bärenreiter, 1989, S. 68.

84 Martin Supper, Clarenz Barlows Computeranwendungen. Clarenz Barlow im Gespräch mit Martin Supper, in: positionen (Mind behind: Systemtheorien) (11 1992), S. 5-7, hier S. 5.

85 Siehe dazu auch: Clarenz Barlow, Bus Journey to Parametron (all about Çoğluotobüsişletmesi), in: Feedback (21-23 1980). Peter N. Wilson, Formalisierte Musik – naturwissenschaftliches Denken in der Musik. Gedanken zu den stochastischen Kompositionstheorien von Iannis Xenakis und Clarence Barlow, in: Neuland (5 1985), S. 52-59.

86 Carl Machover, Vizepräsident der Information Displays, Inc., Mount Kisco, New York, in: Stewart Kranz, Science and Technology in the Arts, New York: VNR – Van Nostrand Reinhold Company, 1974, S. 129.

87 Siehe dazu: Johannes Goebel, Man-Machine Interaction, in: International Computer Music Conference (ICMC) in Köln, hrsg. v. Christoph Lischka und Johannes Fritsch, Köln: Feedback Studio Verlag, 1988, S. 41-48.

88 Joel Chadabe, Interactive Composing: An Overview, in: The Music Machine. Selected Readings from Computer Music Journal, hrsg. v. Curtis Roads, Cambridge, Mass.: MIT, 1989, S 143-148.

89 Xavier Chabot, Roger Dannenberg und Georges Bloch, A Workstation in Live Performance: Composed Improvisation, in: International Computer Music Conference (ICMC) in Den Haag, hrsg. v. Paul Berg, International Computer Music Association, San Francisco, 1986, S. 57-59.

90 Jeff Pressing, Cybernetic Issues in Interactive Performance, in: Computer Music Journal 14 (1 1990), S. 12-25.

91 Tod Machover, Hyperinstruments: Musically Intelligent and Interactive Performance and Creativity Systems, in: International Computer Music Conference (ICMC) in Columbus, Ohio, International Computer Music Association, San Francisco, 1989, S. 186-190.

92 Larry Polansky, Phil Burk und David Rosenboom, HMSL (Hierarchical Music Specification Language): A Theoretical Overview, in: Perspectives of NEW MUSIC 28 (2 1990), S. 136-174.

93 Giuseppe G. Englert, Our Score: A Description of Metro 3, A Compositional and Performance Software Program, in: Leonardo Music Journal 3 (1993), S. 53-58.

[94] Edward Kobrin, Computer in Performance, Berlin: DAAD (Deutscher Akademischer Austauschdienst), 1977.

[95] David Behrman, Designing interactive computer-based music installations, in: Contemporary Music Review (Live Electronics) 6 (1 1991), S. 139-142.

[96] Simon Penny, Automatisiertes kulturelles Spiel. Versuch einer Systematisierung der interaktiven Kunst, in: Schöne neue Welten. Auf dem Weg zu einer neuen Spielkultur, hrsg. v. Florian Rötzer, München: Boer, 1995, S. 263-279.

[97] Robert Rowe, Interactive Music Systems. Machine Listening and Composing, Cambridge, Mass.: MIT, 1993, S. 6-8.

[98] Diese Technik hat bereits in früheren Jahren Instrumentalisten dazu animiert, mit sich selbst in Interaktion zu treten. Bevor es mehrspurige Magnetophongeräte gab, wurde dasselbe durch die Multiplaytechnik von nur zweispurigen Aufnahmegeräten erreicht. Ein Instrumentalist kann dabei sukzessiv die einzelnen Stimmen eines mehrstimmigen Musikstückes aufnehmen, wobei er – gleichsam ein zeitverzögertes Spiegelbild – mit sich selbst in Interaktion tritt. Bei der Aufzeichung der ersten Stimme muß er bereits seine Interpretation der noch nicht eingespielten Stimmen innerlich repräsentieren. Beim Aufzeichnen der weiteren Stimmen gilt es, sich über Kopfhörer an den bereits eingespielten Stimmen zu orientieren. Als kurios galt in diesem Zusammenhang die 1946 entstandene Aufzeichnung von Johann Sebastian Bachs *Konzert für zwei Violinen und Orchester* d-moll (BWV 1043), bei der Jascha Heifetz beide Violinparts spielte. Bereits selbstverständlich wirkt der Einsatz dieser Technologie bei der 1976 veröffentlichten Aufnahme von John Dowlands *My Lord Willoughby's Welcome Home* für zwei Lauten (1589) mit Julian Bream und bei der 1973 entstandenen Einspielung von Richard Wagners Vorspiel zu *Die Meistersinger von Nürnberg* (1861-67) in der Klavierbearbeitung und Interpretation von Glenn Gould.

[99] Graziano Bertini und Paolo Carosi, Light Baton System: A System for Conducting Computer Music Performance, in: Interface (Special Issue: Man-Machine Interaction in Live Performance) 22 (3 1993), S. 243-257.

[100] Joel Chadabe zitiert nach: Christopher Yavelow, Macworld Music & Sound Bible, San Mateo, California: IDG Books, 1992, S. 793.

[101] Siehe dazu: Heike Staff, Schwimmende Schwäne. Über ,interaktive Musik' und das Stück Swim Swan von Kiyoshi Furukawa, in: Positionen (Interaktive Musik) (21 1994), S. 6-11.

[102] IMW steht für IRCAM Musical Workstation.

[103] Robert Rowe, Interactive Music Systems. Machine Listening and Composing, Cambridge, Mass.: MIT, 1993, S. 80-82.

[104] Clarence Barlow, Autobusk: An Algorithmic Real-time Pitch and Rhythm Improvisation Program, in: International Computer Music Conference (ICMC) in Glasgow, hrsg. v. Stephen Arnold und Graham Hair, International Computer Music Association, San Francisco, 1990, S. 166-168.

[105] Jean-Claude Risset und Scott Van Duyne, Real-Time Performance Interaction with a Computer-Controlled Acoustic Piano, in: Computer Music Journal 20 (1 1996), S. 62-75. Ders., From Piano to Computer to Piano, in: International Computer Music Conference (ICMC) in Glasgow, hrsg. v. Stephen Arnold und

Graham Hair, San Francisco: International Computer Music Association, 1990, S. 15-23.

[106] Richard Teitelbaum, Digitale Piano Music. Solo für drei Pianos, in: Prix Ars Electronica '87. Meisterwerke der Computerkunst Graphik Animation Musik, hrsg. v. Hannes Leopoldseder, Worpswede: H. S. Sauer, 1987, S. 151-153, hier S. 151 u. 152.

[107] Joel Chadabe, About M, in: Contemporary Music Review (Live Electronics) 6 (1 1991), S. 143-146.

[108] David Zicarelli, M and Jam Factory, in: Computer Music Journal 11 (4 1987), S. 13-29.

[109] Carla Scaletti, The Kyma/Playtypus Computer Music Workstation, in: The Well-Tempered Object – Musical Applications of Object-Oriented Software Technology, hrsg. v. Stephen Travis Pope, Cambridge, Mass.: MIT, 1991, S. 119-140.

[110] Stephen Travis Pope, Indroduction to MODE: The Musical Object Development Environment, in: The Well-Tempered Object – Musical Applications of Object-Oriented Software Technology, hrsg. v. Stephen Travis Pope, Cambridge, Mass.: MIT, 1991, S. 83-106.

[111] Miller Puckette und David Zicarelli, MAX. An Interactive Graphic Programming Environment, Menlo Park, CA 94025-1010 USA: IRCAM und Opcode Systems, Inc., 1990-91.

[112] Stephen Travis Pope, Real-Time Performance via User Interfaces to Musical Structures, in: Interface 22 (3 1993), S. 195-212.

[113] Christopher Yavelow, Macworld Music & Sound Bible, San Mateo, California: IDG Books, 1992, S. 791-831. Ders., Composition or Improvisation? Only the Computer Knows!, in: AES 5th. Music and Digital Technology in Los Angeles, hrsg. v. John Strawn, Audio Engineering Society, 1987, S. 83-99.

[114] Jeff Pressing, Synthesizer Performance and Real-Time Technique, (= The Computer Music and Digital Audio Series 8) hrsg. v. John Strawn, Madison: A-R Editions, 1992, S. 409-426.

[115] Leonello Tarabella, Algorithmic Composition and Interaction, in: ARRAY 10 (4 1990), S. 17-18.

[116] Curtis Roads, The Computer Music Tutorial, Cambridge, Mass.: MIT, 1996, S. 613-701.

[117] Laurie Spiegel zitiert nach: Christopher Yavelow, Macworld Music & Sound Bible, San Mateo, California: IDG Books, 1992, S. 798.

[118] Die Bezeichnung MAX wurde zu Ehren von Max V. Mathews gewählt.

[119] Siehe dazu: Martin Supper, Computermusik, in: MGG, Band 2, hrsg. v. Ludwig Finscher, Kassel/Stuttgart: Bärenreiter/Metzler, 1995, S. 967-982, hier S. 977-978.

[120] Das Trautonium wurde an der Rundfunkversuchsstelle der Staatlichen akademischen Hochschule für Musik in Berlin Charlottenburg von Friedrich Trautwein entwickelt und 1930 erstmals vorgestellt.

[121] Jörg Spix, Das digitale Trautonium, Studienarbeit, Carl-von-Ossietzky-Universität Osnabrück, Fachbereich 10 / Informatik, Lehrstuhl für angewandte Informatik, Prof. Jensch, 1995.

[122] Siehe dazu: Frieder Nake, Schnittstelle Mensch-Maschine, in: Kursbuch (Computerkultur), 1984, S. 109-118.

[123] Siehe dazu: Klaus Wittig, MUSIC 2000. STEIM in Amsterdam, in: Keyboards (7 1993), S. 30-42. Curtis Roads, The Second STEIM Symposium on Interactive Composition in Live Electronic Music, in: Computer Music Journal 10 (2 1986). S. 44-50.

[124] Zitiert nach: Christopher Yavelow, Macworld Music & Sound Bible, San Mateo, California: IDG Books, 1992, S. 795-796, [From: STEIM, Studio for Electronic Music, published in conjunction with a Music Departmen exhibition of the same name, in The Hague's Gemeentemuseum, 1986].

[125] Hannah Bosma im Gespräch mit Michel Waisvisz: Alex Manassen und Hannah Bosma, Composers and Computers in the Netherlands, in: Key notes (25 1988), S. 48-54, hier S. 54.

[126] Alison Mathison Turing, Computing Machinery and Intelligence (1950). Learning Machines, in: Mechanical Intelligence. Collected Works of A.M. Turing, hrsg. v. D.C. Ince, Amsterdam: Elsevier Science Publishers B.V., 1992, S. 133-160, hier S. 154.

[127] Heinz von Foerster, Zukunft der Wahrnehmung: Wahrnehmung der Zukunft [1972], in: ders., Wissen und Gewissen. Versuch einer Brücke, hrsg. v. Siegfried J. Schmidt, Frankfurt am Main: Suhrkamp, 1993, S. 194-211, hier S. 206-208.

[128] Chris Brown, John Bischoff und Tim Perkis, Bringing Digital Music to Live, in: Computer Music Journal 20 (2 1996), S. 28-32.

[129] Der Autor erlebte dies bei zwei Konzerten: 1992 in San José, Kalifornien, und 1993 in Berlin.

[130] Tim Perkins zitiert nach dem Beiheft der Compact Disc: The HUB, Computer Network Music, ARTIFACT RECORDINGS, ART 1002, Berkley, 1989.

[131] John Myhill, Some Philosophical Implications of Mathematical Logic: Three Classes of Ideas, in: Review of Metaphysics 6 (2 1952), S. 165-198.

[132] Gilles Deleuze und Felix Guattari, Kapitalismus und Schizophrenie. Tausend Plateaus, Berlin: Merve, 1992, Einleitung: Rhizom, S. 11-42, hier S. 14 [Orginal: Rhizome. Introduction, 1976].

[133] Noam Chomsky, Aspekte der Syntax-Theorie, (= Suhrkamp-Taschenbuch Wissenschaft 42), Frankfurt am Main: Suhrkamp, 1973 [Orginal: Aspects of The Theory of Syntax, 1965]. Siehe dazu auch: John Lyons, Noam Chomsky, (= Moderne Theoretiker 770), hrsg. v. Frank Kermode, München: dtv, 1971.

[134] Noam Chomsky, Probleme sprachlichen Wissens, Weinheim: Beltz Athenäum, 1996, S. 140 [Orginal: Language and problems of knowledge, 1988].

[135] John Lyons, Einführung in die moderne Linguistik, 4. Aufl. (^{1}1971), München: Beck, 1975 [Orginal: Indroduction to Theoretical Linguistics, 1964].

[136] Herrmann Maurer, Theoretische Grundlagen der Programmiersprachen. Theorie der Syntax, (= Reihe Informatik 1), hrsg. v. Karl Heinz Böhling, Ulrich Kulisch und Hermann Maurer, Mannheim: B.I.-Wissenschaftsverlag, 1977.

[137] Noam Chomsky, Reflexionen über die Sprache, (= Suhrkamp-Taschenbuch Wissenschaft 185), Frankfurt am Main: Suhrkamp, 1977, S. 102, [Orginal: Reflections on Language, 1975].

[138] Beispiel nach: Steven R. Holtzman, Digital Mantras. The Language of Abstract

and Virtual Worlds, Cambridge, Mass.: MIT, 1994, S. 109, [Kapitel 7: Chomsky].

[139] Lehrstuhl für Poetik, an dem vor ihm bereits Strawinsky und Hindemith gelehrt hatten, später (1988-89) auch John Cage.

[140] Leonard Bernstein, Musik – die offene Frage. Vorlesungen an der Harvard-Universität, München: Goldmann-Schott, 1981, hier S. 9. Die englische Ausgabe (1976) ist nach der gleichnamigen Komposition von Charles Ives, *The Unanswered Question* (ca. 1908), benannt.

[141] Noam Chomsky, Sprache und Geist [Orginal: Language and Mind, 1968], (= Suhrkamp-Taschenbuch Wissenschaft 19), Frankfurt/Main: Suhrkamp, 1973.

[142] Leonard Bernstein, Musik – die offene Frage, Wien: Molden, 1976, S. 68.

[143] Fred Lerdahl und Ray Jackendoff, A Generative Theory of Tonal Music, Cambridge, Mass.: MIT, 1983, S. xi [Vorwort].

[144] Ebenda, S. 5.

[145] Ebenda, S. 8-9.

[146] Heinrich Schenker, Das Meisterwerk in der Musik. Ein Jahrbuch – 3 Teile in einem Band, [Nachdruck] Hildesheim: Georg Olms, 1974 [¹1925].

[147] Heinrich Schenker, Five Graphic Music Analyses (FÜNF URLINIE-TAFELN) with a new introduction and glossary by Felix Salzer, Orginal: 1933, New York: Dover, 1969, S. 25.

[148] Ebenda, S. 14.

[149] Noam Chomsky, Syntactic Structures, Den Haag: Mouton, 1957.

[150] Siehe dazu: Wolfgang Stegmüller, Hauptströmungen der Gegenwartsphilosophie. Eine kritische Einführung – Band II, Stuttgart: Kröner, 1975, [Kapitel I, Philosophien der Sprache, 1. Generative Grammatik und angeborene Ideen: Noam Chomsky].

[151] James R. Meehan, An Artificial Intelligence Approach to Tonal Music Theory, in: Computer Music Journal 4 (2 1980), S. 60-72, hier S. 60.

[152] Eliezer Rapoport, Emotional Expression Code in Opera and Lied Singing, in: Journal of New Music Research 25 (2 1996), S. 109-149, hier S. 115.

[153] David Cope, Computers and Musical Style, (= The Computer Music and Digital Audio Series 6), hrsg. v. John Strawn, Madison, Wisconsin: A-R Editions, 1991, S. 28 u. 29.

[154] Fred Lerdahl, Cognitive constraints on compositional systems, in: Generative Processes in Music. The Psychology of Performance, Improvisation, and Composition, hrsg. v. John A. Sloboda, Oxford: Clarendon Press, 1988, S. 231-259, hier S. 234-235.

[155] Ebenda, S. 235.

[156] Ebenda.

[157] Ebenda.

[158] Helga de la Motte-Haber, Handbuch der Musikpsychologie, 2., erg. Aufl. / mit Beitr. von Reinhard Kopiez und Günther Rötter (¹1985), Laaber: Laaber, 1996, S. 476.

[159] Rudolf Stephan, Hörprobleme serieller Musik [1962], in: Bernhard Dopheide, Musikhören, Hörerziehung, (= Erträge der Forschung 91), Darmstadt: Wissenschaftliche Buchgesellschaft, 1978, S. 38.

[160] Marvin Minsky, La musique, les structures mentales et le sens, in: Le compositeur et l'ordinateur in Paris, hrsg. v. IRCAM / Centre Georges Pompidou, 1981, S. 56-81.

[161] Private Mitschrift während des Symposions „le compositeur et l'ordinateur", 17.-21. Februar 1981, IRCAM, Paris. Der genaue Wortlaut der Diskussion müßte im IRCAM dokumentiert sein, da alles auf Band mitgeschnitten wurde.

[162] Ebenda.

[163] Otto E. Laske, Introduction to a Generative Theory of Music, Institut of Sonolgy – University of Utrecht, 1975, (= Sonological Reports 1(B)). Ausschnittweise wiederöffentlicht in ders., In Search of a Generative Grammar for Music, in: Machine Models of Music, hrsg. v. Stephan M. Schwanauer und David A. Levitt. Cambridge, Mass.: MIT, 1993, S. 215-242.

[164] Otto E. Laske, A search for a theory of musicality, in: Languages of design 1 (3 1993), S. 209-228, hier S. 222.

[165] Benjamin Boretz, Meta-Variations. Studies in the Foundations of Musical Thought, Vol. 1. Red Hook, N.Y.: Open Space, 1995, S. 61-85.

[166] Steven R. Holtzman, GGDL – Generative Grammar Definition Language, University of Edinburgh, Department of Computer Science, 1979. Dieser Report wird auch beschrieben in: Ders., A Generative Grammar Definition Language for Music, in: Interface 9 (1 1980), S. 1-48.

[167] Algorithmische Kompositionsmethoden, die sich nicht an Erzeugungsgrammatiken existierender Musik orientieren, also neue Regeln verwenden wie beispielsweise bei Xenakis, werden im Gegensatz dazu „rule-based composition" genannt.

[168] Steven R. Holtzman, Using Generative Grammars for Music Composition, in: Computer Music Journal 5 (1 1981), S. 51-64, S. 53.

[169] Ebenda.

[170] Ebenda, S. 55.

[171] Ebenda, S. 53

[172] Ebenda, S. 58

[173] Steven R. Holtzman, GGDL – Generative Grammar Definition Language, University of Edinburgh, Department of Computer Science, 1979, S. 1.

[174] Steven R. Holtzman, Digital Mantras. The Language of Abstract and Virtual Worlds, Cambridge, Mass.: MIT, 1994, S. 168.

[175] Stephen W. Smoliar, Music Programs: An Approach to Music Theory Through Computational Linguistics, in: Journal of Music Theory 20 (1 1976), S. 105-131. Ders., Schenker: A Computer Aid for Analysing Tonal Music, in: SIGLASH 10 (1-2 1976), S. 30-61.

[176] Kevin Jones, Compositional Applications of Stochastic Processes, in: Computer Music Journal 5 (2 1981), S. 45-61.

[177] Curtis Roads, Composing Grammars, Computer Music Association, San Francisco, 1978.

[178] David Cope, Computers and Musical Style, (= The Computer Music and Digital Audio Series 6), hrsg. v. John Strawn, Madison, Wisconsin: A-R Editions, 1991.

[179] Jim Kippen und Bernard Bel, Modelling Music with Grammars: Formal Lan-

guage Representation in the Bol Processor, in: Computer Representations and Models in Music, hrsg. v. Alan Marsden und Anthony Pople, London: Academic Press, 1992, S. 207-238. Bernard Bell und Jim Kippen, Bol Processor Grammars, in: Understanding Music with AI: Perspectives on Music Cognition, hrsg. v. Mira Balaban, Kemal Ebcioglu und Otto E. Laske, Cambridge, Mass: AAAI / MIT, 1992, S. 366-400.

[180] Benjamin Boretz, Talk: If I am a musical thinker, Barrytown, N.Y.: Station Hill Press, 1985.

[181] James Tenney, META +- HODOS and META Meta +- Hodos. A Phenomenology of 20th-Century Musical Materials and an Approach to the Study of Form, Second Edition (¹1986), Hanover, NH: Frog Peak Music, 1992.

[182] Die englischen Titel wurden Tenneys Buch entnommen.

[183] Ebenda, S. 87.

[184] Ebenda, S. 93.

[185] Jean-Claude Risset, Tribute to James Tenney. Über James Tenney: Komponist, Musiker und Theoretiker, in: MusikTexte (37 1990), S. 38-42, hier S. 38, [Original in: Perspectives of New Music, Vol. 25, Nos. 1&2, 1987]. Siehe dazu: James Tenney, Computer Music Experiments, 1961-1964, (= Electronic Music Reports 1), Institute of Sonology, Utrecht, 1969, S. 23-60.

[186] Charles Ames, Crystals: Recursive Structures in Automated Composition, in: Computer Music Journal 6 (3 1982), S. 46-64.

[187] Charles Ames, Automated Composition in Retrospect: 1956-1986, in: Leonardo 20 (2 1987), S. 169-185, hier S. 181 u. 183.

[188] Aristid Lindenmayer, Mathematical Models for Cellular Interaction in Development, Part I and II, in: Journal of Theoretical Biology (18 1968), S. 280-315. L-Systeme sind nur entfernt mit dem verwandt, was in der Literatur die fraktale Geometrie der Natur genannt wird: Benoît B. Mandelbrot, Die fraktale Geometrie der Natur, Basel: Birkhäuser, 1987. L-Systeme werden bei Mandelbrot auch nicht erwähnt.

[189] Siehe dazu: Przemyslaw Prusinkiewicz und Aristid Lindenmayer, The Algorithmic beauty of Plants, New York: Springer, 1990.

[190] Przemyslaw Prusinkiewicz, Score Generation with L-Systems, in: International Computer Music Conference (ICMC) in Den Haag, hrsg. v. Paul Berg, International Computer Music Association, San Francisco, 1986, S. 455-457.

[191] Stephanie Mason und Michael Saffle, L-Systems, Melodies and Musical Structure, in: Leonardo Music Journal 4 (1994), S. 31-38.

[192] Charles Dodge und Curtis R. Bahn, Musical Fractals, in: Byte 11 (6 1986), S. 185-196. Zitiert in der Übersetzung von: John Briggs und David F. Peat, Die Entdeckung des Chaos. Eine Reise durch die Chaos-Theorie, München: dtv, 1993, S. 306-307.

[193] Vladimir Karbusicky, Musikalische Urformen und Gestaltungskräfte, in: Musikalische Gestaltung im Spannungsfeld von Chaos und Ordnung, hrsg. v. Otto Kolleritsch, Wien/Graz: Universal Edition für Institut für Wertungsforschung an der Hochschule für Musik und darstellende Kunst in Graz, 1991, S. 29-89, hier S. 42.

[194] Hanspeter Kyburz, Programmnotizen zu Cells, in: Programm der Donaueschin-

ger Musiktage 1993, Donaueschingen: Kulturamt der Stadt Donaueschingen, 1993, S. 88-89.

[195] Siehe dazu: John E. Hopcroft und Jeffrey D. Ullman, Einführung in die Automatentheorie, Formale Sprachen und Komplexitätstheorie, 2. Aufl. 1990, erster Nachdruck 1992, Bonn: Addison-Wesley, 1990 [Orginal: Introduction to automata, languages and computation, 1979].

[196] John von Neumann, Allgemeine und logische Theorie der Automaten, in: Kursbuch (Neue Mathematik, Grundlagenforschung, Theorie der Automaten) (8 1967), S. 139-175, hier S. 142, 167 und 168.

[197] Ebenda, S. 172ff.

[198] Siehe dazu: Brian Hayes, Zelluläre Automaten, in: Spektrum der Wissenschaft (Sonderheft, Computer-Kurzweil II 1988), S. 60-67. Stephen Wolfram, Software für Mathematik und Naturwissenschaft, in: Chaos und Fraktale, Heidelberg: Spektrum der Wissenschaft, 1989, S. 186-197.

[199] Marvin Minsky, The Society of Mind, New York: Simon and Schuster, 1986.

[200] Stephen Wolfram, Statistical mechanics of cellular automata, in: Reviews of Modern Physics 55 (3 1983), S. 601.

[201] Peter Beyls, The Musical Universe of Cellular Automata, in: International Computer Music Conference (ICMC) in Columbus, Ohio, Computer Music Association, San Francisco, 1989, S. 34-41, hier S. 35.

[202] Martin Supper, Musik und Mathematik. Iannis Xenakis im Gespräch mit Martin Supper, in: MUSIKFEST AKTUELL (Internationales Musikfest Stuttgart), 21. 9. 1985, S. 25.

[203] Peter Bowcott, Cellular Automation as a Means of High Level Compositional Control of Granular Synthesis, in: International Computer Music Conference (ICMC) in Columbus, Ohio, Computer Music Association, San Francisco, 1989, S. 55-57, hier S. 56.

[204] Miranda Eduardo Reck, Music composition using cellular automata, in: Languages of design 2 (2 1994), S. 103-117.

[205] Miranda, Eduardo Reck, Cellular Automata Music: An Interdisciplinary Project, in: Interface 22 (1 1993), S. 2-21, hier S. 14.

[206] Bálint András Varga, Gespräche mit Iannis Xenakis, Zürich: Atlantis, 1995, S. 185 und 186.

[207] Siehe dazu: Peter Hoffmann, Zelluläre Automaten als kompositorische Modelle. Sind Chaos und Komplexität musikalische Phänomene?, in: Arbeitsprozesse in Physik und Musik, hrsg. v. Akademie der Künste Berlin, Frankfurt am Main/ Berlin: Peter Lang Verlag/Akademie der Künste Berlin, 1994, S. 7-18.

Künstliche Intelligenz und Kognitionswissenschaft

[1] David Hume, Eine Untersuchung über den menschlichen Verstand, Stuttgart: Reclam, 1967, S. 82 [50] [Orginal: An Enquiry Concerning Human Understanding, 1874/75].

[2] Die Turingmaschine ist ein mathematisches Modell der Automatentheorie, einem Zweig der thoretischen Informatik. Siehe dazu: Alison Mathison Turing, Mechanical Intelligence, (= Collected Works of A.M. Turing 3), hrsg. v. D.C.

Ince, Amsterdam: Elsevier Science Publishers B.V., 1992. Ders., Kann eine Maschine denken? [1950], in: Kursbuch (Neue Mathematik, Grundlagenforschung, Theorie der Automaten) (8 1967), S. 106-138.

3   Allen Newell und Herbert Simon, Computerwissenschaft als empirische Forschung: Symbole und Lösungsversuche, in: Kognitionswissenschaft. Grundlagen, Probleme, Perspektiven, hrsg. v. Dieter Münch, Frankfurt am Main: Suhrkamp, 1992. S. 54-91 [Orginal: Computer Science as Empirical Inquiry: Symbols and Search, 1976].

4   Herbert A. Simon, Die Wissenschaften vom Künstlichen, 2. Aufl. (^{1}1990), übersetzt und mit einem Nachwort versehen von Oswald Wiener, (= Computerkultur III), hrsg. v. Rolf Herken, Wien: Springer, 1994 [Orginal: The Science of the Artificial, 1969/1981].

5   Marvin Minsky, Eine Rahmenstruktur für die Wissensrepräsentation, in: Kognitionswissenschaft. Grundlagen, Probleme, Perspektiven, hrsg. v. Dieter Münch, Frankfurt am Main: Suhrkamp, 1992, S. 92-133 [Orginal: A framework for representing knowledge, 1981]. Ders., Music, Mind and Meaning, in: Machine Models of Music, hrsg. v. Stephan M. Schwanauer und David A. Levitt, Cambridge, Mass.: MIT, 1993, S. 327-354.

6   Siehe dazu: Otto E. Laske, Ungelöste Probleme bei der Wissensakquisition für wissensbasierte Systeme, in: KI (4 1989), S. 4-12.

7   Hubert L. Dreyfus, Was Computer nicht können, Frankfurt am Main: Athenäum, 1989. Ders. und Stuart E. Dreyfus, Künstliche Intelligenz. Von den Grenzen der Denkmaschine und dem Wert der Intuition, Reinbek bei Hamburg: Rowohlt, 1987 [Orginal: What Computers can't do – The Limits of Artificial Intelligence, 1972/1979].

8   John R. Searle, Ist das Gehirn ein Digitalcomputer?, in: Informatik und Philosophie, hrsg. v. Peter Schefe, Heiner Hastesdt, Yvonne Dittrich und Geert Keil, Mannheim: B.I.-Wissenschaftsverlag, 1993, S. 211-232.

9   Hilary Putnam, Renewing Philosophy, Cambridge, Mass.: Harvard University Press, 1992, S. 1-18 [The Project of Artificial Intelligence]. Ders., Vernunft, Wahrheit und Geschichte [Orginal: Reason, Truth and History, Cambridge, Mass.,1981], Frankfurt am Main: Suhrkamp, 1990, S. 24-28.

10 Terry Winograd und Fernando Flores, Erkenntnis Maschinen Verstehen. Zur Neugestaltung von Computersystemen, Berlin: Rotbuch, 1989. Siehe dazu: Michael Mohnhaupt und Klaus Rehkämper, Gedanken zu einer neuen Theorie der Kognition, Das Buch von T. Winograd/F. Flores: Erkenntnis – Maschinen – Verstehen. Zur Neugestaltung von Computersystemen, in: Kognitionswissenschaft 1 (1 1990), S. 36-45.

11 Siehe dazu: Otto E. Laske, Eine kurze Einführung in die Kognitive Musikwissenschaft: Folgen des Computers in der Musik, in: Computermusik. Theoretische Grundlagen, Kompositionsgeschichtliche Zusammenhänge, Musiklernprogramme, hrsg. v. Günther Batel, Günter Kleinen und Dieter Salbert, Laaber: Laaber-Verlag, 1987, S. 169-194. Ders., Artificial Intelligence and Music: A Cornerstone of Cognitive Musicology, in: Understanding Music with AI: Perspectives on Music Cognition, hrsg. v. Mira Balaban, Kemal Ebcioglu und Otto E. Laske, Cambridge, Mass.: AAAI / MIT, 1992, S. 3-28.

[12] Ders., The Observer Tradition of Knowledge Acquisition, in: Understanding Music with AI: Perspectives on Music Cognition, hrgs. v. Mira Balaban, Kemal Ebcioglu, and Otto E. Laske. Cambridge, Mass.: AAAI / MIT, 1992, S. 259-289.

[13] Joseph Weizenbaum, Die Macht der Computer und die Ohnmacht der Vernunft, Frankfurt am Main: Suhrkamp, 1978.

[14] Ebenda, S. 14-33.

[15] Zitiert nach: Dieter Münch, Computermodelle des Geistes, in: Kognitionswissenschaft. Grundlagen, Probleme, Perspektiven, hrsg. v. Dieter Münch, Frankfurt am Main: Suhrkamp, 1992, S. 7-53, hier S. 9.

[16] Gottlieb Frege, Begriffsschrift und andere Aufsätze, 3. Aufl. (¹1964) mit E. Husserls und H. Scholz' Anmerkungen, herausgegeben von Ignacio Angelelli, Darmstadt: Wissenschaftliche Buchgesellschaft, 1974.

[17] Jerrold A. Fodor, The Language of Thought, New York: Crowell, 1975.

[18] Siehe dazu: Sybille Krämer, Symbolische Maschinen. Die Idee der Formalisierung in geschichtlichem Abriß, Darmstadt: Wissenschaftliche Buchgesellschaft, 1988. Dies., Rationalismus und Künstliche Intelligenz: Zur Korrektur eines Mißverständnisses, in: KI (März 1993 – Heft 1 1993), S. 31-35. Bettina Heintz, Die Herrschaft der Regel: zur Grundlagengeschichte des Computers, Frankfurt am Main: Campus, 1993. Roger Penrose, Computerdenken. Die Debatte um Künstliche Intelligenz, Bewußtsein und die Gesetze der Physik, Heidelberg: Spektrum der Wissenschaft, 1991.

[19] Siehe dazu: Peter Desain und Henkjan Honing (Hrsg.), Music, Mind and Machine. Studies in Computer Music, Music Cognition and Artificial Intelligence, Amsterdam: Thesis Publishers, 1992. Todd, Peter M. and Gareth Loy (Hrsg.), Music and Connectionism, Cambridge, Mass.: MIT, 1991.

[20] Hier wird die Frage aktuell, ob ein System – in diesem Fall ein Neuronales Netz – zukünftig in der Lage sein wird, neue Regeln zu entwickeln, die unabhängig vom Stil der Trainingsstücke sind. Der Autor geht davon aus, daß dies nicht möglich sein wird. Diese Fragestellung tangiert auch den erwähnten Bereich der Automatentheorie und der damit verbundenen Frage, ob ein Automat einen Automaten entwerfen kann, der komplexer als er selbst ist (siehe „Partitursynthese"). Siehe dazu: Mira Balaban, Kemal Ebcioglu und Otto E. Laske (Hrsg.), Understanding Music with AI: Perspectives on Music Cognition, Cambridge, Mass.: AAAI/MIT, 1992. Peter M. Todd und Gareth Loy, (Hrsg.), Music and Connectionism, Cambridge, Mass.: MIT, 1991.

[21] Siehe dazu: David Cope, An Expert System for Computer-assisted Composition, in: Computer Music Journal 11 (4 1987), S. 30-46. Ders., Experiments in Musical Intelligence (EMI): Non-Linear Linguistic-based Composition, in: Interface 18 (1-2 1989), S. 117-139. Douglas R. Riecken, WOLFGANG – A System Using Emoting Potentials to Manage Musical Design, in: Understanding Music with AI: Perspectives on Music Cognition, hrsg. v. Mira Balaban, Kemal Ebcioglu und Otto E. Laske, Cambridge, Mass.: AAAI / MIT, 1992, S. 207-236. Ders. WOLFGANG: 'Emotions' and Architecture which Bias Musical Design, in: Leonardo 28 (3 1995), S. 225-230. Gioffredo Haus und Alberto Sametti, Modelling and generating musical scores by Petrinets, in: Languages of design 2 (1 1994), S. 39-57.

22 Kemal Ebcioglu, An Expert System for Harmonizing Chorales in the Style of J.S. Bach, in: Understanding Music with AI: Perspectives on Music Cognition, hrsg. v. Mira Balaban, Kemal Ebcioglu und Otto E. Laske, Cambridge, Mass: AAAI / MIT, 1992, S. 295-333. John Turner Maxwell, An expert system for harmonic analysis of tonal music, in: Proceedings of the First Workshop on Artificial Intelligence and Music in Minneapolis/St.Paul, AAAI-88, 1988.

23 Marc Leman, A Process Model for Musical Listening Based on DH-Networks, in: CC AI. The Journal for the Integrated Study of Artificial Intelligence, Cognitive Science and Applied Epistemology 3 (3 1986), S. 225-239. Piero Cosi, Giovanni De Poli und Giampaolo Lauzzana, Auditory Modelling and Self-Organizing Neural Networks for Timbre Classification, in: Journal of New Music Research 23 (1 1994), S. 71-98.

24 Eduardo Reck Miranda, An Artificial Intelligence Approach to Sound Design, in: Computer Music Journal 19 (2 1995), S. 59-96, hier S. 64.

Musik und Raum

1 Rudolf Carnap, Mein Weg in die Philosophie, [Orginal: Rudolf Carnap: Intellectual Autobiography, London: Open Court, 1963], Stuttgart: Reclam, 1993, S. 18 u. 19.

2 Diese Einschränkung wird hier bewußt gemacht, da eine umfassende Diskussion von Raumkonzepten in der Musik weit über den Rahmen der vorliegende Arbeit gehen würde. Dies bedeutet, daß auf Begriffe wie „Klangraum", „Hörraum", „Zeitraum" u.a. nicht eingegangen wird. Verschiedene Konzepte der Einbeziehung des architektonischen Raumes werden nur punktuell beleuchtet.

3 Zitiert nach: Alvin Lucier, Reflections. Interviews, Scores, Writings / Reflexionen. Interviews, Notationen, Texte, (= Edition MusikTexte 003), hrsg. v. Gisela Gronemeyer und Reinhard Oehlschlägel, Übersetzung von Gisela Gronemeyer, Frank Gertich und Petra Crosby, Köln: MusikTexte, 1995, S. 322 u. 323.

4 Mit Aufführung ist ein reines Lautsprecherkonzert gemeint, bei dem das fertig geklebte Magnettonband vorgeführt wird.

5 Alvin Luvier, Jeder Raum hat seine eigene Melodie, in: ders., Reflections. Interviews, Scores, Writings / Reflexionen. Interviews, Notationen, Texte, Übersetzung von Markus Trunk, (= Edition MusikTexte 003), hrsg. v. Gisela Gronemeyer und Reinhard Oehlschlägel, Köln: MusikTexte, 1995, S. 94-103, hier S. 101.

6 Realisiert für das Festival INVENTIONEN '86/SPRACHEN DER KÜNSTE III, Musik und Sprache, Berlin, 1986.

7 Unberücksicht bleibt bei dieser Überlegung, daß der Tonmeister einen wesentlichen Einfluß auf die „Abbildung" des Raumes hat und dieses „Bild" beliebig manipulieren kann.

8 Siehe dazu: Barbara Barthelmes, Musik und Raum – ein Konzept der Avantgarde, in: Musik und Raum. Eine Sammlung von Beiträgen aus historischer und künstlerischer Sicht zur Bedeutung des Begriffes „Raum" als Klangträger für die Musik, hrsg. v. Thüring Bräm, Basel: GS-Verlag, 1986, S. 75-89.

9 Raumkonzeptionen wie Fontanas Arbeiten berühren den ganzen Bereich dessen,

was „Klanginstallion", „Klangskulptur" oder auch „Klangkunst" genannt wird. Eine aktuelle Darstellung dieser Kunstrichtungen geben folgende Ausstellungskataloge: Helga de la Motte-Haber und Akademie der Künste Berlin (Hrsg.), Klangkunst: erschienen anläßlich von ‚sonambiente – festival für hören und sehen', Internationale Klangkunst im Rahmen der 300-Jahrfeier der Akademie der Künste, Berlin, München: Prestel, 1996. René Block, Lorenz Dombois, Nele Hertling und Barbara Volkmann (Hrsg.), Für Augen und Ohren. Von der Spieluhr zum akustischen Environment, (= Akademie-Katalog 127), Berlin: Akademie der Künste, 1980.

10   Der Autor bezeichnet die Simulation akustischer Räume dann als „virtuelle akustische Räume", wenn sie architektonisch nicht gebaut werden können. Als Simulation begreift der Autor akustische Räume, die existieren, und auch solche, die nicht existieren, aber gebaut werden könnten.

11   Karlheinz Stockhausen, Musik und Raum [1959], in: Texte. Band 1, hrsg. v. Dieter Schnebel, Köln: DuMont, 1963, S. 152-175, hier S. 153.

12   Siehe dazu: Annette Vande Gorne, Espace/Temps. Historique, in: LIEN revue d'esthétique musicale, (L'Espace du Son 1988), S. 8-15. Gisela Nauck, Musik im Raum – Raum in der Musik, (= Archiv für Musikwissenschaft 38), hrsg. v. Hans Heinrich Eggebrecht, Stuttgart: Franz Steiner Verlag, 1997.

13   Siehe dazu: Karlheinz Stockhausen, KONTAKTE für elektronische Klänge, Klavier und Schlagzeug [1968], in: Texte, Band 3, hrsg. v. Dieter Schnebel, DuMont Dokumente, Köln: DuMont, 1971, S. 28-30.

14   Siehe dazu: Pierre Boulez und Jean-Jaques Nattiez, Musique / Espace, in: LIEN revue d'esthétique musicale, (L'Espace du Son II 1991), S. 115-116.

15   Siehe dazu die Visualisierung der Klangbewegungen im Raum in: Pierre Boulez und Andrew Gerzso, Computer als Orchesterinstrumente, in: Die Physik der Musikinstrumente, Heidelberg: Spektrum der Wissenschaft, 1988, S. 178-184, hier S. 178 u. 179.

16   Siehe dazu: Pierre Boulez, Über Répons – ein Interview mit Josef Häusler, in: Teilton, (= Schriftenreihe der Heinrich-Strobel-Stiftung des Südwestfunks, hrsg. von Josef Häusler, Heft 4 1985), S. 7-14. IRCAM (Hrsg.), REPONS – BOULEZ, Paris: La Fondation Louis Vuitton pour l'Opéra et la Musique, 1988. Andrew Gerzso, Reflections on Répons, in: Contemporary Music Review. Musical Thought at IRCAM, 1 (1 1984), S. 23-34.

Glossar

ABTASTTHEOREM
Auch Sampling Theorem. Claude E. Shannon fand 1948 heraus, daß eine Wellenform nur dann vollständig digitalisiert werden kann (siehe „Digital"), wenn die Abtastfrequenz (engl. Sampling Rate) des → A/D-Wandlers mindestens doppelt so hoch ist wie die höchste → Frequenz der zu digitalisierenden Wellenform. Ein Klang mit einer Frequenz von 20 000 Hertz, das ist die höchste Frequenz, die ein junger Mensch hören kann, muß demnach mindestens 40 000 mal pro Sekunde abgetastet werden, d. h., es müssen mindestens 40 000 → Samples pro Sekunde registriert werden.

ACOUSMATIQUE
Nach der Legende die Situation, in der ein Vorhang den dozierenden Pythagoras von den Zuhörern trennt, damit der Anblick des Redners nicht von der Konzentration auf das strikte Zuhören ablenkt. Diese Idee entspricht den Theorien zur radiophonischen Musik und zur → musique concrète von Pierre Schaeffer. Danach soll beim Hören am Lautsprecher nicht mehr eine Referenz auf das klanggenerierende Instrumentarium erzeugt werden können. Der Lautsprecher hat nicht mehr die Funktion einer akustischen Photographie.

A/D-WANDLER – D/A-WANDLER
Ein A/D-Wandler (Analog-Digital-Wandler, Analog-to-Digital Converter, ADC) transformiert ein analoges Signal, das in einer elektrischen Schwingungsform vorliegt, in einen digitalen Code (siehe „analog" und „digital"). Beispielsweise das Signal, das ein Mikrophon liefert. Dies ist eine notwendige Voraussetzung, um ein akustisches Signal digital zu speichern, beispielsweise auf einer DAT-Cassette (Digital Audio Tape), auf einer CD (Compact Disc) oder in einem Computerspeicher. Die Bauart des A/D-Wandlers ist auch dafür bestimmend, in wieviele Stufen die Amplitude des Klanges aufgelöst werden und wie groß die Amplitude sein kann. Die Häufigkeit, mit der pro Zeiteinheit die analoge Wellenform abgetastet wird (Sampling Rate), um ein → Sample zu entnehmen, ist dafür bestimmend, wie hoch die höchste Frequenz ist, die gespeichert werden kann. Über einen D/A-Wandler (Digital-Analog-Wandler, Digital-to-Analog Converter, DAC) kann die digitalisierte Wellenform annähernd wieder in die ursprüngliche analoge Wellenform transformiert werden. Siehe „Abtasttheorem". Bei der computerunterstützten → Klangsynthese werden die für einen Klang notwendigen Samples direkt errechnet und über den D/A-Wandler hörbar gemacht.

ADDITIVE KLANGSYNTHESE
Siehe „Fouriersynthese".

ALEATORISCHE MUSIK
In der Mathematik finden Begriffe wie aleatorisch, Aleatorik u.ä. im
Bereich der Wahrscheinlichkeitsrechnung Verwendung. Werner Meyer-
Eppler verwendet ihn 1954 zum erstenmal im Zusammenhang mit Musik:
„Aleatorisch (von alea = Würfel) nennt man Vorgänge, deren Verlauf im
groben festliegt, im einzelnen aber vom Zufall abhängt. [...] Musikalisch
umfaßt das Gebiet des Aleatorischen alles, was nicht ‚in den Noten' steht."
Karlheinz Stockhausen spricht 1957 im Zusammenhang seines *Klavier-
stückes XI* (1956) von Aleatorik, da hier der Interpret entscheidenden
Einfluß auf den Ablauf des Stückes hat. Pierre Boulez vertritt in seinem
1957 gehaltenen Vortrag „Alea" die Auffassung, daß Zufall in der Musik
identisch ist mit Überraschung, „Komposition ist es sich schuldig, in jedem
Augenblick eine Überraschung bereit zu halten [...]." In den meisten
Schriften wird Aleatorik auf die Interpretation bezogen; es gibt jedoch zahlreiche Komponisten, die Aleatorik auch auf den Kompositionsprozeß
beziehen, beispielsweise Gottfried Michael Koenig in seinem 1965 gehaltenen Vortrag „Serielle und aleatorische Verfahren in der elektronischen
Musik".

ALGORITHMISCHE KOMPOSITION
Siehe „Algorithmus", „Computermusik" und „Partitursynthese"

ALGORITHMUS
Handlungsanweisung, die z.B. von mechanisch oder elektronisch arbeitenden Geräten ausgeführt werden kann. Einen Algorithmus, der auf einen
Computer übertragen wird, d.h. mittels einer Programmiersprache formuliert wird, bezeichnet man als Programm. Nur solche Problemstellungen
sind algorithmisch lösbar, die exakt beschrieben werden können. Einfache
Beispiele wären Vorschriften zum Addieren, Subtrahieren oder Multiplizieren von Zahlen. Es gibt abbrechende Algorithmen und nicht abbrechende Algorithmen. Der euklidische Algorithmus zur Berechnung des größten
gemeinsamen Teilers zweier Zahlen ist abbrechend: Nach endlich vielen
Rechenschritten erhält man das Ergebnis. Der bekannte Algorithmus zur
Berechnung der Quadratwurzel bricht im allgemeinen nicht ab. Die mathematische Disziplin Theorie der Berechenbarkeit untersucht, welche Problemstellungen algorithmisch lösbar sind und welche nicht. Das Erstellen
einer Komposition mit Computerhilfe wird auch algorithmisches Komponieren genannt. Siehe „Computermusik".

AMPLITUDE
Maximale Auslenkung einer Schwingung. Im hörbaren Bereich, also bei akustischen Schwingungen, hat die Amplitude Einfluß auf die Lautstärke.

ANALOG
Der Begriff hat zwei Bedeutungen. Zum einen ist es die Bezeichnung für etwas Gleichförmiges, Kontinuierliches, wie beispielsweise eine mechanische Bewegung oder den Schwingungsverlauf des Schalles. Zum anderen nimmt es Bezug auf den Begriff Analogie: Ein Mikrophon wandelt die Schwingungsform des akustischen Signales in eine analog zur akustischen Schwingungsform transformierte, elektrische Schwingungsform um.

A.I.
Artificial Intelligence. Siehe „Künstliche Intelligenz".

COMPUTERMUSIK
Musik, für deren Genese die Verwendung eines Computers notwendig oder wesentlich ist. Dies gilt sowohl für die Errechnung eines elektroakustischen Klanges (→ Klangsynthese), als auch zur Generierung einer Partitur (→ Partitursynthese). Computermusik kann instrumentaler, vokaler und elektroakustischer Art sein. Sie ist kein musikalischer Stil. Die Prozesse des Entstehens von Computermusik können als algorithmisches Komponieren bezeichnet werden, Werke der Computermusik als Algorithmische Kompositionen.

D/A-WANDLER
Siehe „A/D-Wandler".

DIGITAL
Im Gegensatz zu kontinuierlichen, analogen Abläufen (siehe „Analog"), werden diese bei der Digitalisierung in diskrete Werte aufgelöst. An der Bauart von Uhren kann dies veranschaulicht werden: Bei konventionellen Uhren wird die Zeit durch die Bewegung der Zeiger als ein analoger, kontinuierlicher Verlauf dargestellt. Uhren mit einer Digitalanzeige zeigen das Zeitkontinuum in einem festen Raster.

ECHTZEIT
Die Bezeichnung Echtzeit (realtime) wird für Computersysteme verwendet, deren Berechnungen so schnell sind, daß scheinbar keine Zeit verlorengeht, d.h., das System reagiert unmittelbar. Echtzeitfähigkeit ist eine Voraussetzung für musikbezogene, interaktive Systeme, die bei computergestützter → Live-Elektronik eingesetzt werden. Siehe „Interaktion".

ELEKTROAKUSTISCHE MUSIK
Vermutlich von Pierre Henry eingeführter Terminus (musique électro-acou-
stique), um die gegensätzliche Haltungen der Kölner elektronischen Musik
und der Pariser musique concrète zu vereinen. Heute hat sich dieser Begriff
mehr und mehr durchgesetzt und ist gewissermaßen der Überbegriff für die
Bereiche → Live Elektronik, → Tape Music, → Musique Concrète, → elektronische Musik und Teile der → Computermusik.

ELEKTRONISCHE MUSIK
Der Begriff wurde erstmalig 1949 von Werner Meyer-Eppler in einem
Buchtitel verwendet und galt für längere Zeit nahezu als Synonym für die
Elektroakustische Musik der sogenannten Kölner Schule in den 1950er
Jahren. Elektronische Musik wurde immer wieder neu definiert und erfuhr
1954 eine letzte Eingrenzung: Der Begriff elektronische Musik war danach
reserviert für Neue Musik. Es wurde damit nicht Musik bezeichnet, die am
Rundfunk mit elektronischer Klangerzeugung für Hörspielmusiken etc.
verwendet wurde. Das Klangmaterial durfte auch nicht von einem elektrischen Instrument kommen, durfte kein konkretes Klangmaterial enthalten
und für Herbert Eimert war „elektronische Musik nicht ‚auch' Musik, sondern serielle Musik."

FILTER
Werden zur Klangfarbenveränderung existierender Klänge verwendet. Dabei wird die → Amplitude eines oder mehrerer → Teiltöne einer → Klangfarbe abgeschwächt, angehoben oder ein oder mehrere Teiltöne eliminiert.
Ist das Ausgangsmaterial ein → Rauschen, so können ausgewählte Frequenzabschnitte desselben ebenso beeinflußt werden.

FORMANT
→ Teilton einer → Klangfarbe, der eine größere → Amplitude als die anderen Teiltöne der Klangfarbe hat. Der Formant entsteht durch die sogenann-
te „Formantstrecke". Formantstrecken sind Frequenzabschnitte, innerhalb
deren der Formant auftritt. Sie werden durch die Filterfunktionen (siehe
Filter) von Klangerzeugern bestimmt. Eine Filterfunktion hat beispielsweise
der menschliche Kehlkopf in Verbindung mit der Zunge. Die eigentlichen
Klanggeneratoren wären die Stimmbänder. Kehlkopf und Zunge filtern den
Klang der Stimmbänder u.a. zu den Vokalen a, e, i, o, u. Eine besondere
Eigenschaft der Formanten ist die, daß ihre Frequenzbereiche fixiert blei-
ben. Dies bedeutet beispielsweise für den Vokal u, daß sein Formant, unab-
hängig von der gesprochenen oder gesungenen Tonhöhe, immer bei ca. 300
Hz liegt und nur dadurch ein u als u zu verstehen ist. Der gesungene Text

einer hohen Stimme ist meist deshalb schlecht zu verstehen, weil die aktuelle Tonhöhe sich oftmals über dem Formantbereich eines Vokales bewegt.
Durch die Formantgesetze bedingt, können → Sampler häufig nur eingeschränkt verwendet werden. Wird mit einem Sampler ein aufgenommener
Klang, beispielsweise eine Oboe oder eine Stimme, in einer anderen als der
ursprünglichen Tonhöhe wiedergegeben, so ergeben sich Klangverfremdun-
gen, da der Sampler auch eine Transposition der Formanten vornimmt.

FOURIERANALYSE
Mathematische Analyse von periodischen Schwingungsverläufen. Sie be-
sagt, daß alle periodischen Schwingungen auf eine Addition von elementaren Sinusschwingungen zurückgeführt werden können.

FOURIERSYNTHESE
Umkehrung der Fourieranalyse. Durch die Addition einzelner, sinusförmiger Schwingungen kann eine Klangfarbe generiert werden. Sie wird auch
additive Klangsynthese genannt und gilt als das Urmodell aller Klangsyntheseverfahren.

FREQUENZ
Physikalische Bezeichnung für die Anzahl der Schwingungen pro Sekunde.
Im akustischen Bereich wird durch die Frequenz der Grundschwingung
eines periodischen Klanges die → Tonhöhe bestimmt. Die Maßeinheit ist
Hertz (Hz). Der Kammerton a' hat eine Frequenz von 440 Hz.

GRANULARSYNTHESE
Ähnlich wie bei den Einzelbildern im Film, die durch ihren sequentiellen
Ablauf ein bewegtes Bild ergeben, entsteht bei der Synthese mit → Klangquanten ein neuer Klang durch Aneinanderreihung elementarer Einzelklänge. Die Elementarklänge werden als grains oder granules (Klangkörner)
bezeichnet und haben eine Dauer von 5-20 ms. Innerhalb eines grains können die Wellenform, die Frequenz und die Amplitude verändert werden.

HARDWARE – SOFTWARE
Diese Unterscheidung wird bei jeder Computeranwendung gemacht. Hardware bezieht sich auf den physikalischen Computer und seine Peripherie,
beispielsweise Wechselplattenlaufwerk, Drucker etc. Software sind die Programme, die auf der Hardware operieren. Diese Unterscheidung ist analog
anwendbar etwa auf eine Küche: Die Hardware sind der Herd, die Koch-
töpfe etc. Die Software wären die Kochrezepte mit den verschiedenen
Handlungsanweisungen, um die Rezepte zu einem Ergebnis zu führen. Die
Hardware ist festgelegt und endlich. Die Software ist austauschbar. Zu-

taten, die für ein Gericht gekauft werden müssen, wären die einzusetzenden Variablen bei der Software.

INFORMATIONSÄSTHETIK
Siehe „Informationstheorie".

INFORMATIONSTHEORIE
Ist eine Theorie für die technischen Übertragung von Nachrichten und wurde 1948 von Claude E. Shannon eingeführt. Die Suche nach einer exakten Ästhetik, einem ästhetischen Maß M durch informationstheoretische Messungen mittels der Komplexität K und der Ordnung O, führte durch Max Bense und Abraham A. Moles zur sogenannten „Informationsästhetik". Mit ihrer Hilfe sollten künstlerische Prozesse und Produkte beschrieben, bewertet und synthetisiert werden können. Großen Einfluß hatten dabei die Ideen des Mathematikers und Physikers George D. Birkhoff und dessen Theorie eines ästhetischen Maßes, die er von 1928 bis 1932 veröffentlichte. Einflußreich für musikbezogene Anwendungen waren die Arbeiten des Physikers Wilhelm Fucks. Heute darf die Anwendung dieser Theorien auf Musik, Literatur und bildende Kunst als historisch und nicht mehr relevant betrachtet werden.

INTERAKTION
Aufeinander bezogenes Handeln, zwischen Personen oder zwischen Maschinen und Personen.

KLANGFARBE
→ Parameter, der dafür verantwortlich ist, daß, wenn bei zwei aufeinander folgenden akustischen Signalen die gleiche → Tonhöhe, die gleiche → Lautheit und die gleiche Dauer wahrgenommen werden, trotzdem ein Unterschied zwischen beiden Signalen zu hören ist. In der Instrumentalmusik werden unterschiedliche Klangfarben durch die Instrumente und die Spielweise derselben erzeugt. Umgangssprachlich wird eine Klangfarbe dann beispielsweise Klavierton oder Klavierklang benannt.

KLANGFARBENMELODIE
1911 von Arnold Schönberg eingeführter Begriff. Die Aufeinderfolge von unterschiedlichen → Klangfarben sollte einem kompositorischen Prozeß unterworfen und nicht wie bisher nach Gefühl und Intuition instrumentiert werden.

KLANGQUANT
Im Gegensatz zur → Fourieranalyse entwickelte der ungarisch-englische

Wellentheoretiker Dennis Gábor eine Methode, die formale Beschreibung einer Klangfarbe durch akustische Quanten vorzunehmen. Teilweise werden diese auch „Phononen" genannt. Die Fourieranalyse hat ihre Wurzeln in der Wellentheorie, Gábors Ansatz in der Quantentheorie. Die Idee, akustische Ereignisse zu quanteln, hatte Einfluß auf die → Granularsynthese.

KLANGSYNTHESE
Elektroakustisches Verfahren, um Klänge bzw. Klangfarben zu synthetisieren. Im allgemeinen bedarf es dabei der physikalischen Kenntnisse, wie existierende Klänge aufgebaut sind. Durch eine elektroakustische Klangsynthese können auch existierende Analysen verifiziert werden. Die ersten computergenerierten Klangsyntheseverfahren zeigten auch, daß viele physikalische Klangbeschreibungen, wie sie sich bis dahin in Lehrbüchern der Akustik fanden falsch waren.

KOGNITION
Im allgemeinen Informationsverarbeitung im menschlichen Gehirn. Aus der Sicht des radikalen Konstruktivismus wird unter Kognition jedoch eine Wirklichkeitskonstruktionen durch die Organisationsformen des → neuronalen Netzes im Gehirn verstanden. Durch die verschiedensten Sinnesreize wird vom Gehirn das konstruiert, was wir die Wirklichkeit nennen, bzw. das, was sich bei anderen Wahrnehmungsmodellen außerhalb des Menschen befindet. Die Unterscheidung in ein Außen und ein Innen gilt beim radikalen Konstruktivismus ebenso als Konstrukt.

KOGNITIONSTHEORIE
Forschungsgebiet, das sich mit Wahrnehmung, Verstehen, Wissen, Gedächtnis, Sprache und → Künstlicher Intelligenz beschäftigt. Die entsprechenden Wissenschaftsdisziplinen sind Kognitive Psychologie, Erkenntnistheorie, Linguistik, Neurowissenschaften und Forschungen zur Künstlichen Intelligenz.

KONNEKTIONISMUS
Siehe „Künstliche Intelligenz".

KÜNSTLICHE INTELLIGENZ
Forschungszweig, der sich mit intelligentem Verhalten von Computern beschäftigt. Künstliche Intelligenz (K.I.) war zuerst eine Disziplin der Informatik. Heute ist sie auch Forschungsgebiet von Philosophen, Linguisten, Neurowissenschaftlern und Anthropologen. Dabei gibt es zwei Ansätze: Symbolverarbeitung und Konnektionismus mit Neuronalen Netzen. Auf

dem Gebiet des Konnektionismus und der Neuronalen Netze geht es um Organisation von Verhalten. Im Gegensatz zur herkömmlichen Informationsverarbeitung werden bei den künstlichen Neuronalen Netzen nicht Algorithmen programmiert, die eine Aufgabe linear abarbeiten (siehe „Algorithmus"). Programmiert wird Lernfähigkeit, so daß sich das → System in Abhängigkeit von der jeweiligen Aufgabenstellung selbst organisiert. Im Forschungszweig der Symbolverarbeitung geht es um die Erstellung von Expertensystemen, die für einen bestimmten Anwendungsfall, beispielsweise das Schachspiel, das dazu notwendige Wissen speichern und dabei versuchen, dieses intelligent einzusetzen. Neben den Kompositionsversuchen mit Hilfe der K.I. sind häufige Anwendungen die musikalische Analyse sowie die Erstellung von Modellen des Hörens.

KYBERNETIK
Ist „die Wissenschaft von Kontrolle und Kommunikation in Lebewesen und Maschine" und wurde 1948 von dem Mathematiker Norbert Wiener eingeführt. Ähnlich der → Informationstheorie hatte die Kybernetik Künstler und Komponisten beeinflußt. Die Steuerung musikalischer Prozesse mittels kybernetischer Modelle war in den 1970er Jahren populär und wurde von Komponisten wie Lejaren Hiller und Roland Kayn ebenso verwendet wie von Peter Vogel zur Steuerung seiner Klangskulpturen. Heute dienen kybernetische Prozesse teilweise dazu, interaktive Computermusik-Systeme damit zu kontrollieren.

LAUTHEIT
Bezeichnung für die subjektiv empfundene Lautstärke.

LIVE-ELEKTRONIK
Verbreitete sich in den 1960er Jahren und bezeichnet im Rahmen der → Elektroakustischen Musik eine Konzertsituation, die kein interpretenloses Lautsprecherkonzert ist. Vermutlich wurde der Begriff abgeleitet aus einem Text zur Schallplatte von John Cage über seine *Cartridge Music* (1960): "[...] to make electronic music live." Andere Bezeichnungen sind ebenso gebräuchlich: Live Electronics, Live Electronic Music, Live-Elektronik, Live-elektronische Musik etc. Live-Elektronik ist in zweierlei Hinsicht eine Erweiterung der reinen Lautsprechermusik. Erstens: Das elektronisch erzeugte Klangmaterial wird nicht mehr im Studio synthetisiert, sondern in Echtzeit auf der Bühne. Zweitens: Der Klang akustischer Instrumente oder der menschlichen Stimme wird in Echtzeit elektronisch umgeformt.

MIDI
Musical Instrument Digital Interface. Anfang der 1980er Jahre von der

Musik-Elektronik-Industrie eingeführte Normung für die Datenkommunikation zwischen verschiedenen Geräten, beispielsweise → Synthesizer, → Sampler und Computer.

MODULATION

Veränderung einer Schwingung durch einen Modulator, beispielsweise das Vibrato auf einem Streichinstrument: Die Vibratobewegung der linken Hand (Modulator) läßt den hörbaren Klang, in diesem Fall die schwingende Saite, von seiner mittleren Frequenz abweichen. Die Auslenkung der Vibratohand bestimmt den Grad der Abweichung der Tonhöhe, die Geschwindigkeit des Vibratos nennt man Modulationsfrequenz. Neben der Frequenz (Frequenzmodulation) können auch andere → Parameter moduliert werden, beispielsweise die → Amplitude.

MUSIQUE CONCRÈTE

Ende der 1940er begründete Pierre Schaeffer in Paris die musique concrète. Concrète, da das Klangmaterial, mit dem gearbeitet wurde, konkret vorhanden war, d. h. über eine Mikrophonaufnahme gewonnen wurde, bevor die eigentliche Realisation einer Komposition begann. Konkret auch insofern, da sich die aufgenommen Klänge der Schriftlichkeit entzogen, d. h. keine dem Klangobjekt entsprechende Partitur geschrieben werden konnte, das Klangmaterial nach der Mikrophonaufnahme konkret auf einem Tonträger existierte. Schaeffer ging von der Vorstellung aus, daß elektroakustisch aufgenommene Klänge und Geräusche, losgelöst von ihrem ursprünglichen Kontext, bei der Reproduktion eine eigene Sprache bekommen. Er unterschied zwischen dem „Klangkörper" (corps sonore), der den Klang erzeugt und dem eigentlichen Klang, dem „Klangobjekt" (objet sonore). Siehe „acousmatique".

NEURONALE NETZE

Siehe „Künstliche Intelligenz".

OBERTON

Siehe „Teilton".

PARAMETER

Mathematischer Begriff, der 1942 von Joseph Schillinger in seiner *Mathematische Theorie der Künste* zum erstenmal außerhalb der Mathematik verwendet wurde. Unabhängig von Schillinger verwendete ihn Werner Meyer-Eppler ab 1953 im Gebäude der → Seriellen Musik. Dort werden als Parameter u.a. folgende Größen bezeichnet: Lautstärke, Dauer, → Tonhöhe und → Klangfarbe.

PARTIALTON
Siehe „Teilton".

PARTITURSYNTHESE
Algorithmisches Verfahren, um eine Komposition zu errechnen. Ebenso wie
bei einer konventionellen Kompositionstechnik gibt es auch bei der Partitursynthese kein festes Prinzip und keinen Stil. Siehe „Algorithmus" und
„Computermusik".

PHYSICAL MODELING
Klangsyntheseverfahren, bei der nicht die Klangfarbe nach einem akustischen Modell synthetisiert wird. Stattdessen werden auf dem Computer
mechanische Vorgänge simuliert, die Klangfarben generieren können, beispielsweise das Schwingen einer Saite, der Vokaltrakt der menschlichen
Stimme oder auch virtuelle Instrumente, wie eine 30 Meter lange Posaune.

RAUSCHEN
Nach DIN 5488 „[...] stochastischer Prozeß, der ständig, aber nicht periodisch verläuft und nur mit statistischen Kenngrößen beschrieben werden
kann". Die in der → Elektroakustischen Musik häufig anzutreffende Bezeichnung „weißes Rauschen" ist eine Analogie zum weißen Licht: Sämtliche hörbaren Frequenzen sind zeitgleich aktiv. Mit einem Prisma können
beim Licht einzelne Frequenzabschnitte, d. h. unterschiedliche Farben extrahiert werden. Mit einem → Filter kann das weiße Rauschen zu einem
sogenannten „farbigen Rauschen" gestaltet werden.

SAMPLE
Probe, die beim Digitalisieren einer analogen Schwingung von einem → A/D-
Wandler entnommen wird.

SAMPLER
Computer, der darauf spezialisiert ist, beliebige Klänge → digital zu speichern und über eine Tastatur, meist eine Klaviatur (Keyboard), diese wieder
in entsprechender Tonhöhe abzurufen. Kommerziell gesehen haben
Sampler die Funktion, Musiker wegzurationalisieren. Der erste in Serie hergestellte Sampler wurde um 1980 von der australischen Firma CMI-Fairlight Systems vorgestellt.

SCHNITTSTELLE
Verbindungsstellen zwischen verschiedenen Geräten, die miteinander kommunizieren, beispielsweise ein Computer mit einem Drucker. Für Musikanwendungen wurde u. a. die Schnittstelle → MIDI festgelegt.

SEQUENZER

Unter einem Sequenzer wird heute ein Computerprogramm verstanden, dessen Funktion mit der eines Mehrspurtonbandgerätes verglichen werden kann. Dabei werden jedoch keine Klänge aufgenommen, sondern → MIDI-Daten gespeichert, mit denen klangerzeugendes, MIDI-kontrollierbares Instrumentarium, beispielsweise → Synthesizer oder → Sampler, gesteuert wird. Vergleichbar einem Textverarbeitungssystem kann eine Partitur am Bildschirm des Computers in Notenschrift ediert werden, die Partitur dann unmittelbar zum Klingen gebracht werden. Vor der Einführung von MIDI gab es Analog-Sequenzer, die spannungsgesteuerte Studioeinrichtungen kontrollierten. Zu den Vorläufern der Sequenzer gehören u.a. Musik-automaten, die bereits im zweiten Jahrhundert v. Chr. gebaut wurden. Musikbezogene Automaten entstanden zwischen 1300 und 1900. 1904 entstand das Welte-Mignon-Reproduktions-Piano.

SERIELLE MUSIK

Musik, deren Kompositionstechnik auf seriellen Techniken basiert. Sie hat ihre Ursprünge in der Zwölftontechnik. Die bei der Zwölftontechnik ver-wendeten Prinzipien zur Tonhöhenorganisation werden bei der seriellen Musik derart erweitert, daß neben dem → Parameter Tonhöhe auch andere Parameter eines akustischen Ereignisses damit kontrolliert werden, d.h. eine Komposition kann mehr oder weniger vollständig durch die Reihen-techniken organisiert werden. Die serielle Musik entstand Anfang der 1950er Jahre und gehört zu den am meisten diskutierten Techniken. Zu ihren Hauptvertretern gehörten Pierre Boulez, Karlheinz Stockhausen und Luigi Nono.

SINUSSCHWINGUNG

Einfachste Form einer Schwingung. Wird die Bewegung eines Pendels auf einem senkrecht zu seiner Bewegung vorbeilaufenden Papier aufgezeichnet, so erhält man annähernd die optische Darstellung einer Sinusschwingung.

SINUSTON

→ Sinusschwingung im hörbaren Bereich. Er kann nur elektroakustisch synthetisiert werden und gilt vielfach als ein Atom einer möglichen → Klangfarbe. Siehe „Fourieranalyse" und „Fouriersynthese".

SOFTWARE

Siehe „Hardware".

STOCHASTISCHE MUSIK

Stochastik ist im Lehrgebäude der Mathematik nichts anderes als die

Wahrscheinlichkeitsrechnung. Stochastische Musik wird in nahezu jedem
Aufsatz exklusiv mit Iannis Xenakis in Zusammenhang gebracht. Hier treten sehr große Probleme mit dem Gebrauch von nicht musikspezifischen
Termini auf. Mit Wahrscheinlichkeiten wird auch in der → aleatorischen
Musik gearbeitet, mit der Xenakis nicht in Zusammenhang gebracht werden möchte. Die Verwendung dieser Begriffe deutet eher auf Geisteshaltungen hin, als daß man sich an ihnen festhalten könnte. Der Komponist
James Tenney verwendet ebenfalls den Begriff Stochastik, doch sind die stochastischen Prozesse in seiner Musik völlig anders organisiert als bei Xenakis.

SYNTHESIZER
Kompaktes, elektroakustisches Studio, das meistens mit einer Klaviatur
versehen ist. Die Herstellerbeschreibung eines Moog-Synthesizer-Modells
von 1967 gleicht der Einrichtung des Studio di Fonologia in Mailand von
1960: 10 Tongeneratoren, ein Rauschgenerator, jeweils ein Hoch-, Tief-
und Bandpaßfilter, Ringmodulator und Hallgerät. Wesentlich ist dabei die
von Moog ab 1964 verwendete Technik der Spannungssteuerung. Damit
können Synthesizermodule, wie Tongeneratoren, Filter, Verstärker etc.,
durch definierte Steuerspannungen kontrolliert werden. → Parameter wie →
Frequenz, → Amplitude oder → Klangfarbe können durch Veränderung der
an den entsprechenden Modulen angelegten Spannungen beeinflußt werden. Das Klangsynthesemodell der analogen Synthesizer ist im wesentlichen
die → subtraktive Klangsynthese, teilweise kombiniert mit der → additiven
Klangsynthese. Die meist an Universitätsstudios entwickelten neuen Klang-
synthesemodelle wurden einige Jahre später von der Musik-Elektronik-
Industrie für ihre neuen, seit den 1980er Jahre → digital funktionierenden
Synthesizermodelle adaptiert. Dominierend war dabei für einige Jahre die
FM-Synthese, heute ist das → Physical Modeling populär.

SUBTRAKTIVE KLANGSYNTHESE
Syntheseverfahren, bei dem Teiltöne existierender Klangfarben mit Hilfe
von einem oder mehreren → Filtern abgeschwächt oder eliminiert werden.

SYSTEM
Strukturierter Zusammenhang von Teilen. Der funktionale Zusammenhang
dieser Teile kann in der Natur vorgegeben sein oder von Menschen konstruiert werden. Konstruierte Systeme wären z.B. interaktive Komposi-
tionssysteme. Es wird zwischen offenen und geschlossenen System unter-
schieden. Als „soziale Systeme" werden solche bezeichnet, bei denen eine
Gruppe von Personen ein Wirklichkeitsmodell teilt und danach handelt.

SYSTEMTHEORIE
Beschreibt das Funktionieren von Systemen.

TAPE MUSIC
Nordamerikanische Bezeichnung der frühen → Elektroakustischen Musik
in den USA. John Cage verwendete Anfang der 1950er Jahre den Begriff
„Music for Magnetic Tape". Otto Luening und Vladimir Ussachevsky verwendeten den Terminus Tape Music. Die amerikanische „Tape Music"
hatte im Gegensatz zur frühen europäischen Elektroakustischen Musik
keine ideologischen Grenzen.

TEILTON
Einzelner → Sinuston bzw. einzelne → Sinusschwingung einer → Klangfarbe. Nach der → Fourieranalyse lassen sich periodische Schwingungen als
additive Überlagerung von endlich vielen Sinusschwingungen beschreiben.
Dabei kann jede einzelne dieser Schwingungen als Teilton der Klangfarbe
bezeichnet werden. Sind die Frequenzen der Teiltöne ganzzahlige Vielfache
der Grundfrequenz, wie beispielsweise bei einer Saitenschwingung, so
spricht man auch von Oberschwingungen oder Obertönen. Insbesondere in
der englischsprachigen Literatur ist auch der Ausdruck „Partialton" (par-
tial) zu finden.

TON
In der Akustik wird der Begriff mit → Sinuston gleichgesetzt. Umgangssprachlich wird damit auch die → Tonhöhe und/oder die → Klangfarbe
bezeichnet.

TONHÖHE
Nach der Terminologie der Hörakustik „dasjenige Merkmal der Hörwahr-
nehmung, welches anhand einer Skala ‚tief-hoch' beschrieben werden
kann". Sie wird vorwiegend durch die → Frequenz bestimmt, ist jedoch
auch von dem Schallpegel und den → Teilton-Zusammensetzungen einer
Klangfarbe abhängig.

Ausgewählte Literatur

Periodika

Les Cahiers de l'Ircam, Paris, 1992ff., Edition IRCAM – Centre Georges-Pompidou.

Computer Music Journal, Cambridge, Mass., 1977ff., The MIT Press.

Contemporary Music Review, Chur, Schweiz, 1984ff., Harwood Academic Publishers.

Darmstädter Beiträge zur Neuen Musik, Mainz, 1958ff., Schott.

DegeM-Mitteilungen (früher DecimE-Mitteilungen, Deutsche Sektion der Confédération Internationale de Musique Électroacoustique), Berlin, 1991ff., Deutsche Gesellschaft für Elektroakustische Musik.

Directory of Computer Assisted Research in Musicology, Menlo Park, Cal., 1987ff., Center for Computer Assisted Research in the Humanities.

Electronic Music Reports, Utrecht, 1969-1971, Institute for Sonology.

Electronic Music Review, Trumansberg, N.Y., 1967-1969, Independent Electronic Music Center.

Feedback Papers, Köln, 1971ff., Feedback-Studio-Verlag.

Gravesaner Blätter, Gravesano, Tessin, 1955-1966, Hermann Scherchen, Experimental Studio Gravesano.

INHARMONIQUES, Paris, 1986ff., IRCAM.

Journal of Music Theory, New Haven, Conn., 1957ff., Yale School of Music.

Journal of New Music Research (früher INTERFACE), Lisse, 1972ff., Swets & Zeitlinger.

Leonardo. Journal of the International Society for Arts, Sciences and Technology, Cambridge, Mass., 1967ff., The MIT Press.

Leonardo Music Journal. Journal of the International Society for Arts, Sciences and Technology, Cambridge, Mass., 1991ff., The MIT Press.

Languages of Design. Formalisms for Word, Image, and Sound, Amsterdam, 1992ff., Elsevier.

LIEN revue d'esthetique musicale, Ohain, Belgien, 1988ff, Musique et Recherche.

MusikTexte. Zeitschrift für Neue Musik, Köln, 1983ff., MusikTexte GbR.

Neuland. Ansätze zur Musik der Gegenwart, Köln, 1980-1985, Neuland Musikverlag Herbert Henk.

NZ. Neue Zeitschrift für Musik, Mainz, 1834ff., Schott.

Organised Sound. An International Journal of Music Technology, Cambridge, Engl., 1996ff., Cambridge University Press.

Perspectives of New Music, Annandale, Minn., 1962ff, Perspectives of New Music, Inc.

Positionen. Beiträge zur Neuen Musik, Berlin, 1988ff., Verlag Positionen.

Proceedings of the International Computer Music Conference (ICMC), San Francisco, CA, 1977ff., International Computer Music Association (ICMA).

Rapports IRCAM, Paris, 1978-1986, IRCAM – Centre Georges-Pompidou.

Die Reihe, Wien, 1955-1962, Universal Edition.

Teilton. Schriftenreihe der Heinrich-Strobel-Stiftung des Südwestfunks, Kassel/ Baden-Baden, 1978-1989, Bärenreiter/ Heinrich-Strobel-Stiftung des Südwestfunks e.V.

Bibliographien, Kataloge und Lexika

Anderton, Craig, The Electronic Musician's Dictionary, New York: Amsco, 1988.

Battier, Marc (en collaboration avec Jacques Arveiller), documents. musique et informatique: une bibliographie indexée, Paris: Elmeratto 1978.

Davies, Hugh, Répertoire International des Musiques Electroacoustiques / International Electronic Music Catalog, Paris/Trumansburg, N.Y.: a cooperative publication of Le Groupe de Recherches Musicales de l'O.R.T.F. und The Independent Electronic Music Center Inc., distributed by The MIT Press, Cambridge, Mass., 1968.

Davis, Deta S., Computer Application in Music. A Bibliography, (= The Computer Music und Digital Audio Series 4), Los Altos, Cal.: William Kaufmann, 1988.

Davis, Deta S., Computer Application in Music. A Bibliography (Supplement), (= The Computer Music und Digital Audio Series 10), Los Altos, Cal.: William Kaufmann, 1992.

Dickreiter, Michael, Handbuch der Tonstudiotechnik. Raumakustik, Schallquellen, Schallwahrnehmung, Schallwandler, Beschallungstechnik, Aufnahmetechnik, Klanggestaltung, Tonregieanlagen, Hörfunk-Betriebstechnik, Schallspeicherung, Digitaltechnik, 6. völlig neu bearbeitete Auflage, hrsg. v. Schule für Rundfunktechnik, München: Saur, 1997.

Eimert, Herbert und Hans Ulrich Humpert, Das Lexikon der elektronischen Musik, ([1]1973), 2. ergänzte Auflage 1977, (= Bosse Musik Paperback 2), Regensburg: Bosse, 1981.

Enders, Bernd, Lexikon Musikelektronik, Zürich/Mainz: Atlantis/Schott, erweiterte, völlig neu überarbeitete Neuauflage, ([1]1985), 1997.

Föllmer, Golo, Roland Frank und Folkmar Hein, Dokumentation Elektroakustischer Musik in Europa, Berlin: Technische Universität Berlin, Elektronisches Studio/DecimE – Deutsche Sektion der Conféderation Internationale de Musique Électroacoustique/Inventionen '92 – Festival Neuer Musik Berlin, 1992.

Georges, Peter, Das Keyboard Lexikon. Die Fachbegriffe aus den Bereichen MIDI, Computer, Keyboards und Recording, München: GC Carstensen, 1994.

Harris, Craig R. und Stephen T. Pope (Hrsg.), Activities and Resources in Computer Music, San Francisco: CMA [jetzt: ICMA, International Computer Music Association], 1987.

Hein, Folkmar, Thomas Seelig, Elektronisches Studio der Technischen Universität Berlin und Deutsche Gesellschaft für Elektroakustische Musik (Hrsg.), Internationale Dokumentation elektroakustischer Musik – International Documentation of Electroacoustic Music, Saarbrücken: Pfau, 1996 [Wesentliche Erweiterung der 1992 erschienen Dokumentation von Golo Föllmer, Roland Frank und Folkmar Hein. Die frühere Auflage hat ein jeweils den verschiedenen Studios zugeordnetes, chronologisches Werkverzeichnis der Studioproduktionen, das in der erweiterten Auflage aus Platzgründen fehlt].

INA-GRM und Musique et Recherche (Hrsg.), Cataloque des Musiques Electroacoustiques. ELECTRO-CD, Ohain, Belgien: Musique et Recherche, 1993.

Kondracki, Miroslaw, Marta Stankiewicz und Frits C. Weiland, Internationale Diskographie Elektronischer Musik, Mainz: Schott, 1979.

Pierce, John, Selected Bibliography of Early Publications, in: The Historical CD of Digital Sound Synthesis. Beiheft zur Compact Disc, hrsg. v. John Pierce, Mainz: Schott Wergo Music Media, 1995, S. 82-85.

Rieländer, Michael M. (Hrsg), Reallexikon der Akustik, Frankfurt am Main: Bochinsky, 1982.

Schiffner, Wolfgang, Lexikon Tontechnik, Kassel: Bärenreiter, 1995.

Storey, Cheryl Ewing, A Bibliography of Computer Music, in: International Computer Music Conference (ICMC) in North Texas State University, North Texas State University Music Library 1981.

Tjepkema, Sundra L., A Bibliography of Computer Music, a Reference for Composers, Iowa City: University of Iowa Press, 1981.

Akustik und Psychoakustik

Barkowsky, Johannes, Das Fourier-Theorem in musikalischer Akustik und Tonpsychologie, (= Schriften zur Musikpsychologie und Musikästhetik 8), Frankfurt am Main: Peter Lang, 1996.

Barrière, Jean-Baptiste (Hrsg.), Le Timbre. Métaphore pour la composition, Paris: IRCAM et Christian Bourgois Éditeur, 1991.

Blauert, Jens, Räumliches Hören, Stuttgart: S. Hirzel, 1974.

Blauert, Jens, Räumliches Hören – Nachschrift – Neue Ergebnisse und Trends seit 1972, Stuttgart: S. Hirzel, 1985.

Borucki, Hans, Einführung in die Akustik, 2., durchgesehene Auflage, Mannheim: B.I.-Wissenschaftsverlag, 1980.

Chowning, John M., The Simulation of Moving Sound Sources, in: Journal of the Audio Engineering Society, 19 (1971), S. 2-6.

Cogan, Robert und Pozzi Escot, Sonic Design, The Nature of Sound and Music, Englewood Cliffs, N.J.: Prentice-Hall, 1976.

Cosi, Piero, Giovanni De Poli und Giampaolo Lauzzana, Auditory Modelling and Self-Organizing Neural Networks for Timbre Classification, in: Journal of New Music Research 23 (1 1994), S. 71-98.

Dubnov, Shlomo, Naftali Z. Tishby und Dalia Cohen., Hearing beyond the Spectrum, in: Journal of New Music Research, 24 (4 1995), S. 342-368.

Erickson, Robert, Sound Structure in Music, Berkeley: University of California Press, 1975.

Fletcher, N.H. und T.D. Rossing, The Physics of Musical Instruments, New York: Springer, 1994.

Gabor, Dennis, Acoustical quanta and the theory of hearing, in: Nature, (159 (4044) 1947), S. 591-594.

Grey, John M., Exploration of Musical Timbre Using Computer-Based Techniques for Analysis, Synthesis and Perceptual Scaling", Ph.D.diss., Stanford University, 1975.

Haller, Hans Peter, Die Schumannschen Klangfarbengesetze und die Klangumformung in der Live-Elektronik, in: Darmstädter Beiträge zur Neuen Musik XVII. Ferienkurse '78, 1978, S. 80-92.

Helmholtz, Hermann. Die Lehre von den Tonempfindungen als physilogische Grundlage für die Theorie der Musik. Vierte umgearbeitete Ausgabe, Braunschweig: Vieweg, 1877.

Houtsma, A.J.M., T.D. Rossing und W.M. Wagenaar, Auditory Demonstrations, Begleitheft der Compact Disc Philips 1126-061, Eindhoven: Institute for Perception Research (IPO), 1987.

Jeans, James Sir, Science & Music, (11937), New York: 1968.

Jullien, Jean-Pascal, La dynamique du paradoxe, in: recherche et création. vers de nouveaux territoires, hrsg. v. Brigitte Ouvry-Vial, Paris: IRCAM/Centre Georges-Pompidou, 1992, S. 59-76.

Karplus, Kevin und Alex Strong, Digital Synthesis of Plucked-String and Drum Timbre, in: Computer Music Journal 7 (2 1983), S. 43-55.

Lerdahl, Fred, Les hiérarchies de timbres, in: Le Timbre. Métaphore pour la composition, hrsg. v. Jean-Baptiste Barrière, Paris: IRCAM et Christian Bourgois Éditeur, 1991, S. 182-204.

Mertens, Paul-Heinrich, Die Schumannschen Klangfarbengesetze und ihre Bedeutung für die Übertragung von Sprache und Musik, Frankfurt am Main: Bochinsky, 1975.

Meyer, Jürgen, Akustik und musikalische Aufführungspraxis. Leitfaden für Akustiker, Tonmeister, Musiker, Instrumentenbauer und Architekten, 3. vollständig überarbeitete und erweiterte Auflage, Frankfurt m Main: Bochinsky, 1995.

Miranda, Eduardo Reck, An Artificial Intelligence Approach to Sound Design, in: Computer Music Journal 19 (2 1995), S. 59-96.

Olson, Harry F., Music, Physics and Engineering, New York: Dover, 1967.

Olson, Harry F., Acoustical Engineering, ([1]957) Philadelphia, Pennnsylvania: Professional Audio Journals, 1991.

Pierce, John R. Klang. Musik mit den Ohren der Physik, Heidelberg: Spektrum der Wissenschaft, 1985.

Pierce, John R, The Science of Musical Sound, Revised Edition, New York: Freeman, 1992.

Risset, Jean-Claude und David L. Wessel, Exploration Timbre by Analysis and Synthesis, in: The Psychology of Music, hrsg. v. Diana Deutsch, New York: Academic Press, 1982, S. 25-58.

Roederer, Juan G., Physikalische und psychoakustische Grundlagen der Musik, zweite korrigierte Auflage von 1973, Heidelberg: Springer, 1993.

Rösing, Helmut, Die Bedeutung der Klangfarbe in traditioneller und elektronischer Musik .Eine sonagraphische Untersuchung, (= Schriften zur Musik 12), München: Katzbichler, 1972.

Rösing, Helmut, Karl-Heinz Plattig, Eckart Altemüller, Horst-Peter Hesse, Herbert Bruhn und Ulrich Kaiser, Gehör, in: MGG, hrsg. v. Ludwig Finscher, Band 3, Kassel/Stuttgart: Bärenreiter/Metzler, 1995, S. 1075-1139.

Slawson, Wayne, Sound Color, Berkeley: University of California Press, 1985.

Taylor, Der Ton macht die Musik. Die Wissenschaft von Klängen und Instrumenten, Braunschweig: Vieweg, 1994.

Tempelaars, Stan, Signal Processing, Speech and Music, (= Studies on New Music Research 1), Lisse: Swets & Zeitlinger, 1996.

Tenney, James C., Die physikalischen Korrelate der Klangfarbe, in: Gravesaner Blätter 7 (26 1965), S. 103-105.

Toiviainen, Petri, Mauri Kaipainen und Jukka Louhivuori, Musical Timbre: Similarity Ratings Correlate With Computational Feature Space Distances, in: Journal of New Music Research, 24 (3 1995), S. 282-297.

Wessel, David L., Timbre Space as a Musical Control Structure, in: Computer Music Journal, 3 (2 1979), S. 45-52.

Wiener, Norbert, Spatial-Temporal Continuity, Quantum Theory and Music, in: The Concepts of Space and Time, hrsg. v. M. Capek, Boston: Reidel, 1964, S. 544ff.

Winckel, Fritz, Psychoakustik und Musik. Tagebuchnotizen zum Festival de la Recherche Paris 1960, in: Gravesaner Blätter, 5 (19/20 1960), S. 13-16.

Winckel, Fritz, Music, Sound and Sensation, New York: Dover, 1967.

Zollner, Manfred und Eberhard Zwicker, Elektroakustik, 3. verbesserte und erweiterte Auflage, Berlin: Springer, 1993.

Zwicker, Eberhard, Psychoakustik, Berlin: Springer, 1982.

Elektroakustische Musik und Computermusik

Ackermann, Philipp, Computer und Musik. Eine Einführung in die Klang- und Musikverarbeitung, Wien: Springer, 1991.

Ames, Charles, Crystals: Recursive Structures in Automated Composition, in: Computer Music Journal, 6 (3 1982), S. 46-64.

Ames, Charles, Automated Composition in Retrospect: 1956-1986, in: Leonardo, 20 (2 1987a), S. 169-185.

Ames, Charles, Tutorial on Automated Composition, in: International Computer Music Conference (ICMC) in Urbana, Illinois, hrsg. v. James Beauchamps, Computer Music Association, San Francisco: Year, S. 1-8.

Appleton, Jon H. und Ronald C. Perera (Hrsg.), The Development and Practice of Electronic Music, New Jersey: Prentice-Hall, 1975.

Babbitt, Milton, An Introduction to the R.C.A. Synthesizer, in: Journal of music theory, 8 (2 1964), S. 251-265.

Baggi, Denis (Hrsg.), Readings in Computer-Generated Music, Los Alamitos, California: IEEE Computer Society Press, 1992.

Barrière, Jean-Baptiste, Perspektiven in der Computermusik, in: Prix Ars Electronica '87. Meisterwerke der Computerkunst Graphik Animation Musik, hrsg. v. Hannes Leopoldseder, Worpswede: H. S. Sauer, 1987, S. 36-43.

Barrière, Jean-Baptiste (Hrsg.), Le Timbre. Métaphore pour la composition, Paris: IRCAM et Christian Bourgois Éditeur, 1991.

Batel, Günther, Günter Kleinen und Dieter Salbert (Hrsg.), Computermusik. Theoretische Grundlagen, Kompositionsgeschichtliche Zusammenhänge, Musiklernprogramme, Laaber: Laaber-Verlag, 1987.

Bateman, Wayne A., Introduction to Computer Music, New York: John Wiley & Sons, 1980.

Bayle, Laurent (Hrsg.), La synthèse sonore, (= Les cahiers DE L'IRCAM 2), Paris: IRCAM, 1993.

Bayle, Laurent (Hrsg.), la composition assistée par ordinateur – Bilan 1992, (= les cahiers DE L'IRCAM 3), Paris: IRCAM, 1993.

Beaver, Paul H. und Bernhard L. Krause, The Nonesuch Guide to Electronic Music" New York: Nonesuch, 1968 [Langspielplatte mit Begleitbuch].

Becker, Matthias, Der Synthesizer in der Theorie und Praxis, Köln: De Bläck Fööss Musikverlag, 1983.

Behrman, David, Designing interactive computer-based music installations, in: Contemporary Music Review: Live Electronics, 6 (1 1991), S. 139-142.

Berg, Paul, Robert Rowe und David Theriault: SSP and Sound Description, in: Computer Music Journal 4 (1 1980), S. 25-35.

Beyer, Robert, Das Problem der ‚kommenden Musik‘, in: Die Musik, 20 (12 1928), S. 861-866.

Bickel, Peter, Musik aus der Maschine. Computervermittelte Musik zwischen synthetischer Produktion und Reproduktion, (= Sigma-Medienwissenschaft 14), Berlin: Edition Sigma Bohn, 1992.

Bodin, Lars-Gunnar, A Short Story of Electro-Acoustic in Sweden, in: Electronic Music in Sweden, hrsg. v. Olle Olsson, Stockholm: The Swedish Information Center, 1985, S. 5-12.

Borio, Gianmario, New Technology, New Techniques: The Aesthetics of Electronic Music in the 1950's, in: Interface, 22 (1 1993), S. 77-87.

Brech, Martha, Analyse elektroakustischer Musik mit Hilfe von Sonagrammen, (= Europäische Hochschulschriften: Reihe 36, Musikwissenschaft; Bd. 118), Frankfurt am Main: Peter Lang, 1994.

Brindle, Reginald Smith, The New Music: The Avant-Garde since 1945, Second edition 1987, reprinted 1988, ([1]1975), Oxford: Oxford University Press, 1987.

Busoni, Ferruccio, Entwurf einer neuen Ästhetik der Tonkunst, 2. erweiterte Auflage, Leipzig: Insel, 1916.

Buxton, William A. S., A Composer's Introduction to Computer Music, in: Interface, 6 (1977), S. 57-72.

Camilleri, Lelio, La musica elettroacustica. l'analisi e i processi d'ascolto, in: sonus, 3 (2 1991), S. 16-56.

Camilleri, Lelio, Computational Theories of Music: Theoretical and Applicative Issues, in: Computer Representations and Models in Music, hrsg. v. Alan Marsden und Anthony Pople, London: Academic Press, 1992, S. 171-185.

Camurri, Antonio, Alessandro Catarcini, Carlo Innocenti und Alberto Massari, Music and Multimedia Knowledge Representation and Reasoning: the HARP System, in: Computer Music Journal, 19 (2 1995), S. 34-58.

Camurri, Antonio, Giovanni De Poli, and Davide Rocchesso, A Taxonomy for Sound and Music Computing, in: Computer Music Journal, 19 (2 1995), S. 4-5.

Chavez, Carlos, Towards a New Music. Music and Electricity, Reprint of the 1937 ed. published by Norton, New York, (= Da Capo Press Reprint Series), New York: Da Capo Press, 1975.

Chion, Michel, The State of Musique Concrète, in: Contemporary Music Review: Music, Society and Imagination in Contemporary France, 8 (1 1993), S. 51-55.

Chowning, John M., The Synthesis of Complex Audio Spectra by Means of Frequency Modulation, in: Journal of the Audio Engineering Society, 21 (7 1973), S. 526-534.

Clarke, Michael, Composing at the intersection of time and frequency, in: Organised Sound, 1 (2 1996), S. 107-117.

Cope, David, Computers and Musical Style, (= The Computer Music and Digital Audio Series 6), Wisconsin: A-R Editions, 1991.

Cross, Lowell, Electronic Music, 1948-1953, in: Perspectives of New Music, 7 (1 1968), S. 32-65.

Dahlhaus, Carl, Ästhetische Probleme der elektronischen Musik, in: Experimentelle Musik : Raum Musik, Visuelle Musik, Medien Musik, Wort Musik, Elektronik Musik, Computer Musik, hrsg. v. Fritz Winckel, Berlin: Gebr. Mann-Verlag, 1970, S. 81-96.

DecimE (Hrsg.), Die Analyse Elektroakustischer Musik – Eine Herausforderung an die Musikwissenschaft?, Berlin: DecimE [jetzt: Deutsche Gesellschaft für Elektroakustische Musik], 1991.

Deutsch, Werner A., Musik und Computer, in: Musikpsychologie. Ein Handbuch in Schlüsselbegriffen, hrsg. v. Herbert Bruhn, Rolf Oerter und Helmut Rösing, München: Urban & Schwarzenberg, 1985, S. 107-119.

Doati, Roberto und Alvise Vidolin (Hrsg.), Nuova Atlantide. Il continente della musica elettronica 1900-1986 (= Ausstellungskatalog mit zwei Musik-Kassetten), Venedig: La Biennale di Venezia, 1986.

Dodge, Charles und Thomas A. Jerse, Computer Music. Synthesis, Composition, and Performance, New York: Schirmer, 1985.

Dunn, David, A History of Electronic Music Pioneers, in: Eigenwelt der Apparatewelt – Pioniere der Elektronischen Kunst, Linz: Ars Electronica, 1992, S. 21-62.

Ebbeke, Klaus, Phasen. Zur Geschichte der elektronischen Musik, Berlin: Technische Universität Berlin & DAAD, 1984.

Ebbeke, Klaus, Probleme beim Hören elektroakustischer Musik, in: Die Analyse Elektroakustischer Musik – Eine Herausforderung an die Musikwissenschaft?, hrsg. v. Deutsche Sektion der Conféderation Internationale de Musique Électroacoustique, [jetzt: Deutsche Gesellschaft für Elektroakustische Musik], 1991, S. 7-18.

Eimert, Herbert, Elektronische Musik, in: Technische Hausmitteilungen des Nordwestdeutschen Rundfunks, Jahrgang 6 (1/2 1954), S. 4-5.

Eimert, Herbert, Fritz Enkel und Karlheinz Stockhausen, Fragen der Notation elektronischer Musik, in: Technische Hausmitteilungen des Nordwestdeutschen Rundfunks, Jahrgang 6 (1/2 1954), S. 52-54.

Emmerson, Simon (Hrsg.), The Language of Electroacoustic Music, London: Macmillan Press, 1990.

Enders, Bernd unter Mitarbeit von Stefan Hanheide (Hrsg.), Neue Musiktechnologie, Mainz: Schott, 1993.

Englert, Giuseppe G., What is Composition?, in: Computer Music Journal, 18 (4 1994), S. 5-6.

Enkel, Fritz, Die technische Einrichtung des „Studios für elektronische Musik", in: Technische Hausmitteilungen des Nordwestdeutschen Rundfunks, Jahrgang 6 (1/2 1954), S. 8-15.

Ernst, David, The Evolution of Electronic Music, New York: Schirmer, 1977.

Foerster, Heinz von und James W. Beauchamp (Hrsg.), Music by Computers, New York: John Wiley & Sons, 1969.

Frisius, Rudolf, Zum Notationsproblem in der elektronischen Musik, in: Interface, 7 (2-3 1978), S. 95-116.

Gertich, Frank, Julia Gerlach und Golo Föllmer (Hrsg.), Musik..., verwandelt. Das Elektronische Studio der TU Berlin 1953-1995, Hofheim/Ts.: Wolke, 1996.

Gerzso, Andrew, Paradigms and Computer Music, in: Leonardo Music Journal, 2 (1 1992), S. 73-79.

Gerzso, Andrew, La composition, la technologie et la musique aujourd'hui, in: recherche et création. vers de nouveaux territoires, hrsg. v. Brigitte Ouvry-Vial, Paris: IRCAM/Centre Georges-Pompidou, 1992, S. 35-58.

Gould, Glenn, Musik und Technologie, in: Glenn Gould. Vom Konzertsaal zum Tonstudio, hrsg. v. Tim Page, München: Piper, 1987, S. 161-166.

Griffiths, Paul, A Guide to Electronic Music, London: Thames and Hudson, 1979.

Haller, Hans Peter, Live-Elektronik im Konzertsaal, in: Darmstädter Beiträge zur Neuen Musik XIV. Ferienkurse '74, 1975, S. 78-84.

Haller, Hans Peter, Das Experimentalstudio der Heinrich-Strobel- Stiftung des Südwestfunks Freiburg 1971-1989. Die Erforschung der Elektronischen Klangumformung und ihre Geschichte, [Band 1, 1 und 2, 1], (= Südwestfunk-Schriftenreihe. Rundfunkgeschichte 6), Baden-Baden: Nomos, 1995.

Harenberg, Michael, Neue Musik durch neue Technik? Musikcomputer als qualitative Herausforderung für ein neues Denken in der Musik, Kassel: Bärenreiter, 1989.

Haus, Goffredo (Hrsg.), Music Processing, 1, (= Computer Music and Digital Audio Series), Oxford: Oxford University Press, 1993.

Heifetz, Robin Julian, Japanese Analog Electroacoustic Music, in: Interface, 9 (2 1980), S. 71-82.

Hein, Folkmar, Elektroakustische Musik und ihre Interpreten, in: DecimE Mitteilungen, (12 1994), Berlin: Deutsche Sektion der Conféderation Internationale de Musique Électroacoustique, [jetzt: Deutsche Gesellschaft für Elektroakustische Musik], S. 17-23.

Hiller, Lejaren, Musikalische Anwendungen von elektronischen Digitalrechnern, in: Gravesaner Blätter, (27/28 1965), S. 46-72.

Hiller, Lejaren, Music Composed with Computers – A Historical Survey, in: The Computer and Music, hrsg. v. Harry B. Lincoln, Ithaka, N.Y.: Cornell University, 1970, S. 42-96.

Hiller, Lejaren, Composing with Computers: A Progress Report, in: Computer Music Journal, 5 (4 1981), S. 7-21.

Hiller, Lejaren, The Composer and the Computer. The history and development of music composition on computers, with emphasis on the system used by the author, in: ABACUS, 1 (4 1984), S. 9-31.

Hiller, Lejaren A. and Leonard M. Isaacson, Experimental Music – Composing with an Electronic Computer, New York: McGraw-Hill, 1959.

Holmes, Thomas B., Electronic and Experimental Music, New York: Charles Scribner's Sons, 1985.

Holtzman, Steven R., Digital Mantras. The Language of Abstract and Virtuel Worlds, Cambridge, Mass.: MIT, 1994.

Howe, Hubert S. Jr., Electronic Music Synthesis, New York: W.W. Norton, 1975.

Höller, York, Zur gegenwärtigen Situation der elektronischen Musik, in: Österreichische Musik Zeitschrift: Zur Situatiuon der Computermusik, (9 1984), S. 452-458.

Hugh, Davies, A history of sampling, in: Organised Sound, 1 (1 1996), S. 4-11.

Humpert, Hans Ulrich, Elektronische Musik. Geschichte – Technik – Kompositionen, Mainz: Schott, 1987.

IRCAM (Hrsg.), Le Compositeur et l'Ordinateur, Paris: Centre Georges Pompidou, 1981.

Jaffe, David A., Orchestrating the Chimera: Musical Hybrids, Technology and the Development of a „Maximalist" Musical Style, in: Leonardo Music Journal, 5 (1995), S. 11-18.

Jaffe, David A., Ten Criteria for Evaluating Synthesis Techniques, in: Computer Music Journal, 19 (1 1995), S. 76-87.

James, Richard Schmidt, Expansion of Sound Resources in France, 1913-1940, and its Relationship to Electronic Music Ph.D., The University of Michigan, 1981.

Johnson, Bengt Emil, Elektronische Musik in Schweden, in: Elektronische Durchreise. Klänge aus Schweden, hrsg. v. Stockholm: Schwedisches Informationszentrum für Musik, 1971, S. 5-9.

Kaegi, Werner, Was ist elektronische Musik, Zürich: Orell Füssli, 1967.

Kaegi, Werner and Stan Tempelaars, VOSIM-A New Sound Synthesis System, in: Journal of the Audio Engineering Society, 26 (6 1978), S. 418-425.

Kahn, Douglas und Gregory Whitehead (Hrsg.), Wireless Imagination. Sound, Radio, and the Avant-Garde, Cambridge, Mass.: MIT, 1992.

Krause, Bernhard, The New Nonesuch Guide to Electronic Music, Los Angeles: Nonesuch, 1981, [Beiheft zur Langspielplatte].

Siemens Kulturprogramm (Hrsg.), Siemens-Studio für elektronische Musik, München: Siemens AG, 1994.

Kühnelt, Wolf D., Elektroakustische Musikinstrumente, in: Für Augen und Ohren. Von der Spieluhr zum akustischen Environment, hrsg. v. René Block, Lorenz Dombois, Nele Hertling und Barbara Volkmann, Berlin: Akademie der Künste, 1980, S. 47-73.

Landy, Leigh, Experimental Music Notebooks, (= Performing Arts Studies 2), Chur: Harwood Academic Publishers, 1994.

Lepper, Markus, Kleine Kompositionslehre der elektronischen Musik, in: Kultur und Technik im 21. Jahrhundert, hrsg. v. Gert Kaiser, Dirk Matejovski und Jutta Fredowitz, Frankfurt am Main: Campus, 1993, S. 378-395.

Loy, Gareth, Composing with Computers – a Survey of Some Compositionals Formalisms and Music Programming Languages, in: Current Directions in Computer Music, hrsg. v. Max V. Mathews und John R. Pierce, Cambridge, Mass.: MIT, 1989 (1988), S. 291-396.

Mache, François Bernard, Einige „konkrete" Probleme elektronischer Musikgestaltung, in: Gravesaner Blätter, (27/28 1965), S. 107-110.

Machover, Tod (Hrsg.), Quoi? Quand? Comment? – La recherche musicale, (= Collection Musique/Passé/Présent 701), Paris: IRCAM, 1985.

Manning, Peter, Electronic and Computer Music, Revised Edition, ([1]1985), Oxford: Clarendon Press, 1993.

Marsden, Alan und Anthony Pople (Hrsg.), Computer Representations and Models in Music, London: Academic Press, 1992.

Mathews, Max V., The Digital Computer as a Musical Instrument, in: Science, (3591 1963), S. 553-557.

Mathews, Max V., The Technology of Computer Music, Cambridge, Mass.: MIT, 1969.

Mathews, Max V. und Newman Guttman, Generation of Music by a Digital Computer, in: 3rd International Congress on Acoustics in Stuttgart, hrsg. v. Lothar Cremer, Elsevier, 1959.

Mathews, Max. V. und F. Richard Moore, GROOVE – A Program to Compose, Store, and Edit Functions of Time, in: Communications of the ACM, 13 (12 1970), S. 715-721.

Mathews, Max V. and John R. Pierce, Der Computer als Musikinstrument, in: Die Physik der Musikinstrumente, Heidelberg: Spektrum der Wissenschaft, 1988, S. 170-177.

Mathews, Max V. and John R. Pierce (Hrsg.), Current Directions in Computer Music Research, (= System Development Foundation Benchmark Series 2), Cambridge, Mass.: MIT, 1989.

Mazzola, Guerino, Geometrie der Töne. Elemente der Mathematischen Musiktheorie, Basel: Birkhäuser, 1990.

Meyer-Eppler, Werner, Mathematisch-akustische Grundlagen der elektrischen Klang-Komposition, in: Technische Hausmitteilungen des Nordwestdeutschen Rundfunks, Jahrgang 6 (1/2 1954), S. 29-39.

Milano, Dominic, An Armchair Analysis of Electronic Music's Current State-of-the-Art, in: AES 5th. Music and Digital Technology in Los Angeles, hrsg. v. John Strawn, Audio Engineering Society, 1987, S. 5-18.

Miranda, Eduardo Reck, Music composition using cellular automata, in: Languages of design, 2 (2 1994), S. 103-117.

Moore, Richard F., Elements of Computer Music, Englewood Cliffs, N.J.: Prentice Hall, 1990.

Moore, F. Richard, Dreams of Computer Music – Then and Now, in: Computer Music Journal, 20 (1 1996), S. 25-41.

Morawska-Büngeler, Marietta, Schwingende Elektronen, Köln-Rodenkirchen: Tonger, 1988.

Moroi, Makoto, Elektronische und konkrete Musik in Japan, in: Melos, 29. Jahr (1-12 1962), S. 49-53.

Motte-Haber, Helga de la, Historische und ästhetische Positionen der Computermusik, in: Musica, 41 (2 1987), S. 128-134.

Motte-Haber, Helga de la, Von der Maschinenmusik zur algorithmischen Struktur, in: Musik und Technik, hrsg. v. Helga de la Motte-Haber und Rudolf Frisius, Mainz: Schott, 1996, S. 79-88.

Mumma, Gordon, Live-Electronic Music, in: The Development and Practice of Electronic Music, hrsg. v. Jon H. Appleton und Ronald C. Perera, New Jersey: Prentice-Hall, 1975, S. 286-335.

Noll, Justus, Multimedia, Midi und Musik, Frankfurt am Main: Fischer, 1994.

Olson, Harry F., Music, Physics and Engineering (erweiterte Fassung von Musical Engineering, 1952), New York: Dover, 1967.

Olson, Harry F., Acoustical Engineering, ([1]1957) Philadelphia, Pennsylvania: Professional Audio Journals, 1991.

Orcalli, Angelo, Fenomenologia della musica sperimentale (= Collana die Fenomenologia ed Ermeneutica musicale), Potenza: Sonus Edizioni Musicali, 1993.

Pecquet, Frank, Music and Technology, in: Array, 15 (2 1995), S. 13-19.

Pierce, John R., Technologie et musique au xxe siègle, in: Passage du XXe siècle, hrsg. v. IRCAM/Centre Georges Pompidou, Paris: IRCAM, 1977, S. 65-78.

Poli, Giovanni De, Aldo Picialli, and Curtis Roads (Hrsg.), Representation of Musical Signals, Cambridge, Mass.: MIT, 1991.

Poli, Giovanni De, In Search of New Sounds, in: Computer Music Journal, 20 (2 1996), S. 39-43.

Pope, Stephen Travis (Hrsg.), The Well-Tempered Object – Musical Applications of Object-Oriented Software Technology, Cambridge, Mass.: MIT, 1991.

Pressing, Jeff, Synthesizer Performance and Real-Time Technique, (= The Computer Music and Digital Audio Series 8), Madison: A-R Editions, 1992.

Prieberg, Fred K., Musica Ex Machina. Über das Verhältnis von Technik und Musik, Berlin: Ullstein, 1960.

Prieberg, Fred K., EM – Versuch einer Bilanz der elektronischen Musik, Rohrdorf: Rohrdorfer Musikverlag, 1980.

Raaijmakers, Dick, The future of electronic music, in: key notes, September, XXIX (3 1995), S. 4-7.

Rahn, John, On Some Computational Models of Music, in: Computer Music Journal, 4 (2 1980), S. 66-72.

Reith, Dirk, Formalisierte Musik, in: Reflexionen über Musik heute, hrsg. v. Wilfried Gruhn, Mainz: Schott, 1981, S. 58-98.

Reith, Dirk, Zur Situation elektronischen Komponierens heute, in: Reflexionen über Musik heute. Texte und Analysen, hrsg. v. Wilfried Gruhn, Mainz: Schott, 1981, S. 99-146.

Reith, Dirk, Algorithmische Komposition, in: Computer in der Musik. Über den Einsatz in Wissenschaft, Komposition und Pädagogik, hrsg. v. Helmut Schaffrath, Stuttgart: Metzler, 1991, S. 66-79.

Rhea, Thomas LaMar, The Evolution of Electronic Musical Instruments in the United States Ph.D., George Peabody College for Teachers, Nashville/Tenn., 1972.

Risset, Jean-Claude, Computer Study of Trumpet Tones, in: Journal of the Acoustical Society of America, (38 1965), S. 912.

Risset, Jean-Claude and Max V. Mathew, Analysis of Musical Instrument Tones, in: Physics Today, 22 (2 1969), S. 23-30.

Risset, Jean-Claude, An Introductory Catalogue of Computer-Synthesized Sounds, Bell Telephone Laboratory, 1969.

Risset, Jean-Claude, Die musikalischen Möglichkeiten des Computers, theoretisch und praktisch: Über die Möglichkeiten der Klangerzeugung durch Computer, in: Teilton, (= Schriftenreihe der Heinrich-Strobel-Stiftung des Südwestfunks, 3), (1980), S. 16-25.

Risset, Jean-Claude und David L. Wessel, Exploration Timbre by Analysis and Synthesis, in: The Psychology of Music, hrsg. v. Diana Deutsch, New York: Academic Press, 1982, S. 25-58.

Risset, Jean-Claude, My 1969 Sound Catalogue: Looking back from 1992, in: The Historical CD of Digital Sound Synthesis. Beiheft zur Compact Disc, hrsg. v. John Pierce, Mainz: Schott Wergo Music Media, 1995, S. 88-108.

Roads, Curtis (Hrsg.), Composers and the Computer, (= The Computer Music and Digital Audio Series), Los Altos, California: William Kaufmann, 1985.

Roads, Curtis (Hrsg.), The Music Machine. Selected Readings from Computer Music Journal, Cambridge, Mass.: MIT, 1989.

Roads, Curtis, The Legend of Electronic Music, in: Neue Musiktechnologie, hrsg. v. Bernd Enders unter Mitarbeit von Stefan Hanheide, Mainz: Schott, 1993, S. 35-58.

Roads, Curtis, The Computer Music Tutorial, Cambridge, Mass.: MIT, 1996.

Roads, Curtis und Strawn John (Hrsg.), Foundations of Computer Music, Cambridge, Mass.: MIT, 1987.

Roads, Curtis, Early Electronic Music Instruments: Time Line 1899-1950, in: Computer Music Journal, 20 (3 1996), S. 20-23.

Rösing, Helmut, Die Bedeutung der Klangfarbe in traditioneller und elektronischer Musik. Eine sonagraphische Untersuchung, (= Schriften zur Musik 12), Walter Kolneder. München: Katzbichler, 1972.

Ruschkowski, André, Elektronische Klänge und musikalische Erfahrungen, Stuttgart: Reclam, 1997.

Ruschkowski, André, Elektronische Musik und Musikelektronik in der ehemaligen DDR, in: Neue Musiktechnologie, hrsg. v. Bernd Enders unter Mitarbeit von Stefan Hanheide , Mainz: Schott, 1993, S. 59-74.

Sala, Oskar, Mixtur-Trautonium und Studio-Technik, in: Gravesaner Blätter, 6 (23/24 1962), S. 42-52.

Santoiemma, Maurizio, Rappresentazione formale delle strutture di base degli strumenti per la sintesi del suono, LIMB. Laboratorio permanente per l'informatica Musicale della Biennale, 1982, Bollettino 2.

Schaffrath, Helmut (Hrsg.), Computer in der Musik. Über den Einsatz in Wissenschaft, Komposition und Pädagogik, Stuttgart: Metzler, 1991.

Schloss, W. Andrew and David A. Jaffe, Intelligent Musical Instruments: The Future of Musical Performance or Demise of Performer?, in: Interface, 22 (3 1993), S. 183-193.

Schwanauer, Stephan M. und David A. Levitt (Hrsg.), Machine Models of Music, Cambridge, Mass.: MIT, 1993.

Schwartz, Elliot, Electronic Music. A Listener's Guide, London: Secker & Warburg, 1973.

Scipio, Agostino Di, Micro-Time Sonic Design and Timbre Formation, in: Contemporary Music Review: Timbre Composition in Electroacoustic Music, 10 (2 1994), S. 135-148.

Scipio, Agostino Di, Centrality of Téchne for Aesthetic Approach on Electroacoustic Music, in: Journal of New Music Research, 24 (4 1995), S. 369-383.

Scipio, Agostino Di, Inseparable Models of Materials and of Musical Design in Electroacoustic and Computer Music, in: Journal of New Music Research, 24 (1 1995), S. 34-50.

Scipio, Agostino Di, On Different Approaches to Computer Music as Different Models of Compositional Design, in: Perspectives of New Music, 33 (Winter 1995/Summer 1995 1995), S. 360-402.

Scipio, Agostino Di, Synthesis by Functional Iterations. A Revitalization of Nonstandard Synthesis, in: Journal of New Music Research, 25 (1 1996), S. 31-46.

Serra, Xavier and Julius O. Smith III, Spectral Modeling Synthesis: A Sound Analysis/Synthesis System Based on a Deterministic plus Stochastic Decomposition, in: Computer Music Journal, 14 (4 1990), S. 12-24.

Shimazu, Takehito, The History of Electronic and Computer Music in Japan: Significant Composers and Their Works, in: Leonardo Music Journal, 4 (1994), S. 102-106.

Smalley, Denis, Spatial Experience in Electro-Acoustic Music, in: LIEN revue d'esthetique musicale, (L'Espace du Son II 1991), S. 121-124.

Smoliar, Stephen W., Music Programs: An Approach to Music Theory Through Computational Linguistics, in: Journal of Music Theory, 20 (1 1976), S. 105-131.

Smoliar, Steven W., Algorithms for Musical Composition: A Question of Granularity, in: Computer, 1991, S. 54-56.

Stange, Joachim, Die Bedeutung der elektroakustischen Medien für die Musik im 20. Jahrhundert, (= Musikwissenschaftliche Studien 10), Pfaffenweiler: Centaurus, 1989.

Supper, Martin, Elektronische Musik in Holland, in: INVENTIONEN '85 und SPRACHEN DER KÜNSTE II, Berlin: Technische Universität & Akademie der Künste, 1985, S. 100-105.

Supper, Martin, Computermusik, in: MGG Bd. 3, hrsg. v. Ludwig Finscher, Kassel/Stuttgart: Bärenreiter/Metzler, 1995, S. 967-982.

Supper, Martin, Elektroakustische Musik (ab 1950), in: MGG Bd. 2, hrsg. v. Ludwig Finscher, Kassel/Stuttgart: Bärenreiter/Metzler, 1995, S. 1749-1765.

Tamburini, Serena und Mauro Bagella (Hrsg.), I Profili del Suono. Scritte sulla misica elettroacustica e la computer music, Casalvelino Scalo (Salerno): Musica Verticale, 1987.

Tarabella, Leonello, Guest Editor's Introduction to the Special Issue on Man-Machine Interaction in Live Performance, in: Interface (Special Issue: Man-Machine Interaction in Live Performance), 22 (3 1993), S. 179-182.

Taube, Heinrich, COMMON MUSIC A Compositional Language in Common Lisp and CLOS, in: International Computer Music Conference (ICMC) in Columbus, Ohio, Computer Music Association, San Francisco, 1989, S. 316-319.

Tempelaars, Stan, A Double Variable Function Generator, in: Electronic Music Reports, (2 1970), S. 13-31.

Tempelaars, Stan, The VOSIM Signal Spectrum, in: Interface, 6 (1977), S. 81-96.

Tempelaars, Stan, Signal Processing, Speech and Music, (= Studies on New Music Research 1), Lisse: Swets & Zeitlinger, 1996.

Teruggi, Daniel, Whats about Acousmatics ?, in: Journal of Electroacoustic Music, 7 (Oct 1993), S. 17-20.

Todd, Peter M. und Gareth Loy (Hrsg.), Music and Connectionism, Cambridge, Mass.: MIT, 1991.

Trautwein, Friedrich, Elektrische Musik, (= Veröffentlichungen der Rundfunkversuchsstelle bei der Staatl. akademischen Hochschule für Musik 1), Berlin: Weidmannsche Buchhandlung, 1930.

Truax, Barry, The POD System of Interactive Composition Programs, in: Computer Music Journal, 1 (3 1977), S. 30-39.

Truax, Barry, The Soundscape and Technology, in: Interface, 6 (1977), S. 1-8.

Truax, Barry, Sound and sources in Powers of Two: towards an contemporary myth, in: Organised Sound, 1 (1 1996), S. 13-21.

Ungeheuer, Elena, Wie die elektronische Musik „erfunden" wurde. Quellenstudie zu Werner Meyer-Epplers Entwurf zwischen 1949 und 1953, (= Kölner Schriften zur Neuen Musik 2), Mainz: Schott, 1992.

Ungeheuer, Elena, Elektroakustische Musik (Elektrische Klangerzeugung bis 1950), in: MGG Bd. 2, hrsg. v. Ludwig Finscher, Kassel/Stuttgart: Bärenreiter/Metzler, 1995, S. 1717-1749.

Vidolin, Alvise and Nildo Sanvido, Live electronics e sintesi: due esperienze a confronto, in: sonus, 3 (2 1991), S. 23-27.

Voss, Richard F. und John Clarke, „1/f noise" in music: Music from 1/f noise, in: Journal of the Acoustical Society of America, 63 (1 1978), S. 258-263.

Weiland, F.C. and C.A.G.M. Tempelaars, Elektronische Muziek, Utrecht: Bohm, Scheltma & Holkema, 1982.

Wells, Thomas and Eric S. Vogel, The Technique of Electronic Music, Manchaca, Texas: Sterling Swift, 1974.

Wiggen, Knut, Das Studio für elektronische Musik in Stockholm, in: Elektronische Durchreise. Klänge aus Schweden, Stockholm: Schwedisches Informationszentrum für Musik, 1971, S. 20-35.

Wilson, Peter N., Formalisierte Musik – naturwissenschaftliches Denken in der Musik. Gedanken zu den stochastischen Kompositionstheorien von Iannis Xenakis und Clarence Barlow, in: Neuland, (5 1985), S. 52-59.

Wishart, Trevor, Audible Design. A Plain and Easy Introduction to Practical Sound Composition, York: Orpheus the Pantomime, 1994.

Wishart, Trevor, Audible Design. Appendix 2. A diagrammatic guide to sound compositional processes, York: Orpheus the Pantomime, 1994.

Woll, Thomas, Nacionalismo ex machina. zur Geschichte der elektroakustischen Musik in Mexiko, Saarbrücken: Pfau, 1994.

Yavelow, Christopher, Composition or Improvisation? Only the Computer Knows!, in: AES 5th : Music and Digital Technology in Los Angeles, hrsg. v. John Strawn, Audio Engineering Society, 1987, S. 83-99.

Yavelow, Christopher, Macworld Music & Sound Bible, San Mateo, Cal.: IDG Books, 1992.

Young, Gayle, The Sackbut Blues. Hugh Le Caine, Pioneer in Electronic Music, Ottawa: National Museum of Science and Technology, 1989.

Zajicek, Libor, The History of Electroacoustic Music in the Czech and Slovak Republics, in: Leonardo Music Journal, 5 (1995), S. 39-48.

Komponisten

BARLOW

Barlow, Clarenz, Bus Journey to Parametron (all about Çoğluotobüsişletmesi), in: Feedback, (21-23 1980).

Barlow, Clarenz, Klarenz Barlow zu ORCHIDEÆ ORDINARIÆ OR THE TWELFTH ROOTS OF TRUTH für großes Orchester (1989), in: Feedback, (36 1989).

Barlow, Clarence, Autobusk: An Algorithmic Real-time Pitch and Rhythm Improvisation Program, in: International Computer Music Conference (ICMC) in Glasgow, hrsg. v. Stephen Arnold und Graham Hair, InternationalComputer Music Association, San Francisco, Year, S. 166-168.

Supper, Martin, Clarenz Barlows Computeranwendungen. „...eine Maschine, um die Arbeit abzunehmen..." – Clarenz Barlow im Gespräch mit Martin Supper, in: Positionen (Mind behind: Systemtheorien), (11 1992), S. 5-7.

BOULEZ

Boulez, Pierre, Alea, in: Darmstädter Beiträge zur Neuen Musik I, 1958, S. 44-56.

Boulez, Pierre, Die Technologie von „Poésie pour pouvoir" als Ausgangspunkt für Untersuchungen im IRCAM, in: Wille und Zufall – Gespräche mit Célestin Deliège und Hans Mayer, Stuttgart: Belser, 1977, S. 124-137.

Boulez, Pierre, Erfindung und Forschung in der Musik von heute, in: Teilton, (= Schriftenreihe der Heinrich-Strobel-Stiftung des Südwestfunks 3), 1980, S. 8-15.

Boulez, Pierre, Über Répons – ein Interview mit Josef Häusler, in: Teilton, (= Schriftenreihe der Heinrich-Strobel-Stiftung des Südwestfunks 4), 1985, S. 7-14.

Boulez, Pierre, Maestro Computer. Erforschungen der neuen Tongrenzen, in: Computermusik. Theoretische Grundlagen, Kompositionsgeschichtliche Zusammenhänge, Musiklernprogramme, hrsg. v. Günther Batel, Günter Kleinen und Dieter Salbert, Laaber: Laaber-Verlag, 1987, S. 37-47.

Boulez, Pierre und Andrew Gerzso, Computer als Orchesterinstrumente, in: Die Physik der Musikinstrumente, Heidelberg: Spektrum der Wissenschaft, 1988, S. 178-184.

Boulez, Pierre in conversation with Pierre-Michel Menger, From the Domaine Musical to IRCAM, in: Perspectives of NEW MUSIC, 28 (1 1990), S. 6-19.

IRCAM (Hrsg.), REPONS – BOULEZ, Paris: La Fondation Louis Vuitton pour l'Opéra et la Musique, 1988.

Jameux, Dominique, Boulez and the „machine". Some thoughts on the composer's use of various electro-acustic media, in: Contemporary Music Review: Musical Thought at IRCAM, 1 (1 1984), S. 11-22.

BAYLE

Bayle, François, Image-of-sound, or i-sound: Metaphor/metaform, in: Contemporary Music Review. Music and the Cognitive Sciences, 4 (1989), S. 165-170.

Bayle, François, musique acousmatique – propositions... ...positions, bibliothèque de recherche musicale, Paris: Buchet/Chastel, 1993.

BERIO

Causton, Richard, Berio's „Visage" and the Theater of Electroacoustic Music, in: Tempo, (194 / October 1995 1995), S. 15-21.

Dreßen, Norbert, Sprache und Musik bei Luciano Berio. Untersuchungen zu seinen Vokalkompositionen, (= Kölner Beiträge zur Musikforschung 124), Regensburg: Bosse, 1982.

Thomas, Gavin, C'e musica e musica..., in: The Musical Times, (1 1996), S. 12-16.

BRÜN

Brün, Herbert, From Musical Ideas to Computer and Back, in: The Computer and Music, hrsg. v. Harry B. Lincoln, Ithaka, N.Y.: Cornell University, 1970, S. 23-36.

Brün, Herbert, Über Musik und zum Computer, (orphica critica), Karlsruhe: G. Braun, 1971.

Brün, Herbert, my words and where i want them, London: Princelet Editions, 1986.

DALBAVIE

Bayle, Laurent (Hrsg.), Marc-André Dalbavie, (= Cahiers de l'Ircam. Collection „Compositeurs d'aujourd'hui" 1), Paris: IRCAM, 1992.

DUFOURT

Castanet, Pierre Albert, Hugues Dufourt à l'œuvre – vingt-cinq ans de création musicales en Europe, in: dissonanz, (40 1994), S. 9-15.

Castanet, Pierre Albert, Elektroakustische Technik als Modell. Zur École spectrale in Frankreich, in: Positionen (elektro–akustisch), (29 1996), S. 36-38.

Dufourt, Hugues, Œuvre and History, in: Contemporary Music Review. Music, Society and Imagination in Contemporary France, 8 (1 1993), S. 71-94.

CAGE

Austin, Larry, An Interview with John Cage and Lejaren Hiller, in: Computer Music Journal, 16 (4 1992), [Wiederveröffentlichung zum Tode von Cage], S. 15-29.

Kostelanetz, Richard (Hrsg.), John Cage. An Anthology, An unabridged republication of the edition published in New York 1970, supplemented with a new chronology and catalogs, New York: Da Capo Press, 1991.

COHEN

Bayle, Laurent (Hrsg.), Denis Cohen, (= Les Cahiers de l'Ircam. Collection „Compositeurs d'aujourd'hui" 4), Paris: IRCAM, 1994.

DODGE

Dodge, Charles, In Celebration: The Compostion and Its Realization in Synthetic Speech, in: Composers and the Computer, hrsg. v. Curtis Roads, Los Altos, California: William Kaufmann, 1985, S. 48-73.

DUFOURT

Castanet, Pierre Albert, Hugues Dufourt à l'œuvre – vingt-cinq ans de création musicales en Europe, in: dissonanz, (40 1994), S. 9-15.

Castanet, Pierre Albert, Elektroakustische Technik als Modell. Zur École spectrale in Frankreich, in: Positionen (elektro–akustisch), (29 1996), S. 36-38.

Dufourt, Hugues, Œuvre and History, in: Contemporary Music Review. Music, Society and Imagination in Contemporary France, 8 (1 1993), S. 71-94.

HALFFTER

Halffter, Cristóbal, Variationen über das Echo eines Schreis – eine Analyse, in: Teilton, (= Schriftenreihe der Heinrich-Strobel-Stiftung des Südwestfunks), Heft 4, 1985, S. 15-26.

HUREL

Bayle, Laurent (Hrsg.), Philippe Hurel, (= Les Cahiers de l'Ircam. Collection „Compositeurs d'aujourd'hui" 5), Paris: IRCAM, 1994.

KOENIG

Koenig, Gottfried Michael, Ästhetische Praxis. Texte zur Musik, [Band 1: 1954-1961, Band 2: 1962-1967, Band 3: 1968-1991], hrsg. v. Wolf Frobenius, Stefan Fricke, Sigrid Konrad und Roger Pfau, (= Quellentexte zur Musik des 20. Jahrhunderts 1.1, 1.2, 1.3), Saarbrücken: Pfau, 1991, 1992, 1993, [In diesen Bänden sind nahezu sämtliche Schriften von Koenig veröffentlicht, auch solche, die bereits in anderen Verlagen erschienen waren].

Koenig, Gottfried Michael, Construction and Working Methods of the Utrecht University Studio, in: Electronic Music Reports (1 1969), S. 61-67.

Koenig, Gottfried Michael, Serielle und aleatorische Verfahren in der elektronischen Musik, in: Electronic Music Reports (4 1971), S. 66-94.

Koenig, Gottfried Michael, Hat Technik die Musik von Ihren Instrumenten befreit?, in: Musik und Technik, hrsg. v. Helga de la Motte-Haber und Rudolf Frisius, (= Veröffentlichungen des Instituts für Neue Musik und Musikerziehung Darmstadt 36), Mainz: Schott, 1996, S. 11-21.

Laske, Otto E.: Composition Theory in Koenig's Project One and Project Two, in: Computer Music Journal 5 (4 1981), S. 54-65. Wiederveröffentlicht in: Curtis Roads (Hrsg.): The Music Machine. Selected Readings from Computer Music Journal, Cambridge, Mass.: MIT, 1989, S. 119-130.

LANSKY

Cody, Joshua, An Interview with Paul Lansky, in: Computer Music Journal, 20 (1 1996), S. 19-24.

Warren, Alicyn, Talk about *Smalltalk*, in: news of music, (13 1992), S. 109-120.

LINDBERG

Bayle, Laurent (Hrsg.), Magnus Lindberg, (= Les Cahiers de l'Ircam. Collection „Compositeurs d'aujourd'hui"3), Paris: IRCAM, 1993.

LIGETI

Koenig, Gottfried Michael, Ligeti und die elektronische Musik, in: György Ligeti. Personalstil – Avantgardismus – Popularität, hrsg. v. Otto Kolleritsch, Wien, Graz: Universal Edition für Institut für Wertungsforschung an der Hochschule für Musik und darstellende Kunst in Graz, 1987, S. 11-26.

Ligeti, György, Auswirkungen der elektronischen Musik auf mein kompositorisches Schaffen, in: Experimentelle Musik. Raum Musik, Visuelle Musik, Medien Musik, Wort Musik, Elektronik Musik, Computer Musik, hrsg. v. Fritz Winckel, Berlin: Gebr. Mann-Verlag, 1970, S. 73-80.

Ligeti, György, Chancen der Computer-Musik – Computer und Komposition, in: Tiefenstruktur Musik Baukunst. Festschrift Fritz Winckel zu 80. Geburtstag am 20. Juni 1987, hrsg. v. Carl Dahlhaus, Berlin: Institut für Kommunikationswissenschaft, Medienwissenschaft und Musikwissenschaft der Technische Universität Berlin & Akademie der Künste, Berlin, 1987, S. 22-30.

Wehinger, Rainer, Hörpartitur zu ARTIKULATION von György Ligeti, Mainz: Schott, 1970.

LUCIER

DeLio, Thomas, The Music of Alvin Lucier, in: Interface, 10 (2 1981), S. 137-146.

Lucier, Alvin, Bird And Person Dyning (1975), Sferics (1985) – Tonband, Tyndal Orchestrations (1976), in: Pfeifen im Walde. Ein unvollständiges Handbuch zur Phänomenologie des Pfeifens, hrsg. v. Volker Straebel und Matthias Osterwold, Berlin: Podewil, 1994, S. 55-62.

Lucier, Alvin, Reflections. Interviews, Scores, Writings / Reflexionen. Interviews, Notationen, Texte, (= Edition MusikTexte 003), Köln: MusikTexte, 1995.

Lucier, Alvin und Douglas Simon, Chambers, Middletown, Connecticut: Weseley University Press, 1980.

Oehlschlägel, Reinhard, „The space acts as a filter". Zur Dimension der Räumlichkeit von Musik, in: MusikTexte, (21 1987), S. 41-45.

Rosenboom, David, The Performing Brain, in: Computer Music Journal, 14 (1 1990), S. 48-66.

NONO

Haller, Hans Peter, Wir sollten studieren den Klang – suchen – probieren. Erinnerungen an gemeinsame Studio- und Konzertätigkeit mit Luigi Nono, in: INVENTIONEN '91, Berlin: Akademie der Künste Berlin & DAAD & TUB, 1991, S. 3-12.

Kropfinger, Klaus, Luigi Nono: Wege – nicht Werke, in: INVENTIONEN '91, Akademie der Künste Berlin & DAAD & TUB, 1991, S. 41-64.

Motz, Wolfgang, Konstruktion und Ausdruck. Analytischen Betrachtungen zu „Il canto sospeso" (1955/56) von Luigi Nono, Saarbrücken: Pfau, 1996.

Riede, Bernd, Luigi Nonos Kompositionen mit Tonband. Ästhetik des musikalischen Materials – Werkanalysen – Werkverzeichnis, (= Berliner musikwissenschaftliche Arbeiten 28), München-Salzburg: Katzbichler, 1986.

Spangemacher, Friedrich, Luigi Nono: Die elektronische Musik, Historischer Kontext – Entwicklung – Kompositionstechnik, (= Forschungsbeiträge zur Musikwissenschaft), Regensburg: Bosse, 1983.

Ungeheuer, Elena, Zur Linea Nono in der Geschichte der elektronischen Musik, in: INVENTIONEN '91, Akademie der Künste Berlin & DAAD & TUB, 1991, S. 13-36.

POUSSEUR

Pousseur, Henri, Strukturen des neuen Baustoffs, in: die Reihe, 1 (1 1955), S. 42-46.

RISSET

Lorrain, Denis, INHARMONIQUE. Analyse de la bande magnétique de l'œuvre de Jean-Claude Risset, IRCAM, 1980, (Rapports 26).

SAARIAHO

Bayle, Laurent (Hrsg.), Kaija Saariaho, (= Les Cahiers de l'Ircam. Collection „Compositeurs d'aujourd'hui" 6), Paris: IRCAM, 1994.

SCHAEFFER

Chion, Michel, Guide des objets sonores. Pierre Schaeffer et la recherche musicale, Paris: Buchet/Chastel/INA, 1983.

Chion, Michel, Analyse und Experiment. Pierre Schaeffers „Traité des objets musicaux", in: MusikTexte, (62/63 1996), S. 28-30.

Dack, John, Pierre Schaeffer and the Significance of Radiohonic Art, in: Contemporary Music Review: Timbre Composition in Electroacoustic Music, 10 (2 1994), S. 3-11.

Frisius, Rudolf, Pionier der akustischen Kunst. Ein Porträt von Pierre Schaeffer, in: MusikTexte, (62/63 1996), S. 34-50.

Schaeffer, Pierre, Traité des Objets Musicaux – Essai Interdisciplines, Paris: Éditions du Seuil, 1966.

Schaeffer, Pierre, De la Musique Concrète a la Musique Même, Paris: La Revue Musicale. Tripel Numéro 303.304.305, 1977.

Schaeffer, Pierre und Guy Reibel, Solfège de l'objet sonore, übersetzt Paris: Éditions du Seuil, 1967.

Scipio, Agostino Di, Centrality of „Téchne" for Aesthetic Approach on Electro-acoustic Music, in: Journal of New Music Research, 24 (4 1995), S. 369-383.

STOCKHAUSEN

Cott, Jonathan, Stockhausen. Conversations with the Composer, London: Picador, 1974.

Silberhorn, Heinz, Die Reihentechnik in Stockhausens Studie II, Rohrdorf: Rohrdorfer Musikverlag, 1980.

Stockhausen, Karlheinz, Texte, [1952-1984, Band 1-6], Köln: DuMont, 1963-1989, [In diesen Bänden sind nahezu sämtliche Schriften von Stockhausen veröffentlicht, auch solche, die bereits in anderen Verlagen erschienen waren].

Toop, Richard, Stockhausen – die beiden ersten Jahrzehnte, in: INVENTIONEN '94, Akademie der Künste Berlin & DAAD & TUB, 1994, S. 2-10.

TENNEY

Gilmore, Bob, Changing the Metaphor: Ratio Models of Musical Pitch in the Work of Harry Partch, Ben Johnston, and James Tenney, in: Perspectives of New Music, 33 (Winter 1995/Summer 1995), S. 458-503.

Risset, Jean-Claude, Tribute to James Tenney. Über James Tenney: Komponist, Musiker und Theoretiker, in: MusikTexte, (37 1990), S. 38-42, [Orginal in: Perspectives of New Music, Vol. 25, Nos. 1&2, 1987].

Tenney, James, Computer Music Experiments, 1961-1964, Institut of Sonology, Utrecht, 1969, Electronic Music Reports 1.

Tenney, James, META +- HODOS and META Meta +- Hodos : A Phenomenology of 20th-Century Musical Materials and an Approach to the Study of Form, Second Edition, (¹1986), Hanover, NH: Frog Peak Music, 1992.

TRUAX

Truax, Barry, Sound and sources in Powers of Two: towards an contemporary myth, in: Organised Sound, 1 (1 1996), S. 13-21.

VARÈSE

Cogan, Robert, Edgard Varèse: Poème Electronique, in: Electro Acoustic Music: Classics, (= Beiheft zur Compact Disc 450-74), hrsg. v. Shirish Korde, Acton, Mass.: NEUMA Records, 1990, S. 2-6.

Gertich, Frank, Zur Betrachtung der Tonbandeinschübe in den Déserts, in: Edgard Varèse: Die Befreiung des Klangs. Symposium Edgard Varèse Hamburg 1991, hrsg. v. Helga de la Motte-Haber, Hofheim: Wolke, 1991, S. 56-63.

Motte-Haber, Helga de la, Die Musik von Edgard Varèse. Studien zu seinen nach 1918 entstandenen Werken, Hofheim/Ts.: Wolke, 1993.

XENAKIS

Baltensperger, André, Iannis Xenakis und die stochastische Musik. Komposition im Spannungsfeld von Architektur und Mathematik (= Publikationen der Schweizerischen Musikforschenden Gesellschaft; Serie II Vol. 36), Bern: Haupt, 1996.

Eichert, Randolph, Iannis Xenakis und die mathematische Grundlagenforschung (= fragmen. Beiträge, Meinungen und Analysen zur neuen Musik 5), Saarbrücken: Pfau, 1994.

Hoffmann, Peter, Amalgam aus Kunst und Wissenschaft. Naturwissenschaftliches Denken im Werk von Iannis Xenakis (= Europäische Hochschulschriften: Reihe 36, Musikwissenschaft; Bd. 110), Frankfurt am Main: Peter Lang, 1994.

Schmidt, Christoph, Komposition und Spiel. Zu Iannis Xenakis (= Berliner Musik Studien – Schriftenreihe zur Musikwissenschaft an den Berliner Hochschulen und Universitäten 4), hrsg. v. Rainer Cadenbach, Hermann Danuser, Albrecht Riethmüller, and Christian Martin Schmidt. Köln: Studio, 1995.

Serra, Marie-Hélène, Stochastic Composition and Stochastic Timbre: Gendy3 by Iannis Xenakis, in: Perspectives of New Music, 31 ([1]1993), S. 236-257.

Varga, Bálint András, Gespräche mit Iannis Xenakis, Zürich: Atlantis, 1995.

Xenakis, Iannis, Arts/Science: Alloys – The Thesis Defense of Iannis Xenakis, (= Pendragon Press aesthetics in music series 2), New York: Pendragon Press, 1985.

Xenakis, Iannis, Wanderungen der musikalischen Komposition, in: MusikTexte, (13 1986), S. 42-49, wiederveröffentlicht un: Ars Electronica 1990 Band I. Digitale Träume, hrsg. v. Gottfried Hattinger und Peter Weibel, Linz: Ars Electronica, 1990, S. 59-77.

Xenakis, Iannis, Formalized Music. Thought and Mathematics in Music, Revised Edition ([1]1972), Additional material compiled and edited by Sharon Kanach, (= Harmonologia Series 6), Stuyvesant, N.Y.: Pendragon Press, 1992. Die Auflagen von 1972 und 1992 sind bis einschl. Seite 254 identisch [Original: Musique Formelles, 1963].

Xenakis, Iannis, Vereinigung von Parmenides und Heraklit: Über die Zeit, in: MusikTexte, (52 1994), S. 37-41.

ZIMMERMANN

Zimmermann, Bernd Alois, Intervall und Zeit. Aufsätze und Schriften zum Werk, hrsg. v. Christoph Bitter, Mainz: B. Schott's Söhne, 1974.

Kognition und Künstliche Intelligenz

Ahrweiler, Petra, Künstliche Intelligenz-Forschung in Deutschland, (= Int. Hochschulschriften 141), Münster, Waxmann, 1995.

Ames, Charles, Künstliche Intelligenz und die Komposition von Musik, in: Das

Zeitalter der Künstlichen Intelligenz, hrsg. v. Raymond Kurzweil, München: Hanser, 1993, S. 385-389.

Balaban, Mira, Kemal Ebcioglu und Otto E. Laske (Hrsg.), Understanding Music with AI: Perspectives on Music Cognition, Cambridge, Mass.: AAAI/MIT, 1992.

Balaban, Mira, The Music Structure Approach to Knowledge Representation for Music Processing, in: Computer Music Journal, 20 (2 1996), S. 96-111.

Barrière, Jean-Baptiste, Computer music as a cognitive approach: Simulation, timbre and formal processes, in: Contemporary Music Review. Music and the Cognitive Sciences, 4 (1989), S. 117-130.

Bickhard, M. H. and L. Terveen, Foundational Issues in Artificial Intelligence and Cognitive Science, (= Advances in Psychology 109), Amsterdam: North-Holland/Elsevier Science, 1995.

Butler, David, The Musician's Guide to Perception and Cognition, New York: Schirmer, 1992.

Camilleri, Lelio (Hrsg.), Mind and Machines. Journal for Artificial Inteligence, Philosophy, and Cognitive Science: Music and Cognition, Vol.2 No. 4, Dordrecht: Kluwer Academic Publisher Group, 1992.

Cope, David, An Expert System for Computer-assisted Composition, in: Computer Music Journal, 11 (4 1987), S. 30-46.

Cope, David, Computer Modeling of Musical Intelligence in EMI, in: Computer Music Journal, 16 (2 1992), S. 69-83.

Cosi, Piero, Giovanni De Poli und Giampaolo Lauzzana, Auditory Modelling and Self-Organizing Neural Networks for Timbre Classification, in: Journal of New Music Research, 23 (1 1994), S. 71-98.

Desain, Peter and Henkjan Honing (Hrsg.), Music, Mind and Machine. Studies in Computer Music, Music Cognition and Artificial Intelligence, Amsterdam: Thesis Publishers, 1992.

Dowling, Jay W. and Dane L. Harwood, Music Cognition, (= Academic Press Series in Cognition ans Perception), San Diego: Academic Press, 1986.

Dreyfus, Hubert L. und Stuart E. Dreyfus, Künstliche Intelligenz. Von den Grenzen der Denkmaschine und dem Wert der Intuition, Reinbek bei Hamburg: Rowohlt, 1987.

Dreyfus, Hubert L., Was Computer nicht können, Frankfurt am Main: Athenäum, 1989.

Görz, Günther (Hrsg.), Einführung in die künstliche Intelligenz, Bonn: Addison-Wesley, 1993.

Hoffmann, Achim, Auf der Suche nach den Prinzipien der Künstlichen Intelligenz, in: KI, (6 1995), S. 35-41.

Konrad, Erhard, Computer und Wissen, in: Kunst, Kultur und Bildung im Computerzeitalter, hrsg. v. Johannes Werner Erdmann, Georg Rückriem und Erika Wolf, Berlin: Hochschule der Künste, 1996, S. 185-192.

Kugel, Peter, Myhill's Thesis: There's more than Computing in Musical Thinking, in: Computer Music Journal, 14 (3 1990), S. 12-25.

Laske, Otto E. assisted by Siobhan Drummond, Toward an Explicit Cognitive Theory of Musical Listening, in: Computer Music Journal, 4 (2 1980), S. 73-83.

Laske, Otto, Music and Mind – An Artificial Intelligence Perspective, Needham, Mass.: Laske, 1981.

Laske, Otto E., Eine kurze Einführung in die Kognitive Musikwissenschaft: Folgen des Computers in der Musik, in: Computermusik. Theoretische Grundlagen, Kompositionsgeschichtliche Zusammenhänge, Musiklernprogramme, hrsg. v. Günther Batel, Günter Kleinen und Dieter Salbert, Laaber: Laaber-Verlag, 1987, S. 169-194.

Leman, Marc, Künstliche Neuronale Netzwerke. Neue Ansätze zur ganzheitlichen Informationsverarbeitung in der Musikforschung, in: Computer in der Musik. Über den Einsatz in Wissenschaft, Komposition und Pädagogik, hrsg. v. Helmut Schaffrath, Stuttgart: Metzler, 1991, S. 27-44.

Leman, Marc, Music and Schema Theory. Cognitive Foundations of Systematic Musicology, (= Springer's Series in Information Science, 31), Heidelberg: 1995.

Lewis, J.P., Algorithms for Music Compositional by Neural Nets: Improved CBR Paradigms, in: International Computer Music Conference (ICMC) in Columbus, Ohio, Computer Music Association, San Francisco, 1989, S. 180-183.

Lischka, Christoph, Understanding Music Cognition: A Connectionist View, in: Representation of Musical Signals, hrsg. v. Giovanni De Poli, Aldo Picialli, und Curtis Roads, Cambridge, Mass.: 1991, S. 417-445.

Mainzer, Klaus, Künstliche Intelligenz, Neuroinformatk und die Aufgabe der Philosophie, in: Kultur und Technik im 21. Jahrhundert, hrsg. v. Gert Kaiser, Dirk Matejovski und Jutta Fredowitz, Frankfurt am Main: Campus, 1993, S. 118-131.

Marsden, Alan und Anthony Pople (Hrsg.), Computer Representations and Models in Music, London: Academic Press, 1992.

Maturana, Humberto, Was ist erkennen? Mit einem Essay zur Einführung von Rudolf zur Lippe, München: Piper, 1994.

Maturana, Humberto und Francisco Varela, Der Baum der Erkenntnis. Die biologischen Wurzeln des menschlichen Erkennens, Bern: Scherz, 1987.

Minsky, Marvin, La musique, les structures mentales et le sens, in: Le compositeur et l'ordinateur in Paris, hrsg. v. IRCAM/Centre Georges-Pompidou, 1981, S. 56-81.

Minsky, Marvin, Music, Mind and Meaning, in: Machine Models of Music, hrsg. v. Stephan M. Schwanauer and David A. Levitt, Cambridge, Mass.: MIT, 1993, S. 327-354.

Münch, Dieter (Hrsg.), Kognitionswissenschaft. Grundlagen, Probleme, Perspektiven, Frankfurt am Main: Suhrkamp, 1992.

Nees, Georg, Künstliche Kunst und Künstliche Intelligenz, in: Bilder Digital. Computerkünstler in Deutschland 1986, hrsg. v. Alex und Barbara Kempkens, München: Barke, 1986, S. 58-67.

Penrose, Roger, Computerdenken. Die Debatte um Künstliche Intelligenz, Bewußtsein und die Gesetze der Physik, Heidelberg: Spektrum der Wissenschaft, 1991.

Penrose, Roger, Schatten des Geistes. Wege zu einer neuen Physik des Bewußtseins, Heidelberg: Spektrum Akademischer Verlag, 1995.

Petsche, Hellmut (Hrsg.), Musik – Gehirn – Spiel. Beiträge zum vierten Herbert von Karajan-Symposion, in Wien, 24. und 25. Mai 1988 [Herbert von Karajan zum achtzigsten Geburtstag], Basel: Birkhäuser, 1989.

Roads, Curtis, Musik und Künstliche Intelligenz – Ein Forschungsüberblick, in: Feedback Papers, (30 1982), S. 2-83.

Schmidt, Siegfried J. (Hrsg.), Der Diskurs des Radikalen Konstruktivismus, 6 (1987 1), Frankfurt am Main: Suhrkamp, 1994.

Schüler, Nico, Erkenntnistheorie, Musikwissenschaft, Künstliche Intelligenz und der Prozeß. Ein Gespräch mit Otto Laske, Peenemünde: Axel Dietrich, 1995.

Searle, John R., Ist das Gehirn ein Digitalcomputer?, in: Informatik und Philosophie, hrsg. v. Peter Schefe, Heiner Hastesdt, Yvonne Dittrich und Geert Keil, Mannheim: B.I.-Wissenschaftsverlag, 1993, S. 211-232.

Searle, John R., Das Rätsel des Bewußtseins. Biologie des Geistes – Mathematik der Seele, in: Lettre, (32 1996), S. 34-43.

Simon, Herbert A., Die Wissenschaften vom Künstlichen, ('1990), (= Computerkultur III), Wien: Springer, 1994.

Sloboda, John A., The Musical Mind. The Cognitive Psycholgy of Music, Reprinted with corrections, ('1985), (= Oxford Psychology Series 5), Oxford: Clarendon Press, 1990.

Steels, Luc, Die Zukunft der Intelligenz, in: Kunstforum, (133 1996), S. 84-89.

Tanguiane, Andranick S., Artificial Perception and Musical Recognition, (= Lecture Notes in Artificial Intelligence 746), Berlin: Springer, 1993.

Todd, Peter M. und Gareth Loy (Hrsg.), Music and Connectionism, Cambridge, Mass.: MIT, 1991.

Wiener, Oswald, Probleme der Künstlichen Intelligenz, (= Internationaler Merve-Diskurs 158. Perspektiven der Technokultur), Berlin: Merve, 1990.

Winograd, Terry and Fernando Flores, Erkenntnis Maschinen Verstehen. Zur Neugestaltung von Computersystemen. Mit einem Nachwort von Wolfgang Coy, Berlin: Rotbuch, 1989, [Orginal: Understanding Computers and Cognition, Ablex, 1986].

Zell, Andreas, Simulation Neuronaler Netze, Bonn: Addison-Wesley, 1994.

Zimmerli, Walther Ch., Information und Kommunikation als Bausteine der Zukunft, in: Wechselwirkung, (August/September 1996), S. 6-13.

Kybernetik & Informationstheorie

Ashby, Ross W., Einführung in die Kybernetik, Frankfurt am Main: Suhrkamp, 1974.

Bense, Max, Einführung in die informationstheoretische Ästhetik. Grundlegung und Anwendung in der Texttheorie, Hamburg: Rowohlt, 1969.

Chaitin, Gregory J., Zahlen und Zufall – Algorithmische Informationstheorie. Neueste Resultate über die Grundlagen der Mathematik, in: Naturwissenschaft und Weltbild – Mathematik und Quantenphysik in unserem Denk- und Wertesystem, hrsg. v. Hans-Christian Reichel und Enrique Prat de la Riba, Wien: Hölder-Pichler-Tempsky, 1992, S. 30-44.

Cherry, Colin, On Human Communication. A Review, a Survey, and a Criticism, (= Studies in Comunication), ([1]1957), Third Paperback Printing, Cambridge, Mass.: MIT, 1971.

Chaitin, Gregory J., Zahlen und Zufall – Algorithmische Informationstheorie: Neueste Resultate über die Grundlagen der Mathematik, in: Naturwissenschaft und Weltbild – Mathematik und Quantenphysik in unserem Denk- und Wertesystem, hrsg. v. Hans-Christian Reichel and Enrique Prat de la Riba, Wien: Hölder-Pichler-Tempsky, 1992, S. 30-44.

Cohen, Joel E., Information Theory and Music, in: Behavioral Science 7 (2 1962), S. 137-163.

Eco, Umberto, Das offene Kunstwerk, Frankfurt am Main: Suhrkamp, 1977.

Flechtner, Hans-Joachim, Grundbegriffe der Kybernetik. Eine Einführung, ([1]1966), München: dtv, 1984.

Franke, Herbert W., Kybernetische Ästhetik. Phänomen Kunst, 3., Erw. u. verb. Aufl., München: Reinhardt, 1979.

Franke, Herbert W., Informationstheorie und Ästhetik, in: Kunstforum, (124 1993), S. 229-235.

Hiller, Lejaren A., Informationstheorie und Computermusik, (= Darmstädter Beiträge zur Neuen Musik 8), Mainz: Schott, 1963.

Kayn, Roland, Komponieren zwischen Computer und Kybernetik, in: Melos/NZ, 3 (1 1977), S. 22-27.

Knopoff, Leon und William Hutchinson, Entropy as a Measure of Style: The Influence of Sample Length, in: Journal of Music Theory, 27 (1 1983), S. 75-97.

Loubet, Emmanuelle, Interférences entre la théorie de l'information et le geste musical contemporain, Doctorat de Musicologie, Université de Paris IV – Sorbonne, 1985.

Meyer-Eppler, Werner, Grundlagen und Anwendungen der Informationstheorie, 2. Auflage, neubearbeitet und erweitert von G. Heike und K. Löhn, ([1]1959), (= Kommunikation und Kybernetik in Einzeldarstellungen 1), Berlin: Springer, 1969.

Meyer-Eppler, Werner, Informationstheoretische Probleme der musikalischen Kommunikation, in: Gravesaner Blätter, 7 (26 1965), S. 93-102.

Moles, Abraham, Informationstheorie und ästhetische Wahrnehmung, Köln: DuMont, 1971.

Moles, Abraham A., Kunst und Computer, Köln: DuMont, 1973.

Philippot, Michel, Kybernetische Methoden in der musikalischen Forschung, in: Teilton, (= Schriftenreihe der Heinrich-Strobel-Stiftung des Südwestfunks 3), 1980, S. 33-38.

Pressing, Jeff, Cybernetic Issues in Interactive Performance, in: Computer Music Journal, 14 (1 1990), S. 12-25.

Ronge, Hans, Kunst und Kybernetik, Köln: DuMont, 1968.

Rötzer, Florian, Informatik und Ästhetik, in: Informatik und Philosophie, hrsg. v. Peter Schefe, Heiner Hastedt, Yvonne Dittrich, und Geert Keil, Mannheim: B.I.-Wissenschaftsverlag, 1993, S. 295-313.

Taube, Mortimer, Der Mythos der Denkmaschine. Kritische Betrachtungen zur Kybernetik, Hamburg: Rowohlt, 1966.

Vogel, Peter, Musik und Kybernetik, in: Teilton (= Schriftenreihe der Heinrich-Strobel-Stiftung des Südwestfunks 2), 1978, S. 6-66.

Wiener, Norbert, Kybernetik. Regelung und Nachrichtenübertragung in Lebewesen und Maschine, ('1963), Düsseldorf: Econ, 1992, [Orginal: Cybernetics or control and communication in the animal and the mashine, MIT, 1948 und 1961].

Winckel, Fritz, Die informationstheoretische Analyse musikalischer Strukturen, in: Musikhören, hrsg. v. Bernhard Dopheide, Darmstadt: Wissenschaftliche Buchgesellschaft, 1975, S. 242-266, [Orginal in: Die Musikforschung, 17 (1964), S. 1-14].

Wolkenstein, Michail W., Entropie und Information, Thun: Harri Deutsch, 1990.

Zemanek, Heinz, Aspekte der Informationsverarbeitung und Computeranwendung in der Musik, in: Experimentelle Musik. Raum Musik, Visuelle Musik, Medien Musik, Wort Musik, Elektronik Musik, Computer Musik, hrsg. v. Fritz Winckel, Berlin: Gebr. Mann-Verlag, 1970, S. 59-72.

Klangkunst

Block, René, Lorenz Dombois, Nele Hertling und Barbara Volkmann (Hrsg.), Für Augen und Ohren. Von der Spieluhr zum akustischen Environment, (= Akademie-Katalog 127), Berlin: Akademie der Künste, 1980.

Grayson, John (Hrsg.), Sound Sculpture. a collection of essays by artists surveying the techniques, applications and future directions of sound sculpture, Vancouver: A.R.C. Publications, Aesthetic Research Centre of Canada, 1975.

Masotti, Franco, Roberto Masotti, Veniero Rizzardi und Roberto Taroni (Hrsg.),

Sonorità Prospettiche (Perspective sonorities). Suono/Ambiente/Immagine, (= Ausstellungskatalog), Rimini: Comune di Rimini, 1982.

Minard, Robin, Sound Enviroments. music for public spaces – Klangwelten. Musik für den öffentlichen Raum, Berlin: Akademie der Künste, 1993.

Minard, Robin, Sound Installation Art, in: Beiträge zur Elektronischen Musik 6 – Institut für Elektronische Musik der Hochschule für Musik und darstellende Kunst in Graz, 1996.

Motte-Haber, Helga de la und Akademie der Künste Berlin (Hrsg.), Klangkunst: erschienen anläßlich von ‚sonambiente – festival für hören und sehen', Internationale Klangkunst im Rahmen der 300-Jahrfeier der Akademie der Künste, Berlin, München: Prestel, 1996.

Schafer, R. Murray, Klang und Krach. Eine Kulturgeschichte des Hörens [1977], Frankfurt am Main: Athenäum, 1988.

Allgemeine Literatur

Barck, Karlheinz, Peter Gente, Heidi Paris und Stefan Richter (Hrsg.), Aisthesis – Wahrnehmung heute oder Perspektiven einer anderen Ästhetik, Leipzig: Reclam, 1991.

Borio, Gianmario, Musikalische Avantgarde um 1960. Entwurf einer Theorie der informellen Musik, (= Freiburger Beiträge zur Musikwissenschaft), Laaber: Laaber-Verlag, 1993.

Charles, Daniel, Zeitspielräume – Performance Musik Ästhetik, Berlin: Merve, 1989.

Eco, Umberto, Das offene Kunstwerk, Frankfurt am Main: Suhrkamp, 1977.

Ars Electronica (Hrsg.), Philosophien der neuen Technologie, Berlin: Merve, 1989.

Gerbel, Karl und Peter Weibel (Hrsg.), Die Welt von Innen – Endo & Nano, Linz: Ars Electronica, 1992.

Goodman, Nelson, Sprachen der Kunst. Entwurf einer Symboltheorie, Frankfurt am Main: Suhrkamp, 1995.

Henrich, Dieter und Wolfgang Iser (Hrsg.), Theorien der Kunst, Frankfurt am Main: Suhrkamp, 1992.

Holeczek, Bernhard, Lida von Mengden und Wilhelm Hack-Museum Ludwigshafen am Rhein (Hrsg.), Zufall als Prinzip – Spielwelt, Methode und System in der Kunst des 20. Jahrhunderts, Heidelberg: Edition Braus, 1992.

Janecke, Christian, Kunst und Zufall. Analyse und Bedeutung, Nürnberg: Verlag für moderne Kunst, 1995.

Kaiser, Gert, Dirk Matejovski und Jutta Fredowitz (Hrsg.), Kultur und Technik im 21. Jahrhundert, Frankfurt am Main: Campus, 1993.

Kittler, Friedrich, Grammpophon, Film, Typewriter, Berlin: Brinkmann & Bose, 1986.

McLuhan, Marshall, Die magischen Kanäle/Understanding Media [1964], Fundus-Bücher, hrsg. v. Gerti Fietzek und Michael Glasmeier, Dresden: Verlag der Kunst, 1994.

Reichel, Hans-Christian, Mathematik und Weltbild seit Kurt Gödel, in: Naturwissenschaft und Weltbild – Mathematik und Quantenphysik in unserem Denk- und Wertesystem, hrsg. v. Hans-Christian Reichel und Enrique Prat de la Riba, Wien: Hölder-Pichler-Temsky, 1992. S. 9-29.

Rötzer, Florian (Hrsg.), Digitaler Schein. Ästhetik der elektronischen Medien, Frankfurt am Main: Suhrkamp, 1991.

Rötzer, Florian, Informatik und Ästhetik, in: Informatik und Philosophie, hrsg. v. Peter Schefe, Heiner Hastedt, Yvonne Dittrich und Geert Keil, Mannheim: B.I.-Wissenschaftsverlag, 1993, S. 295-313.

Ruelle, David, Zufall und Chaos, Berlin: Springer, 1993.

Schefe, Peter, Heiner Hastesdt, Yvonne Dittrich und Geert Keil, (Hrsg.), Informatik und Philosophie, Mannheim: B.I.-Wissenschaftsverlag, 1993.

Steller, Erwin, Computer und Kunst – Programmierte Gestaltung: Wurzeln und Tendenzen neuer Ästhetik, Mannheim: B.I.-Wissenschaftsverlag, 1992.

Stephan, Rudolf, Lothar Knessl, Otto Tomek, Klaus Trapp und Christopher Fox im Auftrag des Internationalen Musikinstituts Darmstadt (Hrsg.), Von Kranichstein zur Gegenwart. 50 Jahre Darmstädter Beiträge zur Neuen Musik, Stuttgart: DACO, 1996.

Tarassow, Lev V., Wie der Zufall will? Vom Wesen der Wahrscheinlichkeit, Heidelberg: Spektrum Akademischer Verlag, 1993.

Thiel, Christian, Philosophie und Mathematik. Eine Einführung in ihre Wechselwirkung und in die Philosophie der Mathematik, Darmstadt: Wissenschaftliche Buchgesellschaft, 1995.

Tonträger (Verlage, Editionen und Reihen)

Albany Records, Albany, N.Y.

Artifact Records, Berkeley.

Bridge Records, New York.

BV Haast Records: Acousmatrix, Amsterdam.

CBS: Modern American Music Series (vergriffen), New York.

Centaur Records: CDCM Computer Music Series, Dallas.

CRI, New York.

Deutsche Grammophon: Avantgarde (vergriffen), Hamburg.

Diffusion i Média: empreintes DIGITALes Series, Montréal.

Edition RZ, Berlin.
Elektra/Nonesuch, New York.
INA/GRM: Collection GRM, Paris.
Le Chant du Monde: Cultures Electroniques, Bourges, Frankreich.
Loveley Music, New York.
Metamkine: Collection Cinéma l'Oreille, Fontaine, Frankreich.
Montaigne Auvidis, Frankreich.
Neuma: Electro Acoustic Music, Acton, Mass.
New Albian Records, San Fancisco.
New Word Records, New York.
Open Space, New York.
Philips: Prospective 21° siègle (vergriffen), Frankreich.
Soundprints, Toronto.
Stockhausen-Verlag, Kürten.
Stradivarius, Mailand.
Wergo: Music with Computers und Ars Acustica, Mainz.

Personenregister

Sachregister